당주동 무화과나무

이호영 회고록

당주동 무화과나무

이호영 회고록

지은이 | 이호영

초판 1쇄 인쇄 | 2011년 3월 21일
초판 1쇄 발행 | 2011년 3월 26일

펴낸이 | 이왕준
주 간 | 박재영
디자인 | 김숙경

펴낸곳 | (주)청년의사
주 소 | 121-829 서울시 마포구 상수동 324-1 한주빌딩 4층
전 화 | 02-2646-0852
팩 스 | 02-2643-0852
전자우편 | books@docdocdoc.co.kr
홈페이지 | http://doc3.koreahealthlog.com

출력 | 나모에디트(주)
인쇄 | (주)YSP

The Korean Doctors' Weekly

ISBN   978-89-91232-37-2

가격 | 13,000원

당주동
무화과나무
이호영 회고록

이호영 지음

차 례

당주동 무화과나무
이호영 회고록

우리 집 뜰에 있던 무화과나무

어린 시절 당주동 우리 집 안뜰 한구석에는 등나무가 넓은 그늘을 펼치고 있었고, 계단식의 화단에는 화분들이 줄지어 있었다. 또 펌프 옆에는 어린아이 키 높이의 무화과나무가 한 그루 있었다. 푸른 잎이 퍽 인상적이었는데, 한동안 꽃도 과실도 보이지 않아 이파리만 있는 식물인 줄 알았다. 그런데 그 무화과나무에 어느 순간 작은 열매들이 솟아나 날이 갈수록 커졌다. 하루는 집에서 일하는 아저씨가 그 열매를 따서 내게 주며 먹어 보라고 했다. 일정 말기라 과일이 무척 귀할 때였는데, 무화과를 한입 먹는 순간, 달고 맛있고 향도 좋아서 적지 않게 놀랐다. 과일은 과수원에서 사람이 잘 돌봐 주어야 먹음직하게 익는 것인 줄 알았는데, 집 뜰에서 혼자 자라 누가 돌보지도 않고 내버려 두었는데도 맛있는 열매를 맺는 것이 참 신통하다고 생각했다. 그런 기억이 뚜렷하게 남아 있다. 이 무화과나무야말로 내가 자라는 동안 내게 일어난 일들을 모두 목격한 증인이다. 나에 관한 이야깃거리를 많이 가지고 있는 나무가 아닐 수 없다.

무화과나무는 인류 역사의 시초부터 우리의 조상들에게 풍성한 잎사귀가 만드는 그늘과, 영양분이 풍부한 열매를 제공한 귀한 나무다. 애써 가꾸거나 공들이지 않아도 한 해에 두 번 맛있는 열매를 누구나 따 먹을 수 있게 한다. 성경 창세기에 보면 금단의 열매를 먹은 뒤 자신이 벌거벗었음을 알고 부끄러워 숨을 곳을 찾을 때, 국부를 가려 부끄러움을 덜게 해 준 것도 무화과 잎이었다. 꽃이 없다 하여 무화과라고 부르지만 실은 꽃이 없는 것은 아니다. 숨어 있어서 보이지 않는다. 무화과는 꽃이 씨와 같이 한 주머니 속에서 과실로 자란다. 그러니까 무화과는 과일이 꽃이다. 또 무화과는 보통 1년에 두 번 열매를 맺는다. 그래서 겨울 무화과가 있고 여름 무화과가 있다. 과일이 달리지 않고 이파리만 무성한 기간에는 넓은 잎이 시원한 녹음을 만들어 준다. 신약성경에는 무화과나무 이야기가 여러 군데 나오는데, 제일 잘 알려진 구절이 마태복음 21장 19절에 있는 말씀이다. 예수님이 시장하셔서 무화과 열매를 따 먹으려고 찾으셨는데 이파리만 있고 과실이 없는 무화과나무에 실망하시고 화가 나신 것 같다. 상인들이 성전을 어지럽힌다고 화를 내신 일화 다음가는 예수님 격노의 순간이다. '과일도 달려 있지 않는 무화과나무라면 있으나 마나 한 것 아니냐?' 화가 나신 예수님은 그 무화과나무를 다시는 열매를 맺지 못하게 저주해 말라서 죽게 만드셨다. 이때 확실히 예수님은 지나치셨다. 시장하신데 찾으시는 열매가 없어 실망하셨겠지만, 그렇다고 (아무 죄도 없는) 무화과나무를 저주하실 필요가 있었을까? 무화과나무는 1년에 두 번 결실하기 때문에 그 사이에는 열매가 없고 이파리만 무성하다. 열매가 없다고 열매를 못 맺는 것은 아니다. 흥미 있는 것은 이 구절에 대한 목사님들의 해석이다. 과일을 생산하지 못하는 무화과는 아무런 가치가 없으니 없애 버려야 한다는 의미로 보기도 하고, 종종 이 저주받은 무화과나무를 사람에 빗대기도 한다. 잎사귀가 있고 살아 있는 무화과나무라면 기다리기만 하면 다음 계절에 열매를 맺는 것이 당연하다. 당장 열매가 없다고 열매를 못 맺는 나무라고 단정하고 죽여 버린다는 것은 지나치다. 결혼한 지 얼마 되지도 않았는데 아내가 아직 자식을 낳지 않았다고 그 아내를 버릴 것인가? 열매 없는 무화과나무를 보고 결실의 능력이 없다고 속단해서 말라 죽게 하는 그쪽이 문제이지 무화과나무의 문제는 아니다.

무화과나무에 열매가 없다고 분노해 말라 죽게 한 것은 예수님답지 않다. 일곱 번 또는 일흔일곱 번 용서하라고 당부하셨고, 온유한 자가 복이 있다고 가르치셨으며, 신약 히브리서에서 예수님의 모범 가운데서 가장 우선적으로 기록한 것이 '온전케 하시기 위해 참으신 자'라는 것이다(히브리서 12장 2~3절). 사도 바울도 예수님과 간절히 닮고 싶은 점이 예수님의 인자함과 온유함이라고 증언하고 있다. 그런데 열매 맺지 못하는 인간은 가치가 없으니까 죽여 버린다는 것은 예수님의 뜻이 될 수가 없다. 주석에 보면 무화과나무가 말라 죽게 한 것은 왕 중의 왕(메시아)으로서의 권위를 보이신 것이고, 후에 이스라엘에 다가올 멸망을 예언하신 것이라고 한다. 역사적으로 또는 신학적으로 이 해석에 근거가 있을지 모르지만 나 같은 보통 사람에게는 이해가 잘 안 된다. 마치 숭례문의 일부가 탄 것이 연평도가 불바다가 된 것을 예언했다는 식으로 들린다. 예수님은 제자들도 다 보통 사람이었고, 또 보통 사람을 위해서 이 세상에 오셔서 가르치셨다고 믿는다. 가르치시거나 보여 주신 행동이 후에 신학자들이 연구해서야 겨우 알 수 있게 어려운 것들이 아니라고 생각한다. 나의 해석은 간단하다. 성경에 쓰여 있는 그대로 예수님이 몹시 시장하셨고, 무화과를 찾으시다가 없어서 실망해 화가 나셔서 "과일도 없는 빌어먹을 무화과, 아예 없어져라" 하고 일갈하신 것은 아닌지? 극히 자연스럽고 있을 법한 일이다.

예수님은 이 세상에 오실 때 '인간'으로 오셨고 우리와 다름없는 감정의 기복을 가지고 이 세상을 사셨다. 또 인간으로서 실수도 하셨을 거다. 무화과나무를 당장 열매가 없다고 저주해 말라 죽게 한 것이 사실이라면, 이때 예수님께서는 지나치셨다. 그 나무가 때가 아니어서 그렇지 과일을 맺을 능력이나 가능성이 없는 것은 아니다. 그 나무를 열매를 맺을 장래가 없는 나무로 판정하고 이런 것은 없는 게 낫다고 말라 죽게 한 것은 지나치다. 인간은 누구나 성급함과 분노로 인해 조급하게 속단하고 잘못 행동하는 과오를 저지른다. 그래서 인간인 예수님도 실수하신 것이다. 예수님은 실수하면 안 되는 것인가? 그분을 흠 없는 신으로 묘사하고 모든 행적을 신이 하신 일로 이해하려고 하면 무리가 많다. 우리와 똑같이 하루 세 끼 드시고, 안 드시면 시장하시고, 잔칫집에서는 서민들과 웃고 이야기하고 필경 노래도 부르고 춤도 추셨을 것이다. 그리고 화가 날 일이 있으면 예수님도 화가 나셨을 것이다. 예수님이 우리 인간을 잘 아시는 이유는 그분이 전지전능하기 때문이 아니라 인간으로 이 세상을 살아 보셨기 때문이다.

나의 어린 시절은 열매를 맺지 못한다고 영영 생산이 불가한 것으로 판정받은 무화과나무와 비슷한 것이었다. 예수님께서 실망하시고 포기하신 무화과나무와 처지가 비슷했기 때문이다. 나도 꽃이 있고 충분히 먹음직한 열매를 맺을 능력을 가지고 있었지만 그 꽃이 사람들 눈에 보이지 않았고 보기 좋게 활짝 피지도 않았다. 그래서 열매를 맺을 능력이 없다고 오해받았다. 나름대로 특징도 있고 여러 가지 가능성을 타고났는데 공부하기를 게을리 한다고 해서 실망의 대상이었다. 나를 나답게 내버려 두고 세월이 갔으면 후에 저절로 열매도 맺고 사람들에게 영양분을 제공하는 맛있는 먹을거리를 생산했을 텐데 이 가능성을 누구도 보지 못했다. 꽃도 없고 열매도 보이지 않고 야생으로 제멋대로였던 나는 한때 부모님의 실망의 대상이었다. 그러나 결국은 혼자 자라서 성인이 되어 열매도 맺고 주변 사람들과도 원만하게 지내면서 사랑을 받는 존재가 된다. 야생의 무화과나무같이 내버려 두면 자기가 할 역할은 알아서 다 해내는 것이다.

그리고 내가 무화과나무를 좋아하는 또 하나의 이유는 구약 창세기에 기록되어 있듯이 그 이파리가 고통스러운 감정인 '부끄러움'을 덮어 준다는 것이다. 내가 내 직업을 통해 일생 동안 해 온 일도 마음의 상처로 생긴 수치감을 안고 사는 사람들의 아픔을 덮어 주고 덜어 주는 것이었다. 창세기에 보면 자기가 저지른 잘못이 있음을 스스로 느껴서 창피해 몸 둘 바를 모르는 그 수치를 덜어 준 것이 무화과 이파리였다. 부끄러움 자체는 인간이 타고난 도덕적인 감정으로, 우리의 행동을 늘 선한 쪽으로 인도하는 좋은 감정이다. 어쩌다 나답지 않은 행동을 했을 때만 이 감정은 고통을 준다. 나의 직업은 바로 나답지 않은 행동을 한 그 순간을 자기가 볼 수 있게 하고, 그때 겪는 고통을 덜어 주는 역할을 하는 것이다. 그래서 나는 무화과나무에게 친밀감을 느낀다.

이 책은 우선 나의 선친과 나의 어린 시절에 대한 회고와 분석으로 시작한다. 어린 시절에 선친은 나에게 건 기대가 어긋나 실망하신 나머지 나를 엄하게 훈련시키시고 선친이 원하시는 모범적인 아이로 만들기 위해 무던히 애쓰셨다. 조급하게 나의 결함들을 보시고 모자란 것은 채우고 잘못된 것은 바로잡기 위한 훈련과 처벌이 계속되었다. 내가 어떤 아이인지 모르시고 대화나 놀이를 통해 알아보려는 노력도 없이, 그러나 나를 나대로 내버려 두지 않고 고쳐 보려고 애쓰셨다. 의사들이 가지고 있는 전형적인 '교정·치유 본능' 때문인지도 모른다. 그리고 일찍부터 우수한 성적으로 화려하게 꽃 피우지 못하는 것이 못마땅하셔서 '성공의 궤도'에 올려놓고 앞으로 달릴 수 있게 하기 위해 나를 붙들고 강행군하셨다. 그러나 나의 꽃은 무화과처럼 씨와 같이 있어 밖에 보이지 않았고 과실 속에서 피고 있었다. 그리고 많은 가능성이 그 속에서 자라고 있었다. 다행히 나는 선친이 강요한 길을 따르지 않았다. 선친을 따라 나답지 않은, 인위적인 '성공의 길'을 추구하지 않고 나름대로 혼자 장성했다.

다음으로 나의 형 재영이 이 책에서 소개된다. 오늘 나의 무의식에 형과 함께한 짧은 경험이 크게 자리를 잡게 된 이유가 있다. 나의 신앙에 영향을 주었고, 권위에 대한 불신, 회의, 반항, 그리고 기존 질서에 대한 부정, 그래서 권위의 구속으로부터 해방되려는 힘의 원형이 그로 인해 마음속 깊이 자리 잡는다.

끔찍한 6·25와 가난 속에서 고생하시며 우리를 키우신 어머님에 대한 이야기가 있다. 자식들의 성공을 끝내 보시지 못하고 세상을 떠나신 어머님은 참으로 아름다운 분이었다. 내가 그나마 긍정적인 성격을 지닌 채 살아서 버티고 후에 결실을 본 것은 어머님의 사랑 때문이다. 나도 모르게 그 사랑이 나에게 힘이 된 것이다.

나는 세상을 살면서 사랑으로 빚진 분들이 너무나 많다. 우선 한결같이 나를 사랑해 준 나의 아내와 하나밖에 없는 귀한 딸, 그리고 사랑하는 형제와 누이동생이 있다. 그리고 나의 스승과 친구와 제자들. 그 많은 분들을 일일이 다 소개해 드릴 수는 없지만, 그중에 잊을 수 없는 몇 분만을 이 책에서 소개한다. 소개 못한 분들에게는 죄송스러운 일이다.

이 책에서 나의 이야기가 끝나면 과거 나와 오랫동안 한곳에서 동행했던 인연으로 맺어진 동료 몇 분이 밖에서 본 나를 이야기한다. 여기 뽑힌 분들이 특별히 나와 밀접한 관계가 있다는 뜻은 아니고, 내가 한때 속했던 기관의 책임자 또는 나의 삶의 한 시점에 동행했던 파트너들이다. 나를 오래 지켜보았고, 같이 인생을 경험했고, 또 내 회고록 일부의 집필자로 뽑혀도 무리가 없는 분들이다. 시간 내어 집필해 주신 그분들에게 진심으로 감사드린다.

마지막으로 이 책이 나올 때까지 긴 과정에서 여러 가지 의논을 받아 주고 정성껏 도와준 황이삭 군에게 감사한다.

어제도 내일도 오늘의 선택이다

열매는 연약함으로부터 맺어집니다. 그리고 열매마다 모두 특이합니다. 어린아이는 상처 받기 쉬운 연약함 속에서 잉태된 열매이고, 공동체는 서로의 상처를 나누는 가운데 태어나는 열매이며, 친밀함은 서로 다른 사람의 상처를 어루만져 자란 열매입니다. 우리에게 참된 기쁨을 주는 것은 성공한 삶이 아니라 열매 맺는 삶입니다.

_헨리 나원

나의 어린 시절에 대한 기억에서 떠오르는 영상들은 토막 나 있고, 그래서 연결해 이야기를 만들기가 어렵다. 마치 빛바랜 옛 사진들을 보듯 장면들이 희미해서 내용도 명확하지 않다. 내가 보는 것들이 아니라 누군가가 나를 보는 듯한 장면들도 있다. 어쩌다 남들이 과거의 추억을 이야기하는 것을 들어 보면, 마치 영화를 보듯 '자기' 중심으로 시간의 흐름에 따라 사건들이 연결되어 전개된다. 어떻게 기억들이

한 줄기 이야기로 질서 있게 저장되어 있다가 그대로 회상될 수가 있을까? 왜 나의 기억은 그렇지가 못할까? 왜 나의 기억은 장면들이 단편적이고 그나마 떠오르는 영상들도 뚜렷하지 않을까? 그래서 장면들을 이어 이야기를 하다 보면 이것이 장면들을 짜깁기로 이어서 만든 일종의 소설인지, 아니면 장면들을 회상할 때 내가 장면들을 해석하는 것인지 확실치 않다. 그중에 어떤 기억들은 뚜렷하게 순간을 담은 장면이 떠오른다. 그러나 이 장면들도 마치 무성영화를 볼 때와 같이 내용 설명이 담겨 있지 않다. 엄밀히 말하면 설명이 없다기보다는 장면만 떠오르고 거기에 담겨 있어야 할 당시의 감정이 없다. 마치 그 장면들을 회상할 때 당시의 감정을 느끼지 못하도록 누군가가 변질시켜 놓은 것도 같다. 누가 옆에서 그 장면에 담긴 감정을 어떤 여과 장치로 걸러 놓은 것 같다. 한마디로 기억들이 나에게 리얼하게 느껴지지 않는다.

한때는 모든 기억이 다 그런 것일 거라고 생각해 특별한 관심을 두지 않았다. 기억의 영상은 마치 꿈의 영상 같아서 기억의 한 토막이 많은 내용을 농축해서 담고 있어서 설명을 하려면 풀어서 긴 이야기가 되는 것이 아닐까? 또는 영상 사이에 있는 연결 고리는 보통 때 기억되지 않고 무의식에 잠재되어 있다가 이야기할 때에 연상 기제에 의해 의식에 떠오르는 것이 아닐까? 그래서 과거에 대해 이야기를 시작하면 새롭게 연상이 활성화되어 이야기가 술술 이어져서 전개되는 것으로 믿었다. 또 이야기하는 사람들은 추억거리를 재미있게 만들려는 의도에서 과장도 하고 약간의 편집도 한다고 생각했다.

그러나 나의 과거를 되돌아보고 기억을 본격적으로 탐색하기 시작한 후에 나의 생각은 달라졌다. 무언가 기억이 되고 안 되고, 또 되면 어떻게 되느냐에 관여하는 선택의 기제가 있는 것 같다. 즉 모든 기억이 다 같이 뇌에 등록되어 새겨져 있다가 그대로 걸러지지 않고 회상되는 것이 아니라, 어떤 기억들은 내 마음 한구석에 멀리 격리되어 회상하기 어렵도록 되어 있는 것 같다. 예컨대 어린 시절에 상처 입은 아픈 기억은 다시 회상하면 또 상처를 받을까 봐 회상이 안 되도록 격리하는 보호 장치가 있는 것 같다.

나의 기억력이 나빠서 그런 것일까 의심도 해 보았지만, 그것은 기억이 좋고 나쁜 문제가 아닌 것 같고, 무슨 이유에서인지 내 어린 시절의 기억은 보통 사람들의 것과 다르게 처리되었다는 생각이 든다. 무언가 기억 과정에 방해 기제가 있어 역기능적으로 변질되었다는 생각이다. 즉 회상하는 것이 고통스러워 무의식이 이를 원치 않아 기억 자체를 흐릿하게 만들지 않았나 의심이 든다. 그렇다면 나의 과거의 무엇이 그리 고통스러워서 나의 기억이 회상되는 것을 방해하는 것일까? 분명 무언가 나의 과거에 유독(有毒)한 요소가 있어서 아픔이 되살아나지 않도록 과거를 먼 곳에 가두어 놓는 것은 아닌지.

나는 오랫동안 그 보호막의 존재를 의심조차 하지 않았고 더욱이 이를 허물고 내막을 찾아 그 진상을 알아보려는 생각도 하지 못했다. 그저 나의 기억력이 좋지 않다고만 생각하고 그냥 덮어 둔 것도 역시 자기 보호를 위해 과거 찾기의 의욕을 은근히 좌절시킨 것이 아닌가 싶다. 성인이 되고 나도 자식을 키워 보고 나이가 중년에 접어들면서 스스로에 대한 생각이 달라지기 시작했다. 특히 '부끄러움'에 관해 연구하고 책을 쓰면서 나의 어린 시절에 대한 탐색의 욕구가 강해졌다. 내가 마음속 깊이 '부끄러움'을 안고 살아 온 이유가 궁금해지고, 나의 과거에는 숨겨져 있고 노출을 꺼리는 어떤 진실이 있을 거라는 확신을 갖게 되었다. 그리고 나의 기억이 산만하고 단편적인 것도 기억의 회상이 동반하는 고통스러운 부끄러움을 불러오지 않으려는 방어기제와 연관이 있다는 생각을 하게 되었다. 그래서 더욱 나의 어린 시절에 대한 탐색이 절실해졌다. 분명 거기에는 참된 나의 모습과 나에 관한 진실이 숨어 있을 것이다. 이를 밝히는 것이 나 자신을 다시 찾는 과거의 재구성이고, 이 작업이 결코 쉽지 않을 거라는 예측도 있었다.

최근에 나온 연구 결과도 오랜 세월 동안 풀리지 않았던 이 수수께끼에 대해 설득력 있는 해답을 얻는 데 도움이 되었다. 기억에 관한 뇌과학 연구 결과에 의하면, 기억 중에도 특히 5세 이전의 어린 시절의 기억, 그리고 성인이 되어서라도 어떤 심리적 외상으로 마음에 큰 상처가 생겼을 때의 기억은 성인의 일반적 기억들의 신경 회로와는 별도의 것이라는 사실이 밝혀진 것이다. 누구나 5세 이전의 일들에 관한 기억은 뚜렷하지 않다. 있다고 해도 단편적이다. 즉, 5세 이전의 일들에 관한 기억에는 성인의 일반적 기억들이 저장되는 기제와 달리 보다 원시적인 뇌 구조가 관여된다. 다시 말해서 원초적으로 생존의 위협을 다루는 뇌의 부위가 이를 담당하고, 또 여기에서 즉시 대처하는 반사적인 대응이 결정된다. 그리고 이러한 기억들이 저장되는 부위는 우리의 의식을 관장하는 대뇌 피질과 연결되어 있지 않다. 그래서 성인이 된 후에 회상을 하려고 해도 그 기억이 의식에 떠오르지 않는다. 반대로 5세 이후의 기억들은 또 다른 신경 회로와 부위가 담당하고, 이 신경 회로는 의식을 관장하는 대뇌의 전두엽 피질과 연결되어 있어서 그 기억을 회상해 의식에 떠올릴 수가 있다. 흥미 있는 사실은 충격적인 심리적 외상의 기억들도 당시의 나이와 상관없이 5세 이전의 기억과 같이 해마(海馬, hippocampus)에 저장되어 후에 쉽게 의식에 떠올릴 수가 없게 무의식에 묻혀 있다는 것이다. 그러다가도 전에 받은 심리적 외상과 유사한 자극을 받았을 때는 갑자기 이 기억이 의식을 침범한다. 그래서 외상 경험의 기억이 뜨면 그때 겪었던 심한 공포와 불안을 느끼게 된다. 생존의 위협에 대처하는 원초적인 반응이라 보통 때의 불안이나 공포보다 훨씬 강한 반응이 나타난다. 이 현상을 전문용어로 침해(intrusion)라고 한다. 또 한 가지 특이한 것은 감정에 큰 상처를 준 사건들은 이른바 해리(解離)라는 현상에 의해 그때의 기억의 내용과 형태가 삭제 또는 변질된다는 것이다. 그래서 외상이 있었을 때의 기억이 전혀 회상이 안 되는 경우도 있지만, 또한 그 기억이 여러 가지 형태로 변질되기도 한다. 기억이 단편적으로 조각이 나 있거나 현실감이 결여된 채 희미하고 막연해 어디에서 누구와 겪은 경험인지 내용이 뚜렷하지 않고 비현실적이다. 당시 경험했던 감정의 강도가 흐려지고 기억의 영상들이 마치 안개 속을 보듯 희미하다. 이 모두가 고통스러운 과거의 경험을 회상했을 때 그때의 고통이 떠올라 또 하나의 외상이 될 수가 있는 것을 막기 위해 조물주가 만드신 보호 장치이고, 진화 과정에서 발달된 자기 보호의 수단이다.

실감이 나지 않는 나의 어린 시절의 기억이 이 같은 뇌의 방어기제에 의한 것일 수 있다는 가설은 더욱 나의 호기심을 자극했다. 감추어진 기억의 내용이 궁금하고, 어떻게 해서든지 이를 알아내어 나의 기억을 재구성하고 싶어졌다. 내가 자랄 때의 배경을 세밀히 탐색하기 위해 기억을 더듬어 연결시키고, 또한 당시에 우리 가정을 가까이서 관찰할 수 있었던 증인들과의 대화를 통해 정보를 얻었다. 우리 집에서 일어난 일 중에 숨겨진 것들이 있는지도 알아보고, 우리 가정에 대한 솔직한 비판의 의견도 들어 보았다. 막연하고 단편적으로 떠오르는 기억 속의 사건들을 증인들과의 대화를 통해 확인하며 재구성했다. 이 과정에서 나는 많은 정보를 얻었고, 특히 우리 부모님에 대해 의외로 비판적인 의견이 있어서 놀랍기도 했다. 특히 나의 고종사촌 누님들이 농담 섞어 말해 준 몇 개의 에피소드 속에는 우리 부모님의 유아적이고 교만하고 자기중심적인 삶의 태도에 대한 질타와 원망의 소리도 있었다. 90세가 넘은 선친의 사촌 누이동생(효선 고모님)의 솔직한 이야기는 우리 조부모님과 부모님을 폭 넓게 이해하는 데 큰 도움이 되었다. 고모님은 내가 필요하고 원하는 정보들이 어떤 것들인지 이해하셨고, "내가 죽기 전에 이런 이야기를 해 주어야 할 것 같아 공개한다"고 말씀하시면서 오랫동안 비밀로 덮어 둔 창피스러운 사건들도 공개해 주셨다.

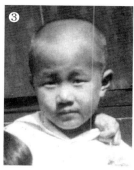

①,② 두살때 후쿠오카에서. 선친
께서는 박사학위 과정중이셨다.
③,④ 정동에 살던 다섯 살 때의
모습. 선친께서 세브란스 교수로
재직하시던 무렵.

과거의 재구성은 내가 부모님에 대해 간직해 온 이미지에 큰 변화를 주었고, 또 과거 사건들에 대해 새로운 해석을 하게 했다. 이런 해석을 하는 것이 몹시 조심스럽기도 했다. 당시 부모님의 입장을 이해하고 공감도 하지만, 부모와 자식 사이에 있었던 갈등을 부모의 입장에서 해결하려고 노력하신 부분을 자식의 입장에서 이해하기란 쉬운 것이 아니다. 그리고 이 새로운 해석들은 현시점에서 그리고 지금의 양육 방식으로 내가 보는 관점에서 나온 것이다. 당시 부모님의 연령이 20대 후반이나 30대로서 지금 나의 여식보다 훨씬 젊은 나이에 우리를 키우신 것이다. 육아에 대한 일반적인 상식도 지금과 비교하면 하늘과 땅의 차이가 있고, 인격 발달 과정이 밝혀지기 시작한 것이 1950~1960대였다는 사실을 감안하면, 나의 어린 시절이던 1930~1940년대는 인격 발달에 관한 개념이나 지식에 있어서 암흑시대였다. 선친께서는 천재 수준의 두뇌와 높은 기상을 갖춘 특출한 젊은이였음에 틀림이 없으나, 한 가정의 가장으로 그리고 아버지로 얼마나 원숙했었는지는 또 다른 기준으로 평가돼야 한다. 밖으로 그분의 성취가 만든 형상과 집 안에서 가장으로 또는 자식을 양육하는 아버지로서의 형상이 달랐던 것은 사실인데, 그 '다름'을 우리는 잘 모르고 있었다.

그러나 여러 가지 어려운 점이나 편견의 개재에도 불구하고 과거의 재구성은 내가 살아 있는 동안에 반드시 해야 한다고 생각했다.

그 이유는 내가 성인이 된 후에 항상 마음속에 도사리고 있어 나의 대인관계에 큰 영향을 주었던 결함 도식, 다시 말해서 나 자신이 '부적합'하다는 숨은 부끄러움이 성장기의 어떤 경험에서 비롯된 것인지를 밝힐 수 있기 때문이다. 나의 어린 시절을 탐색할수록 나와 선친의 관계에 이 문제를 풀 수 있는 열쇠가 있다는 믿음이 있었기 때문이다.

그러면 어린 시절에 대한 탐색 작업은 언제부터 시작되었나? 본격적으로 기억을 정리한 것은 내가 은퇴한 이후지만, 나의 어린 시절에 대한 호기심이 커지면서 탐색과 분석을 시작한 것은 내가 웨스턴 리저브(Western Reserve) 의과대학 정신과 교실에서 수련을 받던 시기로 거슬러 올라간다. 당시 나는 정신분석 이론에 몰입해 있었고, 이론을 공부하면서 나 자신의 과거를 되돌아보고 분석적으로 이해하는 기회를 가졌다. 이때 비로소 나의 성장 과정의 특징들에 대한 탐색과 더불어 새로운 이해가 가능해졌다. 그러나 어린 시절 나의 성장 과정에서, 특히 나와 나의 부모님과의 관계를 회상하고 기억나는 사건들의 의미를 이해할 수 있는 이론들로 가설을 세우는 분석은 나 혼자서 하는 데 한계가 있었고, 누군가 중립적인 입장에서 나의 이야기를 들어 주고 의문이 나는 점을 지적해 줄 대상이 필요했다. 또 생각의 미로에서 헤맬 때면 도움이 필요하기도 했다. 다행히 나의 정신과 교실 수련을 담당하신 스승과 의논해 그의 도움을 받게 되었다. 나의 지도교수였던 버나드 매튜 박사(Dr. Bernard Matthew)는 당대의 저명한 정신분석가였고, 사례를 통해 자연히 일어나는 감정 분석과 더불어 나 자신의 분석에 필요한 도움을 주겠다고 약속해 주셨다. 나 혼자 분석하는 것을 반대하지 않고 권장하면서, 전통적인 방법은 아니나 최선을 다해 도와주겠다는 약속은 그분으로서는 대단한 관용이었다.

　　지금도 나의 마음을 착잡하게 만드는 것은 어린 시절을 회상할 때 느껴지는 부정적인 감정들이다. 거의 신과 동격으로 숭배했고 어떤 형태의 도전도 터부가 되어 있던 선친에 대해 분노의 감정이 일어날 때, 과연 이런 감정이 적합한 것인지, 그리고 내가 부모님에게 이런 분노를 느껴도 되는 것인지 고민스럽다. 사실은 그래서 내가 이런 분석을 해도 되는지 회의를 갖고 잠시 중단한 일도 있다. 그러나 신기하게도 여러 해를 넘겨 이뤄진, 지난날들에 대한 나의 사색은 일찍 이 세상을 떠난 선친과 다시 만나 대화를 나누면서 동행하는 여행과 같은 것이 되었다. 어떤 의미에서는 선친과 오히려 친해지는 것 같고, 부자간이 성인과 성인의 평등한 관계로 이야기를 나누면서 부친과의 일체감을 새롭게 느끼는 기쁨도 있었다. 선친이 살아 계실 때 갖지 못했던 부자간의 대화와 관계를 경험하는 흐뭇함도 있었다. 나의 감정도 이해해 주시고 분노도 용서받는다고 느꼈고, 오래 묻어 두었던 나의 한이 풀어지는 것도 같았다.

　　무엇보다도 나의 어린 시절에 대한 기억을 재구성하면서 새로운 정체성을 가질 수 있게 된 것은 놀라운 일이다. 이것은 나의 인격이 지금 이 나이에도 발달할 수 있다는 증거이고 그렇기 때문에 나의 회고는 결국 나의 미래를 위한 것이다.

젊은 이중철의 꿈

　　나의 어린 시절 환경은 풍요롭지는 않았지만 갖추어야 할 것은 갖
춘, 안정되고 또 남들이 부러워하는 모범적인 가정이었다. 소년 시절
우리 집 살림살이나 가구 등은 하나같이 귀하고 고급스러운 물건들로
잘 정돈되어 있었고, 집안은 가장인 선친을 중심으로 일사불란한 위
계질서로 모든 가족 구성원들이 예의범절을 잘 지키는 분위기였다.
집에서는 늘 점잖고 세련된 언어 사용이 필수였다. 한마디로 당시로
는 첨단 엘리트 가정이었다고 생각한다. 이것은 나의 선친이 일찍부
터 바라시던 꿈을 부단한 노력으로 이루신 결과였다. 매사에 첨단과
수월성을 추구하는 선친의 성격이 이를 가능하게 한 것이다. 선친은
타고난 용모가 뛰어났고 글씨가 명필인데다 여러 분야에 다재다능한
인물이다. 우수한 머리로 일찍이 30대 초반부터 전문 학술지는 물론
일간지에도 그의 논문과 글들이 널리 실릴 만큼 세브란스의전이 자랑
하는 교수 그리고 당대 서울 장안의 명의(名醫)로 소문난 분이다. 우

30대 초반의 선친.
세브란스의전 졸업 후 해외연수를 하시던 무렵.

리 가정에는 나의 조부모님을 비롯해 여러 친척분들이 같이 살았지만 오로지 선친만이 집안의 어른이었고, 또 모든 일의 결정권을 당신이 전담하며 당신이 매사에 주인공이 되어야 하는, 철저한 선친 중심의 집안이었다. 이 철저한 가부장제의 집안 분위기는 일찍부터 서구화되고 용모나 매너에서 '영국 신사'로 알려진 선친이 이끄는 가정치고는 의외의 현상이었다. 내가 확실히 기억하는 나의 어린 시절의 집안 분위기는 선친의 외모나 대외관계에 비친 모습과 달리 전혀 민주적이 아니었다. 선친께서는 우리 가정의 주인이었고 나머지 가족은 그의 뜻을 전적으로 떠받드는 종업원이나 다름없었다. 가족 내에서 누가 문제를 일으키면 즉시 그것은 선친의 문제가 되고, 그의 판단이 문제 해결의 답이 되고, 이에 대한 불만이나 군소리는 들려서는 안 된다. 명석하고 뛰어난 선친의 머리에서 나오는 판단과 생각만이 옳고, 그 것은 즉시 실행되어야 했으며, 조부모님이나 어머님도 말없이 조용히 그의 뜻에 따라야 했다. 이것은 선친에게 항상 자신의 생각이 옳다는 확고한 믿음과 자신감이 있었기 때문이었고, 가족들도 선친의 결정을 최선의 길로 알고 따랐다. 이것은 나의 추측이 아니다. 우리 할아버지나 친척들에게 일어났던 크고 작은 사건들에 대해 선친이 당신의 뜻대로 해결책을 찾아 밀어 붙이던 기억과, 그 과정에서 복종하지 않는 당사자들을 크게 나무라시던 장면들이 눈에 선하다. 우리 친척들은 후에 이런저런 사건을 예로 들면서 자신들이 무조건 선친의 결정을 따를 수밖에 없었던 어려웠던 사정들을 고백했다.

어머님은 원래 온순한 성품에 말씀이 적고 남의 비위에 거슬리는 말을 하지 못하시는 소심한 성격이었다. 남편을 마치 우상같이 받들고 남편의 의견이면 무조건 그것이 옳고 대안이 있을 수 없는 절대 순종의 양처(良妻)였다. 한마디로 선친께서는 우리 집안에서 '신적인 존재'였다. 이 표현은 과장된 것이 아니고 선친께서 작고하신 후 어머님이 어느 손님과의 대화에서 고백하신 말씀 그대로다. 또 어머님이 선친을 추모하며 그리워하실 때 "네 아버지는 나에게 신적인 존재였다"고 표현하신 기억도 있다. 우리 부모님의 부부 관계는 평등하지 않았고, 주변 친척들도 두 분은 완전히 밀착되고 아버님이 전적으로 지배한 관계였다고 말한다. 나의 고종사촌 누님 두 분은 외삼촌인 선친의 부부 관계를 선망과 원망이 뒤섞인 표현으로 증언해 준다. 이전에는 조카들도 극진히 사랑하셨는데 결혼하신 후에는 부인에게 밀착되어 조카들은 안중에 없었다는 원망스러운 불평이다.

선친은 일찍이 눈부신 사회적 성공을 이루셨다. 그리고 더 큰 성취에 대한 꿈과 야심에 차 있었다. 주변 사람들도 큰일을 할 사람으로 기대했다. 30대의 젊은 나이에 북경의 협화대학과 호주 멜버른대학에서 전문 분야 연수를 받았으며, 규슈제국대학 신경정신과 교실에서 박사학위를 취득하고 귀국해 당시 세브란스의전의 신경정신과 교실 초대 과장이던 찰스 매클래런(Charles McLaren) 교수의 후계자로 과장 자리를 물려받은 것은 이 같은 야망과 능력, 그리고 주변의 기대와 지지가 있어서 가능했던 것이다.

선친은 당신의 성공과 성취에 걸맞게 가족이 이를 따라 보조를 맞추기를 바라셨다. 그중에 제일 기대를 걸었던 것이 장남인 나였다. 자식들이 선친 같은 수월성을 발휘해 모두가 우러러보는 서울 장안 최고의 엘리트 가족이 되기를 무던히 바라셨다. 우선 장남이 그런 모범을 보여주는 발군의 수재가 되어야 한다. 선친의 조급한 성격에 빨리 성과를 보아야 하시기 때문에 나를 한계를 넘어선, 그리고 나에게 맞지 않는 스타일로 변조시키기 위해 훈련의 방법을 택하셨다. 그리고 선친의 방법이 효과가 없자 처벌로 그리고 질책으로 다스리셨다. 실망의 기색이 선친의 얼굴 표정에 뚜렷이 나타났고, 못마땅한 기색으로 대하시는 선친을 난들 좋아할 리 없다. 나도 선친이 싫었고 성급한 성격에 실망했다. 제일 싫었던 것은 자식은 전혀 자존심이 없는 존재인 양 다그치시는 부분이다. 선친 얼굴이 '신경질'로 창백해지면서 분노의 정도가 급속도로 상승하는 모습을 자주 보았다. 선친의 성격은 분명 역기능적이었고, 자주 이런 분노의 대상이 되는 아들은 아버지를 외면한다.

부친의 조급한 성격과 야심

선친이 나를 처벌하실 때 도를 넘쳐 분노가 더 큰 분노를 부르는 연쇄 가중 반응을 보고 '이건 아니다'라고 느낀 기억이 뚜렷하다. 이 분노 상승 반응은 내가 반항을 했거나 처벌을 거역하고 잘못을 인정하지 않아서 생긴 것이 아니다. 내가 저지른 잘못을 넘는 처벌, 그리고 선친이 자신의 감정을 이기지 못해 처벌이 가중된다는 사실을 비록 어렸지만 감지했다고 생각한다. 그래서 처벌을 받으면서도 부적절한 부분을 인식하면서 스스로 위안을 받는, 그래서 오히려 태연한 무저항의 저항이 부친의 분노를 더 악화시켰을지 모른다. 처벌에 대한 태도가 다 그렇겠지만 나는 선친의 처벌을 사랑의 매질로 감지한 일이 없다. 물론 처벌을 받을 만한 잘못은 있다. 그러나 그것이 체벌이 되는 경우 매질하는 쪽의 감정이 잘 조절되어야 하고 처벌에 대한 설명도 있어야 한다. 매질하면서 감정이 격화되면 이것은 학대의 범주에 속하기 쉽다. 나는 잘못을 뉘우치는 말로 용서를 받거나 선친이 너

그렇게 언어로 타이르신 기억이 없다. 물론 나의 잘못을 지적하시고 이에 해당되는 처벌을 주셨겠지만, 상상컨대 내가 잘못을 인정하지 않고 반성의 기미도 보이지 않고 태연하게 처벌을 받는 모습에서 선친의 분노가 격화됐을지도 모른다. 선친의 성격으로 이런 부정(否定)의 태도는 참기 어려운 반응이다. 순종하고 잘못을 반성하며 다시는 안 그러겠다는 애원이 있어야 했다. 어쨌든 선친은 큰 실망과 분노를 스스로 조절하지 못하고 계속 열을 올리며 매질하시던 기억만이 남아 있다.

문제는 평소에 부자간의 소통이 없었고 부자간의 정다운 놀이나 즐거운 대화의 기억도 없다는 사실이다. 평소에 즐겁고 친한 교통으로 긍정적인 감정을 감성 계좌에 많이 저축해 놓았다면 처벌을 받을 때 나의 용서를 비는 애원이나 다시는 그러지 않겠다는 호소가 있었을 것이고, 때리시는 부친 스스로도 아픈 마음을 느끼셨을 것이다. 보통 때에는 일정이 바빠 나에게 관심을 두실 여유도 없으셨으니 내게 관심을 두실 때는 못마땅한 사건이 생겼을 때뿐이었다. 그래서 잘못에 따르는 처벌의 순간만이 부자간 대면이 아니었나 싶다. 나의 속마음을 이해하려는 물음이나 잘못된 것을 부드럽게 지적하고 시정을 종용하며 나의 자존감을 존중해 주는 배려 있는 훈시의 장면은 전혀 생각나지 않고, 나의 기억에는 매질을 하시면서 그 강도가 급상승하는 모습만이 남아 있다. 아이들이 어리고 철이 없어 정황을 잘 모를 거라 생각하면 그것은 큰 오산이다. 아이들은 자기를 중심으로 무엇이 진정한 그리고 공감이 담긴 교훈인지를 분별한다. 그리고 부모의 감정에 대해서도 예민하여, 경우에 따라서는 부모에 대해 냉정하고 비현실적으로 가혹한 판단을 할 수도 있다. 그래서 부모의 좋은 의도도 제대로 전달되지 않는다.

내가 선친에게서 칭찬을 받은 유일한 에피소드가 생각난다. 초등학교 때 가을이 되면 운동회가 열리는데 뜻밖에 부친께서 나타나셨다. 아버지의 모습을 관중석에서 보고 깜짝 놀랐고 또 긴장되었다. 전혀 예측하지 못했던 일이기 때문이다. 마침 교정(배재고등학교)을 반바퀴 도는 단거리 경주가 열렸고, 나도 거기 참가했다. 출발의 총소리가 나자 한 조 여덟 명이 젖 먹던 힘까지 다해 달리는데 약 20m를 달리자 무슨 이유에서인지 나 혼자서 미끄러져 넘어졌다. 계속 달리는 동료들로부터 많은 거리를 뒤졌고 무릎도 깨진 상황이었는데 나는 일어나 다시 뛰기 시작했다. 한심하게 뒤처졌지만 혼신의 힘을 다해 뛰기 시작했고, 급기야는 결승점 직전에서 일등으로 뛰던 급우를 제치고 간발의 차이로 결승 테이프를 끊었다. 그날 저녁에 밥상 앞에서 부친께서는 내가 넘어져도 포기하지 않고 다시 일어나 최선을 다해서 일등을 한 데 대해 정색을 하시고 칭찬해 주셨다. 의외의 칭찬을 듣고 무안하기도 했지만 평소와 다른 부친의 태도에 당황하기도 했다. 그리고 이것이 칭찬을 받을 만한 장한 일인지도 의아했던 것이, 이런 일은 나의 집 밖 생활에서 늘 일어나는 일이었기 때문이다. 운동 시합을 하다 쓰러지면 일어나 계속하는 것이 운동장의 상식이고, 최선을 다

20대 후반 세브란스의전 전임강사 시절의 선친.

하지만 이기기도하고 지기도 하는 것이 운동의 상례다. 넘어지면 일
어나 나머지 거리를 최선을 다해서 뛰는 것이 당연하고, 그래서 일등
도 할 수 있지만 이등도 할 수 있다. 특별히 칭찬받을 일이 아니다. 나
는 빨리 뛰는 데는 자신이 있었고, 보통의 반 친구들과는 상대가 안 되
는 선수 급(級)이었다. 선친은 나의 운동 소질이나 내가 가진 신체 능
력을 잘 모르셨다. 나는 이런 경주를 하면 늘 일등을 했고, 또 할 자신
이 있었다. 운동회에서 반 아이들끼리 짜인 한 조에서 일등을 한 것이
대단한 것도 아니었다. 일등을 안 했어도 넘어졌으니까 상관이 없다.
그러나 어쨌든 선친이 바쁜 일과에서 시간을 내셔서 운동장에 나를
보러 오셨고, 또 보신 것에 대해 칭찬을 해 주신 것은 인상적이었다.
내가 넘어지고도 포기하지 않고 끝까지 최선을 다해서 일등을 하는
것을 보시고 선친께서 놀라신 것 같다.

　　나는 분명 낙천가로 태어났다. 선친의 성격은 정반대다. 그분은

항상 엄숙하고 무서운 표정으로 늘 찌푸리시고 무언가 고민거리가 있는 표정이었다. 자식을 쳐다보는 아버지의 표정이 이렇게 지각되었다면 그것은 불행한 일이다. 자식을 쳐다보면 고민이 있다가도 얼굴이 펴지게 마련이다. 어린 자식을 보면 즐겁다. 그리고 자식을 낳고 키우는 목적 자체가 바로 이 즐겁고 행복한 관계 때문이라 해도 지나치지는 않을 것이다. 왜 항상 찌푸리고 계셨을까? 선친이 생전에 찍으신 사진은 거의 모두가 이 못마땅한 표정이다. 입꼬리는 깊게 밑으로 처져 있다. 그 많은 사진 중 단 하나가 활짝 웃으시는 표정이다. 정보라 선생과 스튜디오에서 찍은 사진에서 선친께서는 밝게 웃으셨는데, 틀림없이 사진사가 웃으시라고 당부했을 것이 뻔하다. 그렇다고 성격이 늘 우울하신 분도 아니다. 남하고 같이 계실 때나 친한 친구분들과 어울리실 때는 농담도 잘하시고 큰 소리로 웃으신다. 원래 웃고 즐기시는 것을 좋아하는 분이신데 왜 나를 보실 때는 늘 엄숙한 표정을 하셨을까. 나는 선친이 늘 나에 대해서 못마땅해하는 건 내가 선친의 기대에 못 미치고 즐겁게 해 드리지 못하는 '모자라는 자식'이기 때문이라고 믿었다. 이 믿음은 지금도 변함이 없다. 나를 그런 심정으로 보신 것은 나와 선친 모두에게 불행한 일이었다.

신기하게도 이렇게 자식에게 엄숙하셨던 선친께서는 개업하신 후 연세가 40이 가까워 오면서 여유가 생기시고 달라지셨다. 병원에서 일하시다 시간이 나시면 자주 안채에 들어오셨다. 그 이유는 우리 집 안에 귀엽기 짝이 없고 익살꾸러기인 막내가 태어난 것이다. 막내는 선친을 무조건 따르고 선친에게 안겨 귀염둥이 노릇을 하면서 선친의 마음을 완전히 사로잡았다. 이 귀염둥이는 어른들 특히 선친이 사랑할 수밖에 없는 상황을 만드는 데 막강한 힘을 발휘해 선친은 그 재롱에 흠뻑 빠지셨다. "아, 이놈이" 하시는 선친의 대응은 처음 겪는 '아버지의 기쁨'으로 보였다. 막내를 보시려고 바쁘신 진료 중에도 일부러 시간을 내어 안채에 들어오셔서 같이 눕고 어울려 웃으시고 즐거운 시간을 보내시는 그 장면은 자연스럽게 달라진 바람직한 선친의 모습이었다. 내 밑에 여동생이 있고 그 밑으로 남동생이 있지만 그들과 선친 사이에는 이런 정경을 내가 본 적이 없고, 또 두 동생도 그런 경험이 기억에 없다고 한다. 막내를 빼고는 어느 형제도 선친에게 쉽게 접근하지 못했고, 특히 나의 경우는 선친을 피해 다니느라 바빴다. 내가 장남이기 때문에 더 그랬을 거라고 해석할 수도 있지만 나는 그것이 사실이 아니라고 생각한다. 내가 성인이 되고 결혼해 자식이 생기니까 어린 시절의 나에 대한 선친의 태도를 더욱 이해할 수가 없다. 자식이 그렇게 귀엽고 사랑스럽고 잘못이 있어도 쉽게 용서해 주고 싶은 마음이 드는데 말이다.

내가 어떤 아이인지 이해를 했어야죠

…부모님은 내가 당신들의 아이이며 당신들과 같다고 생각한다. 그러나 내가 아무리 부모님을 사랑한다 할지라도 나는 그분들이 이해할 수 없는 타인이다. 그리고 나에게 가장 중요한 것, 즉 나의 영혼을 그분들은 부차적인 것으로 여기고 나의 어린 나이나 변덕에서 비롯된 것이라고 생각한다. …아버지는 자식에게 코와 눈, 심지어 이성까지도 물려줄 수 있지만 영혼은 물려줄 수 없다. 영혼은 모든 인간에게 새로운 것이다….

_헤르만 헤세

선친에 대한 나의 한은 한마디로 선친의 나에 대한 지나친 기대와, 내가 당신이 원하시는 것과는 전혀 다른 성품을 가지고 있어서 생긴 불일치가 빚은 비극이다.

나의 선친은 내가 타고난 성품과 가능성과 능력을 보지 않으시고,

또는 보는 것을 거부하시고 자신이 원하시는 대로 나 아닌 다른 인격으로 고치기 위해 온갖 노력을 다하셨다. 당시 자식을 기르고 가르치는 유일한 방법이던 '훈련'과 '처벌'을 통해 '교정'을 강행하셨다. 그리고 교정해야 할 나쁜 것들만 나에게서 보신 것이다. '나 다운 나'를 보고 이해하시지 않고 나쁜 것을 고쳐서 선친이 원하시는 보편적인 모범생으로 만들기 위해 훈련과 채찍으로 다스리셨다. 물론 선친의 기대에 어긋난 것 그리고 부족한 것이 많고 또 내가 선친의 뜻대로 순종하지 않아 고쳐지지 않으니까 선친께서 좌절해 계속 처벌하신 것은 사실이다. 스스로 알아서 공부를 안 하고 늘 밖에 나가 뛰어노는 데 정신이 가 있고, 집 밖에서 일어나는 세상사에 정신이 팔려 저녁 먹는 시간도 잊고 돌아다니다가 늦게 집에 돌아오는 방종을 몹시 싫어하셨다. 그리고 이를 고치기 위해 매번 매질을 하셨다. 그러나 선친께서는 늘 결과만 보시고 나의 흥미와 몰입의 내용을 알려고 하시지 않았다. 내가 나가서 무엇을 하는지, 무엇에 그리 정신이 팔리는지, 또 그런 것들이 왜 어린 나에게 중요했는지, 그리고 나의 성격이 이런 일들에 골몰해 시간 가는지도 모르고, 또 처벌받는 것을 무릅쓰고 되풀이하는 사실과 어떻게 연관되어 있는지 알아보려고 하시지 않았다. 그리고 내가 골몰하는 대상들이 나에게 어떤 뜻이 있고 무슨 가치가 있는지 전혀 알아보려 하시지 않았다. 선친이 알고 계신 성공의 공식에 들어맞지 않는 것들은 모두가 허사고 낭비고 가치 없는 잘못된 것들이었다.

종일 병원 일 때문에 바쁘게 지내시다가 저녁에 집에 들어오셔서 가족들과 같이 저녁 식사를 즐기려 할 때 큰아들은 보이지 않는다. 책가방을 팽개치고 집을 뛰쳐나가 밤늦게까지 밥도 먹지 않고 싸돌아다니다가 때와 땀에 찌든 모습으로 돌아온 나는 당장 처벌의 대상이 되었다. 선친과 나 사이에 대화란 전혀 없었다. 물론 같이 어울려서 놀아 본 기억은 전혀 없다. 유감스럽게도 내가 기억하는 선친의 얼굴은 늘 찌푸리시고 못마땅한 표정뿐이다. 자기 자식을 보면서 환한 표정으로 사랑스러워서 웃으시는 얼굴이 기억에 없다. 이것은 나의 동생들에도 마찬가지다. "아버지와 같이 놀고 웃고 이야기한 기억은 전혀 없고 늘 형이 벌 받는 것만 보았다"는 증언은 이구동성이다. 아버지가 자식들과 어울려 껴안고 뒹굴고 노는 즐거움은 가족이 누리는 축복 가운데 하나다. 이렇게 같이 뒹굴고 노는 기쁨이 자식을 낳는 목적이라 해도 지나치지 않다. 이 기쁨의 결핍이 있었다면 이것은 아버지의 책임이다.

그러나 분명한 사실은 당시 내가 밖에 나가 '나쁜 짓'을 한 적도 없고 또 그런 일들을 생각해 본 적도 없다는 것이다. 그리고 내가 나쁜 짓을 했으니까 고치겠다는 생각을 해 본 기억도 없다. 내가 하고 싶은 일이 또는 하는 행동이 남에게 해를 끼치거나 법을 어기거나 불합리적이고 부당했던 적은 없다. 이것은 내가 한평생 잘 지켜 온 원칙이다. 일생 동안에 나와 접촉한 수많은 사람들 중에서 내가 정의롭지 못하거나 부당한 일을 해서 나를 싫어하는 사람을 나는 본 적이 없다. 학교에서 선생님들도 나를 우등생으로 보고 말 잘 듣는 아이로 귀여워하셨고, 고등학교 시절에는 교장 선생님이 학교의 자랑이라고 전교

배재중학교 입학 당시의 사진.

학생들 앞에 세워 칭찬도 하셨다. 내가 젊은 시절 데이트하다가 말없이 떠나 실망시키고 그래서 배신감을 안긴 여인들이 있는 것은 사실이다. 그 밖에는 지나치게 남에게 상처를 준 일은 없다고 생각한다. 나는 올바르고 선한 일을 해야 한다는 나의 삶의 원칙을 믿는다. 그리고 어린 시절에도 그 원칙은 지켜지고 있었다고 생각 한다. 그런데 선친은 이와 같은 나의 세계를 보시지 못하셨다. 마음에 안 들었을 뿐, 그 아이의 세계가 어떤 것인지 그리고 '어린아이의 눈'으로 보는 그 세계가 어떤 색깔인지 이해하려는 노력은 전혀 없었다.

어린 시절에 나의 관심은 전적으로 집 밖 세상, 그것이 어떻게 돌아가는지를 아는 데 집중되었고, 기회가 있으면 집을 뛰쳐나가 모험하고 신비한 것들을 따라다니는 데 늘 정신이 가 있었다. 그 한 예가 일제 시대 일본의 유명한 스모 경기였다. 그 유명한 스모의 나쓰바쇼(夏場所)로 서울에서 스모 대회가 열렸던 것 같다. 내 기억으로도 그 시기는 분명 여름이었다. 지금의 동대문구장, 즉 옛 서울운동장 전찻

길 건너에 있는 넓은 공간에 스모 경기장이 세워졌다. 초등학교 시절이니까 돈 한 푼 없는 처지에 전차도 못 타고 광화문에서 동대문까지 걸어가서 스모장으로 세워진 텐트 모퉁이로 잠입해 스모 경기를 본 것은 물론이고, 스모꾼들이 음식을 먹고 막후에서 준비하는 모습들을 보는 것이 여간 흥미로운 것이 아니었다. 후타바야마(双葉山)나 하구로야마(羽黒山) 같은 유명한 요코즈나(橫綱)를 비롯해서 마쿠우치(幕內) 마쿠시타(幕下)까지 잘나가는 스모꾼들의 이름과 성적은 다 외우고 있었다. 거의 매일 계속되는 스모 경기를 보고 저녁 늦게 동대문에서 광화문까지 걸어오면 해는 이미 지고 가족들은 모두 저녁을 끝낸 후가 된다. 선친께서도 병원 일을 마치시고 가족들과 같이 식사하신 후 안방이나 응접실에 계실 무렵에야 나는 집에 돌아왔다. 주로 내가 밥을 먹기 전에 처벌이 떨어진다. 밥상을 앞에 놓고 무거운 책들을 머리 위까지 치켜들고 한참 벌을 서면서 곤욕을 치른 후에 밥 먹는 것이 허용된다. 스모 경기에 갔다는 말은 끝까지 하지 않았고 친구들과 운동장에서 공이나 차고 놀았을 거라고 모두들 믿었고, 실상 스모가 없을 때는 그런 경우가 많았다. 왜 그랬는지는 모르지만 스모 경기에 갔다고 하면 더 혼이 난다는 생각이 있었다. 이 벌서는 장면은 지금도 나의 동생들이 다 잘 기억하고 있고, 동생들은 왜 형이 매일 매를 맞거나 벌을 받아야 하는지 이해가 가지 않았다고 한다. 왜 내가 좀 일찍 들어와 벌을 면하지 않는지 이해가 안 간 것이다. 사실인즉 벌서기가 지속된 이유는 동네 축구 시합이 시작되면 끝장이 날 때까지 계속하지 않을 수 없었고, 축구 시합이 아니더라도 무엇이든 동네 친구들과 게임이 시작되면 거기에 흠뻑 빠져서 시간 가는 줄 몰랐기 때문이었던 것 같다. 선친을 더욱 화나게 한 것은 내가 벌서는 동안 다시는 안 그러겠다고 빌고 맹세하면서 반성하는 모습을 보이지 않는 것이었다. 나도 어떻게 그랬는지 이해할 수 없지만, 내가 아버님을 무서운 존재로 여기면서도 선친의 권위에 굽히지 않았던 것이 사실이다. 처벌받는 순간만 넘기면 된다는 태도로 선친이 원하시는 변화의 조짐은 보여 드리지 못한 것 같다. 아버지의 말을 듣고 반성하고 고치는 것이 아니라 처벌받고도 벌을 받게 된 이유인 바로 그 행동을 되풀이했으니 선친의 좌절도 짐작이 간다. 선친은 이처럼 반성과 교정이 없는 현상을 반항성 비행으로 보시고 내가 잘못된 길로 접어들고 있으니 이를 반드시 고쳐야겠다는 생각을 하신 것 같다. 한 가지 기억에 남아 있는 것은 집 밖에 있는 친구들에 대한 충성심이랄까, 즉 그들과의 약속은 절대로 어기지 않고 다음 날 게임을 계속하기로 약속했으면 무슨 일이 있어도 이를 지키려고 했다는 사실이다. 하긴 그 나이의 아이들이 준거집단의 기준과 룰을 더 중요시한다는 것은 잘 알려져 있다.

나에게는 형이 있었다. 나의 삶에서 나에게 가장 큰 영향을 준 사람이 바로 이 형이다. 일찍이 나이 20세에 세상을 떠난 나의 사랑하는 형 재영이다. 그는 내가 벌서는 것을 보면서 늘 같이 눈물을 흘렸다. 불구의 몸으로 태어나 외출도 못하고 잦은 경련으로 지독히 고생하던 형은 내가 벌 받고 나서 또는 다른 기회에 형의 방에 가서 내가 본 흥미로운 일들을 코믹하게 이야기해 주는 것이 형이 이 세상에서 맛볼 수 있는 유일한 낙이었다. 스모장에서 요비다시가 출전 선수를 부르는 그 특유의 목소리(이것은 오늘날 유명한 권투 시합이 있을 때 마이크로 크고 기괴한 목소리로 선수를 소개하는 것의 일본판이다). 내가 이것을 멋지게 흉내를 내면 형은 배꼽을 쥐고 웃었고 우스운 나머지 숨도 잘 못 쉬고 눈물을 흘리면서 웃어 댄다. 이 장면은 내 일생에서 제일 자랑스러운 기억이다. 형은 그 짧은 일생을 순전히 나를 통해 살았고, 내가 경험한 이야기들을 마치 자기가 겪은 듯 살았다. 특히 형의 삶에서 즐거운 부분은 나의 코믹한 이야기가 전부라고 해도 과언이 아니다. 특히 이 스모장의 현황 중계 재연에서 형이 배꼽을 쥐고 웃는 그 모습은 형을 그리고 나를 천사로 만든다. 비록 내가 호된 매를 맞거나 괴로운 벌을 받는다 해도 무슨 상관이 있었겠는가. 비운의 삶에서 불치의 병과 불구의 감옥에서 헤어나지 못하는 형의 '웃는 모습'을 보면 나의 모험의 결과인 처벌도 아무러치도 않다. 형과는 대화가 있었고 속삭임과 참된 우정이 있었다. 같이 나누는 이 이야기 시간은 둘만의 즐거움이었고 또 비밀이었다.

나는 스모 경기 같은 신기한 것들을 찾아서 탐험하는 것은 너무나 자연스러운 행동이라고 생각한다. 나의 딸아이와 뉴욕의 양키 스타디움에서 같이 경기를 보듯 스모는 아버지와 아들이 같이 즐겁게 관람할 수 있는 좋은 게임이다. 왜 선친과 나 사이에 이런 '관계'가 없었을까? 한 가지 머리에 떠오르는 것은, 선친이 후에는 많이 변하셨지만 한동안, 특히 나를 키우실 때 너무나 세상사를 모르셨고, 특히 자식을 어떻게 키우는 것이 현명한지를 진지하게 생각하지 못했다는 것이다. 어린 시절 한번은 친구 중에 누가 종로에 가서 김두한을 보자는 제의를 해서 종로 우미관에 간 일도 있다. 초등학생이라 우미관 안으로 들어가지는 못했지만 우미관 앞에서 장시간 기다리다 결국 김두한을 못 보고 집에 돌아온 일도 있다. 한번은 서울 봉래동 성당 근처에 큰불이 일어났다. 광화문에서 소방차가 사이렌을 요란하게 울리며 달려가는 것을 보고 뒤쫓아 현장에 갔는데, 가까이 가기는 어려워서 불타는 모습을 멀리서 오랫동안 바라보다가 밤늦게 돌아온 일이 있다. 당시 명동에 있는 작은 영화관에서 나운규가 주연인 영화 〈아리랑〉을 본 적도 있다. 극장에 어떻게 들어갔는지는 생각나지 않는다. 당시 전설적인 인물로 엄복동이라는 사이클 선수가 있었는데, 그가 서울운동장에 온다고 해서 가 본 일도 생각나는데, 정작 엄복동을 본 기억은 없다. 전설적인 권투 선수 정복수, 김기수의 시합이 무척이나 보고 싶었다. 그리고 청계천 다리 밑에서 살모사를 파는, 노숙자에 가까운 거지들을 찾아가 본 기억도 있다. 내가 다니던 덕수고등보통학교 담임선생이 같은 학교의 여교사와 연애한다는 소문이 있어 이를 확인하려고 저녁 늦게까지 학교에 잠복했던 일도 있다. 둘이서 같이 퇴근하는 것을 보고 다음 날 학교에서 자랑삼아 친구들에게 이를 보고한 기억이 있다. 이런 것들은 남과 다른 나의 특징이지 결점이 아니다. 귀엽게 보면 자랑할 만한 개성이라고 생각한다.

어린 시절 나의 이러한 행동들은 물건을 훔친다든지 법을 어긴다든지 남을 해친다든지 그 밖의 반사회적인 문제적 행동과는 다르다고 생각한다. 나는 나쁜 짓을 한 일은 없었다. 경찰에 붙잡히거나 선생에게 들켜 처벌을 받은 일도 없었고, 학교 선생들은 반에서 5등 이내에 드는 우등생이라 모두 나를 좋아하는 것 같았다. 학교에 숙제를 안 해 간 일도 없고, 우리 부모님이 선생으로부터 나에 관해 경고를 받은 일도 없다. 교우 관계도 좋았다. 공부 말고 놀이에 관해서는, 예를 들어 자치기나 딱지치기, 구슬치기 그리고 각종 구기에서 늘 뛰어났기 때문에 친구들은 내가 이런 놀이에 참여하는 것을 반겼다. 나는 각종 시합에서 남들이 같은 편이 되기를 원하는 인기 있고 착한 소년이었다. 선친이 알고 계셨던 것과 다르게 학교에서는 '공부 잘하는 아이'로 통했다. 고등학교 시절에는 모범 학생으로 전교에 알려졌고, 그래서 그 시절 신영묵 교장께서는 어느 날 아침 조회 때 나를 전교생 앞에 세우시고 공부도 잘하고 운동도 잘하는 모범생이라고 칭찬하신 일도 있다. 불행히도 선친께서는 나의 타고난 소질을 모르셨고, 늘 집에서 책상머리에 앉아 공부하면서 동생들의 모범이 되는 장남이기를 바라셨다. 나의 장기인 '사회성'에 대해서는 전혀 관심이 없으셨고, 내가 가진 바깥 세상에 대한 호기심, 그리고 새로운 세상을 탐험하고 경험하면서 의식을 확장하고 싶은 욕구는 인정하지 않으셨다. 아니 자라는 아이들에게 그런 의욕들이 있는지도 선친은 모르셨던 것 같다. 그래서 내가 무엇을 하면 항상 선친의 기대와 배치되었다. 이것은 선친의 좁은 시야와 자기중심적인 삶의 태도 때문이라고 나는 해석한다. 이 해석이 맞는 것인지는 모르지만 아무래도 상관없다. 어쨌든 이 아들의 생각이다.

어린 시절의 나는 분명 개성이 있었고 특이성(uniqueness)을 추구하는 욕구가 뚜렷했으며 타인과의 관계에서 편견 없이 누구하고도 쉽게 친해지는 밝은 소년이었다. 선친께서는 나를 귀공자로 만들고 싶으셨고, 나는 그것이 그렇게 싫을 수가 없었다. 나는 남들과 평등하지 않고 다르다는 전제가 싫었다. 남들은 다 '지카다비'를 신는데 나만이 가죽으로 만든 구두를 신는 것이 싫었고, 내가 남들과 다르다고 표방하는 것이 질색이었다. 나는 평범하고 누구와도 잘 어울리는 타고난 성격 때문에 사랑받고 칭찬할 만한 점이 많은 매력 있는 소년이었다. 그러나 선친이 세운 모범생의 기준에 미치지 못한다는 비판을 늘 받고 자랐기 때문에 결국 나는 오랜 세월 동안 내가 모자라고 부적격하다는, 사실도 아니고 필요하지도 않은 자격지심과 열등감을 갖고 자랐다. 이것은 돌이켜 보면 나 자신에 대한 완전히 왜곡된 인식이다. 그리고 이 왜곡된 자기 개념을 혼자서 보상하느라고 스스로 얼마나 고민하고 애썼는지 아무도 모른다. 불행하게도 선친께서는 나를 '나다운 인간'으로 만들기보다는 자신과 같은 인격으로 개조하려고 훈련도 하고 처벌도 하셨는데 결국 나는 '나답게' 자랐고 또 그렇게 일생을 살았다고 생각한다. 선친의 좌절이나 나에 대한 훈련은 사실상 쓸모없는 노력이었다. 선친께서는 진정 내게 필요한 훈련이나 처벌 또는 사랑의 매질로 생각하시고 최선을 다하신 것으로 나는 믿는다. 그러나 나의 눈에 이것은 우리 아버님의 조급한 성격과 '성공 노이로제'의 소산으로 보인다.

왜 나답게 내버려 두지 않았나?

_상처 받은 자존감

…나는 믿습니다
하나님 보시기에
내가 중요한 사람인 것을

아무리 멀리 길을 잃고 헤매도
내가 돌아올 수 있다는 것을

내가 변할 수 있는
내면의 힘을 가지고 있다는 것을

내가 하나님께
참으로 헌신하고
가까워질 수 있다는 것을

_랍비 나흐만

부친의 실망에도 불구하고 나는 지금도 내가 "나답게 컸다"는 자부심을 갖고 있다. 역설적으로 내가 선친이 원하시는 모범적이고 우수한 성취 위주의 삶을 살아오지 않았다는 사실이 이를 증명한다. 아버님의 요구에 못 이겨 나답게 되는 것을 포기하고 선친이 원하시는 성공 공식에 따라 살려고 노력했다면 위선자나 이중인격 또는 이것도 저것도 아닌 인생이 되었을 것이다. 어떤 원칙이나 가치를 가운데 두고 사는 삶이라기보다는 내가 인위적인 모범 기준에서 혹시 이탈되지 않았나 걱정하며, 또는 그 이탈된 거리가 얼마나 되는지를 재면서 살았을 것이다. 물론 타고난 성품에서 벗어나 자기답지 않게 변화된다는 것도 쉽지 않겠지만 선친은 이것이 가능하다고 보신 것 같다. 지금에 와서 생각하는 것이지만, 혹시 인간이 선천적으로 개성 또는 특별한 성품이나 능력을 타고난다는 사실을 모르셨던 것은 아닌지 의심이 들 때도 있다. 이것은 당시의 교육 및 자녀 양육 문화가 그러했다는 점에서 이해가 간다. 특히 자녀 양육에서 무언가 자식에게 잘못된 것이 있으면 이를 교정해야 한다는 것, 그리고 그 교정의 방법은 처벌과 훈련이라는 것이 일반 상식이었다. 선친이 보시기에 나에게 고쳐야 할 점들이 많았다는 것은 충분히 이해가 간다. 여기에 선친께서 더한층 조급해지신 이유는 선친의 독특한 수월성 추구와 경쟁의식이 나에게 옮겨졌기 때문이다. 남보다 월등히 앞서야 하고 특히 학교 성적에서는 일등이라야 한다. 본래 나는 남들과 경쟁해 그들을 제치고 뛰어나고 우수하게 되려는 의지가 없고, 또 그런 경쟁 상황에 들어가는 것조차가 싫었다. 이것은 내가 원래 차남으로 태어났는데 형의 불행한 질병으로 어쩌다가 장남이 된 운명이 심어 놓은 조건반사인지도 모른다. 형제간의 이른바 '시블링 라이벌리(sibling rivalry: 형제간의 경쟁)'는 나에게 금기이기 때문이다. 불행한 형을 내가 이긴다는 생각만 해도 나의 머리끝부터 발끝까지 전율이 인다. 금단의 생리 반응이다. 게다가 나는 날카롭고 빠르고 잘 돌아가는 머리를 가지고 있지 않다. 학교 성적에 대한 관심은 어느 정도 잘하면 된다는 정도다. 이런 성격은 성인이 되고 지금까지 변함이 없다. 나는 누구하고 라이벌이 되거나 경쟁을 하기 위해 싸우지 않는다. 그러나 선친은 이런 나의 낙천적인 태도를 철이 없는 것으로, 또는 목표가 없는 미숙한 성품으로 보신 것 같다. 그렇게 보신 것은 맞는다고 나는 생각한다. 나는 철이 없었다. 학교는 가서 애들과 운동장에서 공 차고 노는 곳으로 여겼으니 선친이 실망하신 것은 당연하다. 그래서 정신을 못 차리고 노는 데만 정신이가 있는 나를 개조하지 않으면 나에게 장래가 없다고 생각하셨던 것같다. 그런데 문제는 이와 같은 부자간의 기대나 성품이나 태도의 차이와 이 차이를 해결하려는 방법이 갈등을 빚었을 때 그것이 아이에게 어떤 영향을 주고 때로는 어떤 심리적 콤플렉스를 남기느냐 하는 것이다. 정말 심각한 문제가 아닐 수 없다.

나는 학기 말에 성적표를 선친께 보여 드리는 것이 무엇보다도 두려웠다. 반에서 3등에서 5등 사이를 왔다 갔다 하는 나의 성적표는 선친에게는 큰 실망이었다. 어떤 과목을 잘하고 잘못하고가 문제가 아니라 석차를 보시고 일등이 아니면 부친께서는 아무런 반응을 보이시지 않는다. 나는 물론 선친의 무표정이 무엇을 뜻하는지 안다. 석차도 석차지만 선친을 더욱 실망시킨 것은 발전하기 위해 선친이 정하신 룰에 복종하지 않고 계속 내 멋대로 사는 나의 태도였다. 주로 '장난'을 하는 데 늘 정신이 가 있고 공부에는 관심이 없다. 그리고 늘 문제가 되는 것이 나의 외출이다. 학교 갔다 집에 오면 책가방 내려놓고 집 밖으로 뛰쳐나갔다. 소리 안 내고 재빨리 몰래 뛰쳐나가는 그때의 장면과 그때 느꼈던 조바심을 지금도 생생하게 기억한다. 어디로 간다는 말도 없이 나가면 무엇엔가 몰입되어 예외 없이 귀가는 늦어진다. 가족이 다 같이 모이는 저녁 시간에 나는 번번이 보이지 않는다. 집 밖에서 벌어지는 어린아이들의 장난과 놀이에는 내가 빠져 본 일이 없고, 일단 놀이가 시작되면 중단해 본 적이 없다. 그리고 동네에서만 노는 것이 아니라 멀리 다른 동네까지도 원정가기 일쑤였다. 우미관에 김두한 두목을 보러 가기도 하고 금지 구역인 한강에 몰래 수영하러 가기도 했다. 서울의 골목골목 내가 안 간 곳이 없다. 학교가 쉬는 날이면 세검정에 능금 따 먹으러 가고 뚝섬에 기동차 타고 가서 수영하고, 마포 종점, 원효로 종점에 가서 산더미같이 쌓인 새우젓을 삽으로 차에 싣는 장면도 흥미 있게 보았다. 일본인들이 사는 신문로 관사에 버찌 따 먹으러, 매미 잡으러 담을 넘었으며, 개구리 잡으러 신촌으로 친구들과 몰려 다녔다. 시내에 불이 나면 불자동차를 따라 현장에 갔고 불이 꺼질 때까지 구경했다. 그리고 저녁 늦게 집에 돌아오면 식모는 몰래 부엌에 밥상을 차려 주기도 했다. 이런 기억들은 나에게는 매우 귀중하다. 우선 어린 시절 기억다워서 좋다. 이런 새로운 경험을 하라고 어린 시절이 있는 것 아닌가. 학교에서는 늘 우등생이었는데, 이 정도의 과외 활동은 처벌할 것이 아니라 사실 권장할 만하다.

내가 여러 번 자신에게 물어본 질문이 있다. "내가 실력이 부족한가?", "능력이 남보다 못한가?" 또는 "부족하게 태어났나?" 아버님의 실망과 질책과 처벌로 일관한 어린 시절이었기에 나의 어린 마음에는 분명 나에게 문제가 있다는 심증을 갖게 되었다. 선친의 도덕적 기준을 따라갈 수가 없었고 도저히 미칠 수 없다는 결론이 났다. 나에게 선친의 도덕적 기준은 전교에서 일등하는 것과 부친의 룰에 무조건 따르는 거다. 내가 열등하다는 콤플렉스가 생긴 것은 참으로 유감스러운 일이다. 그러나 아버님이 일찍 돌아가신 뒤 나 혼자 자라면서 나는 내가 열등하지 않다는 믿음을 갖게 되었고 이를 뒷받침하는 근거도 갖추었다. 자존감(Self-esteem)은 남을 따라서 또는 남이 시켜서 이룬 성취로 얻을 수 없다. 자기가 노력해서 얻는 것이다. 그러나 한때 어린 시절에 내게는 상처가 있었다. 나의 의식을 지배하던 생각이 "모자라는 아이"라는 일종의 압박이고 실제로 나 자신도 부적합하다고 생각했다. 동생들의 말에 의하면 그들도 형이 왜 계속 처벌을 받고 매를 맞으면서도 선친의 의도를 따르지 않았는지 이해가 안 갔다고 한다. 한 가지 확실한 기억은 야단을 맞고도 내가 잘못해서 처벌을 받는다는 반성이나 후회를 하지 않았다는 것이다. 죄의식 같은 느낌이 전혀 없었던 것 같다. 그 대신 선친의 기대와 높이 세워진 이상 기준(理想基準)에 못 미치는 데서 오는 숨은 부끄러움이 있었다. 선친이 원하시는 근면하고 책상에 앉아 공부하는 수재형이 아니었고 마음속 깊이 내가 그런 모범적인 아이가 될 수 없음을 알고 있었다. 어린 시절 이 같은 갈등은 열등의식 그리고 내가 부적합하다는 자기 개념을 가지게 하는 동시에 이 약점을 감추고 보상하려는 행동으로 나타난다. 나 자신이 부족해서 부끄럽다는 내적 정서가 나를 오랜 세월 동안 지배했고, 그래서 내가 남들에게 잘하고 즐거움을 주고 남들로부터 인정받는 방향으로 노력했다.

지금 나는 과거를 돌아보면서 나의 결점이나 잘못을 합리화하고 있는지도 모른다. 그러나 비록 어린 시절이었지만 확고한 믿음이 있었다. 나쁜 짓은 안 한다는 것과 내가 나쁜 아이가 아니라는 신념이랄까. 솔직히 말해서 나는 결과에 대한 겁이 많아서라도 나쁜 짓은 할 수 없었다. 나는 이 점에서 분명 한계를 지킬 줄 알았다. 어느 시점에 도달해서 결과가 나에게 해로울 거라고 생각하면 겁이 났고 비겁하게 보이는 것을 무릅쓰고 나는 반드시 돌아선다. 그래서 현장을 떠나거나 도망친 기억이 있다. 남들이 남의 집 담을 넘어 침입할 때 나는 슬며시 집으로 돌아왔다. 겁이 나서였을 거다. 그러나 이 두려움이 항상 나의 한계를 지켜 준 데 대해 나는 감사하고 있다. 뛰쳐나가 세상을 구경거리로 생각하고 처벌을 받으면서도 되풀이한 그 용기(?)와 호기심은 내가 타고난 본성이고, 이 탐험의 의욕과 내일이 되면 어제 벌을 받았는데도 다시 의욕이 발동했던 그 낙관은 나의 상처를 이긴 탄력(resilience)이고 하나님이 내게 주신 특별한 선물이다. 그리고 몰입하면서도 내가 도덕적으로 지켜야 할 선을 넘지 않고 통제할 수 있는 강한 자기 조정은 나의 장점이라고 생각한다. 이 장점을 잘 가꾸어서 한 평생을 바람직하게 그리고 행복하게 살아온 데 대해 나는 자부심을 갖는다.

누가 나보고 나 자신을 정의해 보라고 하면 나는 감히 '도덕적 인간'이라고 답하고 싶다. 이것은 단순히 내가 일생을 법을 어긴 일이 없고 나쁜 짓을 하지 않고 살았다는 이야기가 아니다. 내가 의사가 되고 정신과 전문의가 되면서부터 내가 찾아간 일터는 환자를 치료만 하는 평범한 의사의 길이 아니었다. 미국에서 일찍이 1960년대에 베트남 전쟁에 대한 반전운동과 더불어 케네디 대통령이 이끄는 사회개혁 바람이 거세게 불었다. 당시 정신의학계에서는 후진적인 수용 위주의 정신질환자 관리에서 사회 복귀 및 지역사회 정신건강 사업이 벌어졌을 때 나도 이 사업에 뛰어들어 미국 뉴저지 주 퍼스앰보이 시 정신보건센터의 원장으로 일했다. 또 주정부의 의료보호 환자 사회정신 재활 프로그램에 참여했으며, 정신병자들을 대상으로 직업 재활 사업을 하던 엘리자베스 시 브리지웨이 하우스(Bridgeway House)의 정신과 자문의로도 일했다. 1970년대에 들어서는 유니언 카운티(Union County)에서 운영하는 정신보건센터의 의무원장으로 가난한 정신질환자를 돌보았으며, 그곳의 알코올재활센터의 정신과 자문의로 일했다. 내가 살던 지역사회에서 목회를 그만두고 정신보건 사업에 헌신하는 목사님과 같이 지역사회정신건강센터를 조직해 그곳에서 정신건강에 대한 홍보 사업 그리고 공포증 환자 치료 프로그램을 만들어 보수 없이 그들의 자조 모임을 지원했고 독립할 때까지 도와주었다. 한국에 돌아와서는 국내 최초로 강화도에 지역사회정신보건센터를 만들어 지역사회 봉사와 더불어 지역사회에서 일할 경험을 후진들에게 제공했다. 당시 지역사회에서 정신질환자를 관리해야 한다는 주장은 잠꼬대 같은 것이었다. 수만 명이 넘는 정신질환자가 당시 생지옥 같은 요양소, 기도원 또는 수용소에서 햇빛을 보지 못하고 심지어 어떤 곳에서는 난폭한 행동을 한다고 쇠사슬에 묶여 있던 현실에서 탈원화(deinstitutionalization)을 외쳤다는 것은 나의 삶에 어떤 원칙이 없었다면 할 수 없는 일이었다. 그 후에도 한국정신사회재활협회에서 회장직도 맡았고 퇴임 후에도 성장기에 정신적인 학대나 심리적 외상으로 상처를 받은 사람들을 돕는 일을 하고 있다. 즉 내가 해 온 일에는 단지 과학적 근거에 바탕을 둔, 그리고 테크놀로지가 돼 버린 이른바 '진료'만이 아니라 항상 뚜렷한 '가치'가 담겨 있었다. 그런 의미에서 나 자신 감히 '도덕적 인간'임을 자처한다.

나 자신이 '도덕'을 주장한 일도 없고 내가 양심적으로 살았다는 뜻도 아니다. 또 그렇게 살아왔다는 생각은 추호도 없다.

어린 시절부터 내가 나의 욕구 추구에서 한계를 알고 이를 지키는 자기 조정과 내가 원하는 일에 대가나 보상을 바라지 않고 뛰어드는 희망적인 태도가 나의 삶을 더욱 값지게 해 주었다고 믿는다. 지금 나의 생애를 되돌아보면서 왜 나를 키우시던 선친께서는 나를 나대로 내버려 두시지 않았을까 하는 안타까운 생각이 든다. 대화를 통해 나의 세계를 공감하시면서 나의 생김새를 그대로 이해하셨으면 얼마나 좋았을까? 무리한 기대이기는 하지만 선친이 조금만 더 오래 사셨으면 나를 더 이해하시고 나와의 관계도 분명 바뀌었을 거라고 믿지만 역시 아쉬움은 남는다. 내가 부적합하다는 유독성(有毒性) 부끄러움을 안고 살았던 오랜 세월이 한스럽기 때문이다.

아버님과의 사별과 나의 해방

어린 시절 누가 소개를 했거나 특별히 흥미를 불어넣어 준 일도 없는데 나는 세계지도를 수집하고 지도에 새겨진 나라, 도시, 산맥, 유명한 산, 바다, 제일 깊은 바다의 심도, 교통망, 항로, 종교 그리고 인종들을 알아보는 데 몰입했다. 어려서부터 아침이면 화장실에 들어가 오랜 시간을 보내는 버릇이 있었는데 화장실에 늘 지도를 가지고 들어가 열심히 탐색했다. 세계에서 제일 높은 산의 높이와 위치, 제일 깊은 바다, 제일 큰 사막, 제일 인구가 많은 도시, 각 나라의 수도 등을 모두 외우고 있었으며, 그런 곳들을 상상해 보는 것이 즐거웠던 것 같다. 밖의 세상에 대한 호기심은 대단한 것이었다. 이것은 철저하게 가족 중심인 선친의 성향과 정반대였다. 선친은 집을 제일 중요시하는 분이었다. 집 자체도 크고 기능적이어서 가족의 힘을 상징했으며, 특히 가족 내의 위계질서가 분명해서 매사가 가장인 선친의 조정 아래 있었다. 선친의 관심도 늘 집안일에 가 있었고 가문의 명예가 매우 중

아이스하키 선수였던 고2때의 모습. 맨 오른쪽은 동창인 김성수주교이다.

요했다. 자연히 정반대 성격과 성향을 가진 나의 행동은 전혀 선친 비위에 맞지 않았고, 늘 나가 있고 또 나갈 생각을 하는 나를 선친은 곱게 보시지 않았다. 다분히 불량기가 있거나 무언가 밖에서 사고를 칠 위험이 있는 아이로 보셨던 것 같다. 그래서 선친께서는 나의 외출에 대해 제동을 거셨다. 집 밖으로 나가는 것 자체가 좋지 않은 버릇이고 이를 고쳐 집에서 공부하는 습관을 길러야 한다는 메시지가 늘 전달되었다. 나의 방랑벽은 바람직하지 않은 '나쁜 욕구'가 된 것이다. 부모의 입장에서 자식이 항상 원심적으로 밖으로 향하는 경향이 있다면 제동을 거는 것은 이해가 간다. 우선 여러 가지 위험이 따르기 때문이다. 그러나 이 같은 나의 성향은 성격의 '다름'에 속한 문제이지, 옳고 그른 것으로 판가름할 이슈가 아니다. 진화론적으로도 인류가 오랜 세월 생존해 오면서 부족 및 가족제도를 유지하되 집에서 밖에 나가 모험하고 사냥하고 먹을 것을 가져오는 사람이 반드시 있어야 하고, 반대로 집을 지키고 집안의 질서를 잡으면서 가족을 잘 관리하는 사람도 필요했을 것이다. 그래서 분명 상반되게 '다른' 유전인자가 생기고 전해져 내려왔을 것이 확실하다.

결국 나는 어린 시절부터 두 개의 콤플렉스를 가지게 된다. 즉, 집에서는 방랑벽 있는 '나쁜 아이', 그리고 공부에서는 선친의 기대에 미달하는 '열등아', 이 두 가지 콤플렉스가 생긴 것이다.

다행히도 '나쁜 아이' 콤플렉스는 내가 자라면서 자연스럽게 풀어졌다. 워낙 겁이 많아 큰 모험은 늘 주저했고, 그래서 사고를 일으킨 일이 전혀 없었으며, 학교서는 품행이 바르고 성적도 우수하고 말 잘 듣는 착한 학생이라는 정체감이 지켜지면서 그런 콤플렉스는 해소되었다. 다행히 내가 남에게 주는 인상도 온화하고 착하게 보인다는 장점이 있어서 선한 행동에 이끌리는 나의 내적 가치와 외모가 잘 조화를 이뤘던 것 같다. 그러나 내가 열등하다는 콤플렉스는 쉽게 없어지지 않았다. 불행히 선친이 내가 만 13세 때 갑자기 세상을 떠나게 되자 생각지 않았던 억압으로부터의 해방이 찾아왔다. 내가 선친의 기준에 도달하지 못함을 염려할 필요가 없어진 것이다. 그러나 아버님의 엄한 제재와 기대에 못 미친 이유로 생긴 열등감은 쉽게 가시지 않았다. 열등하지 않고 내가 우수하다는 자기 증명이 없는 한 쉽게 고쳐질 콤플렉스도 아니었다. 열등감이 무의식 깊게 심어진 것은 당연한 일이다. 전문적인 표현으로 결함 심리 도식이 비적응성으로 생긴 것이다. 그뿐 아니라 나의 가슴속 깊이 숨겨 둔 '내가 모자람'이 어느 순간 노출되면 망신을 할 수 있다는 '유독성 수치감(有毒性羞恥感)'도 생긴 것이다. 자기 통찰의 기회가 있을 때마다 이 심리 도식에 반발하고 내가 능력 있고 매력 있고 성취도도 높다는 긍정적 인지 내용을 되풀이하면서 새로운 정체성을 가지려고 노력했다. 그러나 이런 다짐은 나의 깊은 열등의식을 물리치는 데 효과가 없었다. 그런데 선친께서 작고하신 후 세월이 가면서 나에게 변화가 오기 시작했다. 획기적인 변화다.

고등학교에서 나도 공부하는 맛과 그 진가를 깨달았다. 내가 일생 잊을 수 없는 일이 있어서 이런 변화가 하루아침에 이루어졌다. 고등학교 1~2학년 시절 나는 농구에 미치다시피 해서 매일같이 학교가 끝나면 늦게까지 남아서 연습을 했고 공부하는 데는 전혀 관심이 없었다. 선친께서 안 계시니까 누가 간섭하는 사람도 없었고, 혼자되신 어머님은 장남인 나를 대놓고 야단치시지 못하셨다. 그러나 어머님은 내가 운동에 몰두하는 데 대해 안타까워하시며 내가 운동을 그만두고 공부에 전념하기를 고대하셨다. 당시 우연히 38선 이북에 사시는 작은할아버지의 아들인 성철 아저씨가 서울에 내려와 우리 집에 묵고 계셨다. 잠만 주무시고 대부분의 시간을 밖에서 지내시는 숙부님이,

후에 안 일이지만, 이북 정권의 간첩으로 서울에 와서 활동하셨던 사실을 우리는 꿈에도 몰랐다. 하루는 밤늦게까지 집에 들어오지 않는 나를 걱정하시던 어머님이 숙부님과 내가 운동을 그만두게 하는 방법에 대해 의논하셨다. 아저씨의 반응은 예상 밖이었다. 그는 운동이 가진 여러 장점을 설명하고 내가 운동하는 것을 말리지 말고 오히려 권장해 주실 것을 당부했다. 당시 끼니를 걱정할 정도로 우리는 가난했다. 그런데 어느 날 학교에서 늦게 집에 돌아오니까 어머님이 나를 부르셨다. 그리고는 까무러칠 정도로 놀라운 선물을 내게 주셨다. 미제 농구화를 주시는 것이었다. 어머님은 아저씨와 의논하신 사실을 말씀해 주셨다. 운동이 무언지 몰랐는데 그것이 나에게 크게 이롭다는 말을 듣고 몸소 남대문 미제 암시장에 가서서 미군 부대에서 흘러나온 새 농구화를 사 오셨다는 것이다. 이런 농구화를 신을 수 있다는 것은 상상도 할 수 없었던 일이다. 나는 어머님의 사랑에 가슴이 뭉클해져서 내 방에 돌아와 생각에 잠겼다. 그다음 날 나는 농구 팀의 팀장을 만나 농구를 그만둔다는 통고를 했다. 팀장은 눈물을 흘리면서 만류하고 공부할 시간을 줄 테니 남아 달라고 애원했다. 그러나 마음은 굳어졌고 나는 공부에 파고들었다. 수학도 물리도 재미있는 과목이 되고, 입체기하를 가르치시던 교장선생님을 우연히 복도에서 만났는데, 나를 보시고 이번 시험에 모든 문제를 풀어 만점을 받은 것을 축하하시면서 "호영이는 머리가 좋아" 하셨다.

그것은 내가 생전 처음 듣는, 천하를 얻은 것같이 나를 기쁘게 해 주는 말씀이었다. 그것도 공부를 해서 얻은 결과로 이런 칭찬을 듣다니. 공부에 흥미를 얻자 2학년 때는 3등, 그리고 공부에 몰입한 3학년 때는 전교(이과) 수석이 되었다. 졸업식 때 상 타는 장면을 어머님이 와서 보셨다. 어머님은 분명 아버님이 계셨으면 얼마나 기쁘셨을까 하시면서 안타까워하셨을 것이다. 그러나 나의 이와 같은 명예는 오로지 어머님의 사랑에 의한 것이고, 아버님이 나를 기르시던 방법이 얼마나 효과 없는 것이었는지를 증명한 것이나 다름없다. 어머님이 나의 마음을 이해하시고 사랑을 베푸신 것이 나를 변화시킨 것이다. 고등학교 졸업과 동시에 당시 가장 경쟁이 심했던 세브란스의과대학 예과에 쉽게 입학해 천하에 부러울 것이 없는 대학생이 되었다. 비록 방랑벽이 있었지만 내가 아버님의 사랑을 받지 못할 만큼 결격이 있는 아이는 아니었다. 선친께서도 나름대로 나를 위해서 애쓰시고 노력하셨지만 결과적으로 효과가 없었고 부작용으로 결함 콤플렉스를 심어 준 것이다. 그러나 하나님께서는 어머님의 사랑을 통해 나에게 은혜를 베푸셨다. 그 은혜로 나는 내가 열등하다는 콤플렉스로부터 벗어나기 시작했다. 그리고 자존감은 내가 노력해서 얻어야 한다는 사실을 깨달았고 반면 나에게 진정 모자라는 것이 많다는 생각이 들기 시작했다. 진정한 '자기'에 대한 통찰력이 생긴 것이다.

우리 할아버지는 위대했다

　　분명히 내게는 가족의식이 부족하다. 나는 우선 방랑벽을 가지고 태어났고 늘 신경이 세상 밖의 일에 가 있는 성격이어서 강한 가족의식이 공존할 수가 없다. 내가 가족의 일원으로 가족에 대한 책임과 가족을 지켜야 한다는 소명감이 결여되어 있는 것은 사실이다. 이 때문에 나의 동생들이 피해를 보았고 나의 딸도 일찍이 아버지와 떨어져 외롭게 지낸 세월이 있다. 모두가 나 자신의 앞날이나 일을 위해 내가 집을 떠난 경우다. 가족에 대한 책임감이 희박한데 대해 나는 동생들이나 나의 딸에게 죄책감을 가지고 있다. 그러나 이것은 돌이킬 수 없는 일이다. 가족의식이 희박한 것 외에 또 하나 분명한 것은 권위에 대한 반감이다. 권위가 무엇이건 나의 마음 깊은 곳에서 이를 거부한다. 그리고 권력에 대해서는 반감 정도가 아니다. 특히 권력을 휘두르는 사람 앞에서 나의 마음은 예외 없이 반항한다. 이것은 내가 자라면서 겪은 경험에서 생긴, 일종의 학습된 반응인지 모른다. 어린 시절의 우리 집안은 철저하게 선친께서 만사를 조정한 가부장제도 바로 그것이었다. 구조적으로 보면 나의 조부모님도 같은 집에 계셨고 어머님도 발언권이 있어야 마땅했다. 그러나 실제로 기능적으로는 아버님 말고는 누구도 영향력이 없었다. 나는 어린 시절에 왜 할아버지와 관계가 전혀 없었는지 이해가 가지 않는다. 할아버님은 선친과 달리 얼굴에 늘 온화하고 인자한 미소를 띠고 계시는 분이셨다. 충분히 손자 손녀들과 정다운 관계를 맺을 분이라고 생각한다. 조부모와 손자 손녀의 관계가 얼마나 사랑에 넘치고 정다운 것인지 나도 나의 손자 손녀와의 관계에서 충분히 경험하고 있다. 그들이 자라는 모습을 보는 것이 노년기의 제일가는 즐거움이다. 그리고 아이들이 세상에서 할머니 할아버지가 제일이라고 한다. 최근의 잘나가는 저서 중에는 할아버지 할머니와 손자 손녀들의 관계를 다룬 책들이 많다. 이 관계가 갖는 뜻이 크고, 아이들이 부모와의 관계에서 얻지 못하는 귀중한 삶의 교훈을 배운다는 것이다. 그런데 어째서 우리 형제들은 조부모님과 같은 지붕 밑에서 살았는데 전혀 접촉도 없었고 즐거운 시간을 같이 보낸 기억도 없을까? 이에 대한 답변은 간단하다. 선친께서는, 물론 자신의 우수한 머리와 만사에 옳은 것을 아신다는 자신감에서 나온 것이겠지만, 당신이 우리 집안의 유일한 주인이라고 믿고 계셨던 것 같다. 모든 정보는 당신을 중심으로 구심적으로 모이고, 반대로 지시는 당신으로부터 하달된다. 가족 구성원 사이의 교통이나 세대 간의 격의 없는 대화, 무엇보다도 가족이 같이 평등하게 그리고 정답게 모이는 기회를 원치 않으셨다. 나는 할아버지와 단 한 번도 같은 밥상에서 식사한 기억이 없다. 할아버님은 어쩐 일인지 우리 손자들에게 접근하지 않으셨다. 우리 어머님도 우리가 할아버지 할머니에게 접근하는 것을 원치 않으시는 눈치가 분명했다. 분명 해가 바뀌는 계절에 성탄절이 있고, 특히 목사이시던 할아버님이 성탄절을 모르실 리 없다. 나는 어린 시절 할아버지 할머니에게서 성탄절 선물을 받은 기억이 없다. 같은 지붕 밑에서 살았지만 우리 가정 안에는 해방 후에 생긴 38선 같은 것이 있었고 좀처럼 이 선을 넘는 소통은 없었다. 분명 우리 할아버님과 아버님 사이에는 심각한 갈등이 있었던 것 같다. 그리고 그것이 무엇인지 어렴풋이 짐작이 간다.

나의 조부님 존함은 이진형(李眞亨)으로 1873년 강원도 원주에서 출생하셨다. 언제 어떤 과정을 거치셨는지 알 수 없으나 일찍이 예수를 믿기로 결심하시고 나아가 전도사가 되셔서 주로 평안남도 벽촌에서 개척교회를 세우시고 전도에 헌신하셨다. 기록(신학일보)에는 1907년에 개천 구역 전도사로 선정되셨고 1911년 5월 30일 평남 양덕교회 전도사로 시무하고 계시다는 통신이 있었다. 감리교회 기록(1911~1925년 사이의 저널)에는 1911년부터 1913년까지 조부님께서 평남 영변 양덕교회 전도사로 봉직하셨다고 기록되어 있다. 감리교신학대학사 기록에 의하면 1911년 12월 20일 한국 개신교회 최초의 신학교인 협성신학교(協成神學校)를 제1회로 졸업하셨다. 1913년 6월 23일 미감리교회 연회 기록에는 정동제일교회에서 거행된 '장로와 집사 품 받은 목사와 전도사' 중에 이진형 전도사가 집사 품을 받았다고 돼 있다.

① 전도사 시절의 이진영 목사. ② 정초에 세배를 드리기 위해 예쁜 옷을 입게 해드리고 찍은 사진.
③ 1936년 개척교회 전도사직에서 은퇴하신 후의 할아버지.

감리교회 기록에 따르면 이진형 전도사는 1914년부터 1916년까지 평남 영변 태천교회에서 시무하셨고 1917년부터 1925년까지는 경기도 강화 남강교회에서 목회하셨다. 또 1926년에서 1927년까지 강원도 원주교회에서 시무하셨다고 기록되어 있다. 1932년 기독교 조선 감리회 동·서·중부 2회 연합 회의 회록에 실린 감리사의 보고에는 "부여 구역은 매우 미약하여 목사를 감당치 못하던 형편이었는데 작년 연회에서 이진형 목사가 파송을 수한 후 최선의 여력을 다하여 지도하는 중 2개소의 새 기도소가 시작되었고 자급도 전보다 증가되옵니다. 이 목사님이 부족한 보수로 열심히 근무함을 감사하며…"라는 기록이 있다. 그리고 1933년 기독교 조선감리회 서부 연회 제3회 회의록에 실린 감리사 안명도의 보고에는 "이진형 씨는 자신의 건강 문제로 부여를 떠났습니다"라고 기록되어 있다.

이상의 기록들에서 알 수 있는 것처럼 조부님께서는 한국 개신교가 전파되는 초창기에 예수를 믿기로 작정하시고 일찍이 감리교 전도사로 평안남도 시골에 개척교회를 시작하셨고, 협성신학교를 졸업하시고 전도사로 평안남도 영변, 강원도 원주, 경기도 강화, 충청도 부여 등지에서 개척교회 설립과 전도에 뚜렷한 사명감을 가지시고 자신의 사욕을 다 버린 채 헌신하신 분이다. 전도하시는 중의 에피소드로, 신도들을 모아 놓고 우상숭배를 배척하시는 본보기로 우리 집안의 족보를 손수 소각하셨다고 한다. 할아버님의 용모는 부드럽고 늘 웃음을 얼굴에 담고 계시며 인간적이고 낭만적인 분위기가 풍긴다. 나는 할아버지의 인격에 접해서 그분의 신앙과 소신 등을 듣고 배우고 싶다. 한평생의 희생적인 봉사와 개척 정신 그리고 많은 역경을 극복하신 용기와 기상으로 보아 나의 조부님은 보통 사람이 아니었다고 생각한다. 왜 예수를 믿게 되셨는지 궁금하다. 훌륭한 용모와 능력을 가지신 분이 벽촌에 사시면서 전도하셨는데, 혹 유혹은 없었는지 있었으면 어떻게 물리치셨는지 알고 싶다. 시대의 선구자이고 개척자의 정신으로 오직 전도를 위해 젊음을 보내신 대인이 우리 집안에 계셨는데 왜 손자들과는 아무런 교통이나 관계가 없었는지 이해가 안 간다.

기이하게도 나의 아버지와 할아버지의 관계는 마치 어린 시절의 나와 아버님의 관계와 묘하게 대조가 되면서 한편 비슷하기도 했다. 두 분의 사이는 몹시 부자연스러웠고 서로 대면이 없으면서 같은 집에 살면서 거리를 둔 거북한 관계였다. 두 분의 성격은 상극이었다고 생각된다. 부친의 야심차고 조직화된 목표 지향적인 삶에 비해 조부님은 관용적이고 낭만적이며 아버님의 눈에는 분명히 무책임하게 보이실 정도로 개방적이셨다. 할아버지는 서민적이고 정서적이며 룰이나 틀을 고수하고 사시는 분같이 보이지 않았다. 개척교회 전도사로 한평생 지방을 전전하시면서 목회를 하셨는데 치적은 고사하고 무엇 하나 쌓아 놓은 것이 없다. 예를 들어 여기저기 전전하시며 목회하시다가 불쌍하다고 집에 데려다 키우신 고아들이 많다. 내가 어린 시절 혼란스러웠던 사실 가운데 하나는 우리 집에 같이 살거나 드나드는 아저씨와 아주머니가 수없이 많았던 것이다. 개중에는 친척이라 해서 아저씨 아주머니라고 부르던 분들도 있었지만, 전혀 인척 관계가 아닌데도 할머님을 '어머니'라고 부르며 드나드시는 분들이 대여섯 분 계셨다. 그중 한분은 정식으로 입적해서 우리의 삼촌이 되셨는데 웬일인지 그분을 삼촌이라고 부르는 것을 어머님이 금지했다. 할아버지가 목회하시다가 고아라서 불쌍하다고 그냥 집에 데려다 자식같이 키우신 것이다. 돈도 없는 전도사로서 사랑을 실천하는데 불쌍한 고아를 집에 데려다 키우는 일 말고 무엇을 할 수 있었겠는가? 조부님은 자신이 밖에서 모아 온 가족을 자기의 자식이나 손자들과 똑같이 가족으로 생각하셨다. 이 점에서 나의 선친과 의견의 불일치가 있었던 것은 분명하다. 그리고 할아버님의 하시는 일들에 대해 선친께서 못마땅하게 여기신 것이 하나둘이 아니다. 두 분은 성격은 물론 삶의 철학이 전적으로 달랐다. 그러나 우리 집에서 선친은 절대적으로 모든 조정권을 당신께서 가지시고 당신의 철학을 모두가 따라 주기를 기대하셨다. 조부님을 포함해서 말이다. 그러나 조부님은 아들이 원하는 대로 따르시지 않았다. 이 때문에 집안은 어두웠고 가족들이 긴장되어 있었다.

조선감리회 기록에는 조부님이 1933년 부여를 떠나신 후의 행적에 대해서 일절 언급이 없다. 이것은 조부님이 목회 일을 접으셨다고 밖에는 해석이 안 된다. 1934년 경기도 홍제원의 한 고등학교에 전도사로 계시면서 찍은 사진은 있지만, 1933년부터 1935년까지는 선친이 규슈대학에서 학위를 하실 때라 우리 가족이 모두 후쿠오카에서 살고 있을 때다. 그리고 그 뒤로 내가 조부님이 우리 집에 계실 때를 기억하고 있는 것은 1940년대 초반이다. 1933년부터 1940년대 초반까지 조부님이 어디서 무엇을 하셨는지 알 길이 없다. 물론 1933년이면 할아버님이 은퇴하실 나이는 아니다. 그런데 우연히 조부님의 공백기를 메울 수 있는 정보를 얻게 되었다. 작은할아버지 한 분이 평양에서 살고 계셨다. 정미소를 운영하셔서 경제적으로 여유도 있으셨고, 슬하에 1남 2녀를 두셨는데 모두가 서울에 와 계셨다. 그중 한 분이 효선 아주머님이다. 이분은 선친의 사촌 누이동생이다. 우리는 그분을 고모라고 불렀는데, 성격도 좋으시고 관대하시며 개방적인 성격을 가지신 분으로 일찍이 혼자되셨지만 재혼하셔서 행복하게 사셨다. 몇 해 전에 한번은 고모님이 연세 90이 가까워지시고 건강도 좋지 않으시니까 하실 말씀이 있다고 나를 부르셨다. 가족의 비밀이라 알리지 않고 계셨지만 여생이 얼마 남지 않아 이제는 알려야 할 것 같아서 말씀하신다는 것이었다. 고모님 말씀으로는 조부님이 전도사로 계실 때 강원도에서 시무하시면서 영월에 있는 금광(金鑛)을 보시고 무언가 작심하시게 됐다는 것이다. 그래서 평양에서 정미소 하시던 작은할아버지를 설득하셔서 같이 금광을 하시기로 결정하고 정미소를 팔아서 금광에 투자하셨다고 한다. 투자는 결국 완전 실패로 돌아가고 작은할아버지는 몹시 실망하셔서 두 분 사이가 극도로 나빠졌는데, 결국 작고하실 때까지 두 분의 관계 회복이 없었다는 것이다. 조부님 연세 예순 언저리 때의 일이다. 시간적으로 조부님이 당주동 우리 집에 들어오시기 전 어디에 계셨는지가 잘 들어맞는다. 그리고 나는 고모님의 말씀이 신빙성 있다고 믿고, 그분이 이런 이야기를 만들어서 하실 아무런 이유도 없다고 생각한다. 60 평생 개척교회 전도사로 봉사하시고 건강이 나빠져서 목회 일을 거두시고 무언가 새로운 출발을 시도하셨다는 것이 조금도 이상하게 들리지 않는다. 목사직을 이미 거두시고 사업하시다가 실패하셨으니까 다시 목회 일로 돌아가실 수도 없고 해서 개업하신 아드님 집으로 들어오셔서 우리와 같이 사시게 된 것이 아닌가 짐작된다. 선친께서는 물론 할아버님을 집에 모셨지만 무언지 두 분 관계가 석연치 않고 선친께서는 조부님에 대해 불만의 기색이 짙었다. 할아버지를 늘 못마땅하게 여기시고 우리들이 할아버지에게 접근하는 것을 좋아하지 않으셨다. 또 할아버지도 손자 손녀에게 접근을 안 하시고 특별히 귀여워하시는 기색도 보이지 않으셨다. 실제로 나의 접근을 냉정하게 거절하신 일도 있었다. 그리고 이를 목격한 어머님이 나에게, 할아버지는 장남인 형을 귀하게 여기시기 때문에 나에게는 서운하게 대하신다고 위로해 주신 일이 있다.

이러한 상황에서 우리 아버지와 할아버지 사이에 엄청난 사건이 일어났다.

당시 우리 당주동 집에는 드나드는 일꾼들이 많았는데 그 중에 '침모'라 하여 집안에 필요한 여러 가지 바느질을 돌보시는 아주머니가 있었다. 중년 나이에 인물이 뛰어났다. 우리 할아버지와 이 침모 두 분이 눈이 맞아 로맨스로 발전한 것이다. 은밀한 관계가 지속되는 동안 아무도 이를 눈치채지 못했지만, 후에 알고 보니까 할머님만은 알고 계셨는데 이를 감싸고 누구에게도 알리지 않으셨다. 관계가 지속되면서 결국 주위에서도 알게 되고 우리 집안의 심복인 식모가 어머님에게 일러바쳤다. 선친께서 이를 아시게 되자 집안은 험한 전쟁터로 변했다. 아버님은 매일같이 할아버님에게 격하게 항거하시고 고성으로 할아버님을 질타하시는 것을 나도 자주 보았다. 조부님의 선친에 대한 반응이 무엇이었는지 알지 못했지만 두 분의 애정 관계는 계속되어 급기야는 이 침모가 임신하게 되었다. 하루는 과외 공부가 밤늦게 끝나 집에 돌아오는데 문간방에서 할아버님과 침모가 무언가 흰색의 보따리 같은 것을 같이 붙들고 있는 것을 보았다. 어머님께 내가 본 사실을 보고하고 나서 나는 상황이 이해되었다. 내용인즉 두 분 사이에 아이가 생겼는데 두 분이 연로했던 탓인지 불행히도 그 아이를 사산하게 된 것이다. 나의 추측으로는 우리가 병원을 하고 있었기에 남에게 이런 사실이 알려지지 않게 하기 위해 우리 집에서 사산이 처리되지 않았나 생각된다. 사산 후에 침모가 흰 수의로 감싼 아이의 시신을 부둥켜안고 할아버님과 같이 있는 모습을 내가 본 것이다.

가문의 명예를 존중하시는 선친께서 이 일에 얼마나 분개하셨을지 짐작이 간다. 더군다나 목사이신 당신의 부친께서 금광에 탐이 나셔서 아우의 재산을 동원해 탕진하신 일도 부족해서 집에 드나드는 침모와 눈이 맞아 그 사이에서 아이까지 생겨 결국 유산까지 하게 된 일련의 사건들이 얼마나 선친을 고민에 빠뜨렸을까 상상이 간다.

나는 당시 무슨 영문인지 잘 모르고 아버님의 격분이 타당하다고 생각한 것 같다. 그러나 후에 많은 것을 더 알게 되고 당시의 일을 재구성해보니까 할아버님에게 은근히 동정이 가는 것을 느낄 수 있었다. 할아버지의 로맨스는 우리 집만이 아니라 사람이 사는 어디에서도 일어날 수 있는 일이다. 나는 할아버님의 그 로맨스 내용을 더 알고 싶고, 어떤 사랑이었을까 궁금하기도 하다. 조부님은 이 일이 있은 후 건강이 좋지 않아 주로 집에 계셨고 결국 위암 진단을 받아 약 1년 이상 투병하시다가 1944년 9월 28일 작고하신다. 일찍이 예수 믿기로 결심하신 후 뜻이 있어 한국 최초의 신학교인 협성신학교를 1회로 졸업하시고 초대 전도사로 오랜 세월 먼 벽지의 개척교회에서 헌신하신 고 이진형 목사님은 그 시대의 풍운아셨고 우리 가족을 전통적인 기독교 가정으로 인도하신 대부시다.

선친이 작고하신 후 6·25의 비극을 우리 가족이 겪었으며 어머님도 병환으로 작고하시자 우리 형제는 고아가 된 셈인데 실은 우리는 고아가 아니었다. 우리 곁에는 할머님이 계셨다. 언젠가 고 김명선 박사님이 나를 보시고 할머님이 잘 계신지 물으시면서 "너희들이 이렇게 무사히 한 집에서 살 수 있는 것은 너희 할머님이 살아 계셔서 너희를 돌보시기 때문"이라고 말씀하셨다. 김 선생님은 남의 고통과 또 그 고통을 이기는 힘을 아신다. 어떻게 아시는지 모르겠다. 맞는 말씀이시다. 할머님이 계셔서 집을 지켜 주시고 살림도 도와주셔서 우리 형제들은 집을 잃지 않고 편안하게 살 수 있었다. 할머님은 할아버지가

1954년 신촌 집 앞에서 온 가족이 같이 찍은 사진.

벽촌을 다니시며 개척교회 전도사로 계실 때 사모로서 갖은 고생을 다 겪으셨다. 집이 없는 고아들을 집으로 데려다 기르시고 한결같이 몸소 사랑을 실천하고 사셨다. 불행히 일찍 큰아들을 잃으시고 우리의 고모님도 출산 시의 심한 출혈로 작고하셨다. 남편을 잃으시고 다음 해에는 선친이 돌아가셨다. 큰손자인 나의 형이 죽고 6·25가 나면서 서울 집에 혼자 계시다가 인민군의 방화로 집이 몽땅 타 버리는 고초도 겪으셨다. 수복 후에는 우리 어머님이 돌아가시고 우리 4형제만이 살아남았다. 한때는 장질부사의 유행으로 우리 4형제가 다 앓으면서 사경을 헤맸던 일이 있었는데 할머님이 살림하시며 우리를 돌보아 주셨다. 그리고 어머님이 돌아가신 다음 해 봄에 할머님도 우리의 곁을 떠나셨다.

우리 3형제와 누이동생은 할머님의 신앙과 기도를 잊지 않는다. 할머님이 우리를 끝까지 지켜 주셨고 어려운 일을 겪을 때 우리를 위해 기도해 주셨다. 집에서 할머님을 둘러싸고 할머님을 웃기던 때가 눈에 선하다. 이런 때 우리는 정말 낙원에 있었다. 할머님은 인자하시고 무엇보다도 우리를 극진히 사랑하셨다. 우리를 위해 연로하신데도 몸을 아끼지 않으시고 집안일을 돌보시는 데 헌신하셨다. 할머님은 하나님이 우리를 지켜 주시기 위해 특별히 보내 주신 천사시다. 나는 할머님의 사랑을 잊을 수 없다.

아버지가 변했다

선친께서 나를 키우시면서 많은 것을 경험하고 배우셨다고 나는 생각한다. 뜻밖이었던 나의 행동으로 좌절을 겪으시면서 새로운 경험을 하시고 이를 통해 무엇인가 깨달으시고 변하셨다고 생각한다. 그 변화는 나에게도 느껴졌고, 특히 나의 아래 동생들과의 관계를 보면 더욱 그러하다. 당신께서 원하시는 어떤 고정된 성공 모델을 두고 거기에 맞추어 아이를 몰딩하려고 강요하면서 그가 타고난 개성을 무시할 수 없다는 사실을 아신 것같이 보였다. 그리고 그 방법으로 훈련과 처벌을 쓰셨는데 이 방법들이 아이의 행동에 변화를 가져오는 데 효과가 없다는 사실도 실제 경험에서 보신 것이다. 그 밖에도 선친의 마음의 범주를 넓힌 요인들이 있었다. 선친께서 개업을 하신 후 하루하루 살아가는 목표가 학업 성취나 첨단 연구가 아니라 개업이 번성하고 그래서 재정적으로 풍요로워지는 것이 된 것이다. 의사는 일단 개업을 하면 환자가 늘고 수입이 느는 것이 목표가 된다. 선친께서도 개

업을 시작하시자 이전에 가지셨던 야심이 방향 전환을 한 셈이다. 선친의 성의 있고 친절하고 자상한 환자에 대한 태도와 넓고 깊은 의학 지식은 시간이 갈수록 돋보였다. 자연히 경제적으로도 넉넉해지시니까 늘 찌푸리시던 표정도 없어지고 긴장도 풀리고 삶의 태도가 변하셨다. 오랜 세월 짓눌러 온 가난의 삶에서 벗어나 경제적으로 여유가 생기니까 자연히 사회 상류층의 인사들을 만나고 교제하면서 세상이 넓어진 것이다. 세상이 다양하고 다른 룰들이 존재하여 사회가 움직이고, 학술적인 성취가 없더라도 원해서 따라가고 싶은 다른 가치들이 있어 선택에 따라 어떤 것이든 목표로 선택할 수 있게 된 것이다. 가난했던 대학교수가 일약 부르주아가 되셨는데 그것도 첨단 엘리트다. 집안에는 골프채, 활과 화살, 스키 도구, 소설책들, 그리고 비싼 골동품들과 역사적인 명필 서예 작품이나 이름난 화가들의 그림들이 줄 이어 구입되었다. 그리고 아이들 양육은 어머님께 전적으로 이양

됐는지 일절 간섭하지 않으셨다.

　나는 부모들이 아이를 키우면서 부모들 자신도 성숙해진다고 믿는다. 그래서 둘째 아이는 키우기가 훨씬 쉽다는 말이 있다. 나의 아래 동생들부터는 부친의 양육 태도가 180도로 바뀌었고 일절 처벌이나 어떤 룰의 강요나 요구가 없어졌다. 나를 기르시던 경험에 따른 시행착오로 깨달음이 있으셨는지 어쨌든 아이들에 대한 태도 자체가 바뀌었다. 지금 돌이켜 보면서 나름대로 이 변화를 내가 해석한다면 이 변화는 나를 통해 얻으신 교훈보다는 아버님 스스로 과거의 신경증적인 억눌림에서 해방되신 덕이라고 생각한다. 이 해방은 새로운 정체성으로 사회에 데뷔한 순간부터 넓은 세상을 보시고 자신이 가지고 있는 여러 가능성을 보신 것이다. 그리고 경제적 여유가 생기면서 당신이 정말 즐길 수 있는 대상과 새로운 가치를 잡을 수 있는 기회를 보시고 흥분하셨다. 선친의 얼굴에는 미소가 뜨고, 귀한 골동품을 보시면서 음미하고 심취하는 그 모습은 보기 좋았다. 유쾌하고 즐겁고 아이들과 같이 엉키는, 한마디로 접근이 쉬운 아버지가 된 것이다. 그리고 엄하게 자식을 다스리는 방법은 우리 집에서 사라졌다.

　인간이 변화를 겪을 때 주변의 어떤 정황이 그 변화의 원인이었는지 알기 어려울 때가 있다. 나의 선친의 모습이 긴장에서 부드러움으로 바뀌고 자식들에 대한 태도가 달라지는데 공헌한 것은 우리 막내 두영이의 탄생이라고 생각된다. 선친이 작고하시기 약 3년 전에 우리 막내 두영이가 태어났다. 막내는 어느 누구도 그를 귀여워하고 사랑하지 않을 수 없게 만드는 귀한 성품을 타고났다. 특히 아버지를 무조건 따르고 그에게 매달리고 아버지를 완전히 매혹시킨 귀염둥이였다. 선친께서는 막내와 어울리시는 것이 삶에서 유일한 기쁨인 듯 일하시다가 시간이 비면 안채로 들어오셔서 막내와 함께하셨다. 선친께서 병원에서 안채로 들어오시면 알아차린 막내가 마루로 뛰어나가 몸을 날려 아버님 품안에 안겼다. 받아 주신다는 절대적인 신뢰가 있다. 예외 없이 막내의 곱슬머리를 슬며시 잡아당기면 막내는 '억' 하는 가벼운 비명을 지르고 선친께서는 파안대소하시며 막내를 껴안으셨다. "낮잠 자자" 하시면 막내는 아버님의 오른팔을 베고 슬며시 눈을 감는다. 자는 척하는 막내에게 우스갯소리를 하시며 웃게 만든다. 계속 자는 척하면 옆구리를 찔러 간지럼을 태워 눈을 뜨게 하시고 눈을 마주치신다. 우리들 눈에는 전에 보지 못했던 아버님의 모습이고 자식과 같이 안고 즐기는 그야말로 진경이다. 막내는 아버지와 기쁨을 만끽하며 자랐고 개업하시면서 약간 체중도 느신 아버님은 정말 행복해 보였다.

이렇게 우리 집안에 행복한 웃음이 찾아오고, 이것이 얼마 지속되지도 않았는데 또 다른 운명의 전환이 이번에는 큰 비극으로 찾아온다. 선친의 나이 41세. 힘들게 찾은 행복한 삶의 시발점에서 선친께서는 발진티푸스에 감염되어 끝내 회복되지 않고 세상을 떠나셨다. 개업하실 때 전영수 사장님에서 도움 받은 대여금 전액을 갚으신 바로 다음 달에 작고하신다. 어머님 말씀에 의하면 선친이 작고하실 때

은행 예금도 현금도 빚 갚느라 들어가서 완전 고갈 상태였다고 한다. 선친이 작고하신 그날부터 우리 남은 가족은 급속도로 몰락하면서 선친께서 그동안 장만하신 귀한 물건들을 하나하나 팔아서 생계를 유지하는 신세로 전락한다. 나의 나이는 13세, 그 밑으로 어린아이 셋을 거느리신 어머님의 고난의 생애가 시작된다.

이것은 심했다

어린 시절 내가 처벌을 받았을 때는 분명 그 전에 내가 무엇을 잘 못했는지에 대한 설명이 있었을 것이다. 물론 나의 행동이 우선 처벌 받을 만한 것이었다고 나는 믿는다. 그러나 그 처벌의 정도가 내가 잘 못한 데 비해 지나치다는 생각은 늘 있었던 것 같다. 막연하나마 내가 부친의 룰을 어긴 것이 나의 호기심과 이에 정신없이 몰입하는 습성 때문인 것은 알고 있었고, 같은 유혹이 있으면 이를 뿌리치지 못하는 것이 문제인 것도 알고 있었을 것으로 상상이 된다. 그러나 내가 나쁜 짓을 한다는 생각은 추호도 없었다. 그리고 동료들이 지나친 게임이 나 놀이 때문에 그들의 부모들로부터 처벌을 받는다고 생각하지는 않 았다. 어떻게 보면 내가 처벌에도 불구하고 집 밖 놀이를 계속한 것은 처벌을 미리 예측하고 이미 각오한 것이 아니었나 싶다. 바로 이 점이 나의 처벌받는 태도가 잘못되었다는 이야기를 여러 번 들었던 이유였 고, 또 이것이 처벌하시는 아버님의 분노를 더욱 악화시켰다. 반성하는 기색 없이 처벌받을 때는 아파서 울지만, 잘못했다고, 다시는 안 그러겠다고 처벌을 거두시기를 호소하는 애처로운 모습이 없었던 것 같다. 매에 못 이겨 다시는 되풀이하지 않겠다고 맹세한들 계속 되풀이 되는 일이라 믿어지지도 않았을 것이다. 야단맞고 벌 받은 후 배가 몹시 고파 저녁밥을 열심히 먹는 것을 보고 어머님이 "어떻게 그렇게 (아무 일도 없었던 것처럼) 태연하게 밥을 먹을 수가 있느냐?"고 한탄하시는 말씀을 듣고 갑자기 서러움이 복받쳐 울음을 터트린 기억이 난다. '그러면 어떻게 하란 말입니까, 굶으란 말입니까?' 이런 심정에서 무척 서러웠던 것 같다. 밥 먹는 태도를 나무라신 것이 배고픈데 밥도 먹지 말라는 말이냐는 억울함으로 나의 자존심에 상처를 준 것 같다. 어쨌든 인지 부조화(認知不調和)가 만든 합리화 때문인지, 그렇지 않으면 일종의 반항이었는지 처벌을 받으면서 내가 심각하게 잘못했다는 죄책감을 느끼지 않았던 것은 사실인데, 그 이유는 지금도 이해가 가지 않는다. 어린 마음에도 비록 내가 부친의 룰을 지키지 않았지만 내가 한 행동이 '나쁜 행동'은 아니라는 자존감을 지킨 모습이라고 좋은 의미로 생각하지만, 역시 선친에 대한 반항이었음에는 다름이 없다.

한번은 처벌을 받을 때 아버님 앞에서 뉘우치는 기색을 보이라고 충고해 주신 어머님의 말씀이 생각난다. 지금도 기억에 남아 있는 것은 선친께서 심하게 야단치실 때 노여움이 가중되고 격화되어 매질이 도를 넘을 때가 있었다. 어린나이에도 '이건 아니다'라는 생각이 들었고 저지른 행동에 비해 처벌이 지나치다는 생각이 들었다. 이런 처벌이 있은 후 한번은 어머님이 나에게 오셔서 위로하시는 말씀이 "저이가 성격 때문에 그래", 즉 선친이 화에 휩쓸려 제물에 평정심을 잃으셨다는 메시지를 분명히 전해 주셨다. 그리고 이어진 것은 분명 어머님의 실망의 목소리였다. "아이를 어떻게 이렇게 때릴 수 있어." 어머님에게서 드물게 듣는, 아버님에 대한 항거의 표현이다. 물론 아버님이 들으시라고 한 말은 아니다.

선친의 신경질적인 성격을 잘 드러내는 에피소드가 있다. 내가 죽는 날까지 잊을 수 없는 기억이다. 초등학교 5학년 때, 일본 천황의 생일인 천장절(天長節)이었다. 학교에서 아침에 기념식이 있었고 공휴일이라 수업은 없었다. 우리 반에 김연덕이라는 친구가 있었는데 자기 집에 가서 놀자는 거다. 연덕이는 남대문 가까이 살았는데, 둘이서 공 가지고 아무도 없는 남대문초등학교 운동장에서 실컷 놀았다. 점심때 연덕이 집에 가서 식구들이 점심을 먹는데 나에게는 빵을 주어 혼자 그 집 가게에서 먹었다. 연덕이네는 남대문에서 자전거 수리점을 하고 있어 수리하는 모습이 나에게는 흥미 있는 구경거리였다. 한참 구경하다 오후 3시가 지나니 집에서 나를 기다리지 않을까 걱정이 되었다. 학교에서 식 끝나면 집에 올 텐데 점심때 지나도 보이지 않으니 어머님이 걱정하실 것이 뻔하다. 그래서 집에 돌아오니까 마침 천장절이라 병원도 문 닫고 아침부터 아버님이 집에 계셨다. 어디 갔다가 이제 돌아오느냐, 그리고 점심은 먹었느냐, 당연한 질문이다. 얼떨

결에 밥은 안 먹었고 또 친구 연덕이네 집에 갔었다고 답했다. 공을 차서 나의 교복은 먼지투성이인데다가 친구 집에 갔는데 점심도 안 먹었다니까 들으시던 부친께서 무언가 이상하다고 생각하신 것 같았다. 꼬치꼬치 신문이 시작되었다. 나의 답변은 두려움과 긴장이 가세해 점점 애매해졌다. 그래서 말을 바꾸어 연덕이가 빵을 사 주었다고 말했다. 연덕이가 점심때 집 안채에 나를 불러들여 식구와 같이 점심을 먹게 하는 것이 어색해서 나에게 빵을 사 준 것은 있을 법한 일인데 나의 설명은 선친의 의심을 더 키운 것 같다. 본래 내가 신용이 없는데다 이미 제시간에 집에 돌아오지 않은 잘못이 있는지라 온 몸의 근육이 오그라들어 선친의 신문에 답하는 나의 설명은 해명 쪽으로 풀리지 않고 애매해지기 시작했다. 아버님은 나의 설명이 분명 거짓말이기에 두서가 없다고 확신하신 것 같았다. "너, 나와 같이 가자." 선친께서는 나의 변명이 옳은 것인지 그른 것인지를 확인하시기 위해 연덕이 집에 가자는 것이었다. 거짓말을 한다고 믿으시고 이를 확인하고 응징하시려는 의도였다고 생각된다. 남대문 연덕이 집에 가서 선친이 연덕이와 대면한 결과는 내가 집에 와서 보고한 내용과 별로 다르지 않았다고 생각한다. 돌아오는 길에서 나는 선친의 분노가 가라앉지 않고 오히려 증가되는 것을 느꼈고, 배재고교를 지나 우리 온 가족이 다니던 정동제일교회 앞에 이르자 부친께서 나의 손목을 잡고 당시 담임목사였던 김영섭 목사 사택 옆에 있는 공지로 끌고 가시더니 막대기를 주워 매질을 시작했다. 무언가 내가 말한 내용에서 일치되지 않는 부분을 큰 소리로 되풀이하시는데 무슨 말인지 알아들을 수 없었지만 처벌의 이유를 알리시는 것 같았다. 나는 집에 제시간에 들어오지 않은 죄가 있기 때문에 처벌은 지당하다고 생각했다. 매를 맞다가 배에 힘을 준 탓인지 나의 혁대가 끊기고 바지가 내려와 몹시 당황스러웠던 기억이 남아 있다. 조용한 공휴일 늦은 오후의 갑작스러운 소란에 사택에 계시던 목사님이 나오셨다. 선친께서는 이 교회의 장로셨고 교회에서 존경받는 모범 교인이고 목사님이 가장 신뢰하는 교인 중의 한 사람이셨다. 현장을 보신 목사님은 달려와 매질하시는 선친을 붙들고 "아이를 이렇게 때리면 어떻게 해" 하시며 선친을 사택 안으로 끌고 가셨다. 얼마 안 있어 화가 좀 가라앉은 기색이 보이면서 선친께서 나보고 "가자" 하신다. 집에 도착하자 걱정하고 기다리시던 어머님이 무슨 일이냐고 물으셨지만 부친께서는 답변이 없다. 내가 매를 맞은 흔적이 있고 혁대가 끊겨 바지를 붙잡고 있는 모습을 보고 처벌이 있었다는 상황을 아신 어머님은 부친께 조용히 자초지종을 물으시는 듯했다.

저녁 식사가 끝난 후 어머님이 혼자 있는 나를 찾아 위로해 주셨다. 항상 부친이 하시는 일에는 동조하시는 어머님이 처음으로 내 편을 드신다는 생각이 들었다. "아버님이 성격 때문에 그래." 어머님의 이 말은 내게 쌓인 한을 말끔히 씻어 준 한마디였다. 이 한마디로 충분했다. 더 이상의 설명도 앞으로의 대책도 필요 없다. 자식이 혁대가 끊어질 정도로 매질을 당한 것은 아이가 무슨 잘못을 저질렀건 상관없이 어머니로서는 참을 수 없는 일이다. 매질할 때 부친의 분노가 당신의 성격 때문에 도를 넘었다는 사실을 알아차린 어머님은 처음으로 자식에게 '네가 좀 이해해 달라'고 호소를 한 셈이다. 나는 어머님께 남대문 현장검증에서 나의 무죄가 증명되었다는 말씀을 드리지 않았다. 그리고 목사님이 "아이를 그렇게 때리면 어떻게 해"라고 질타하신 말씀도 전하지 않았다. 만일에 목사님이 내가 거짓말을 하지 않았고 그래서 '죄 없는 아이'를 부친께서 스스로의 패배에서 솟구치는 분통을 참지 못해 이런 식으로 앙갚음을 했다는 사실을 아셨다면 아마 그 다음 주의 설교 제목은 '마음이 아이들 같아야 천당에 갈 수 있다'가 되지 않았을까 싶다. 이 일이 있은 후 부자 관계는 좀 조용해졌다. 나의 선친은 나에 관해서 체념하신 것 같았다. 아무리 처벌해도 변하지 않으니까 나에게서 관심과 기대를 거두신 것 같았다. 나로서는 천만다행이었다.

팔자에 없는 장남, 그리고 나의 형

　우리 집안을 아는 이들은 거의 전부가 나를 장남으로 믿고 있다. 그런데 이것은 사실이 아니다. 실은 장남으로 태어난 나의 형 재영이 있다. 형은 출산 시에 받은 뇌 손상으로 뇌성마비와 이 때문에 생긴 증상, 즉 하지의 약화와 외상성 뇌 손상으로 인한 전신 경련으로 거동을 하지 못했고 항시 집 안에서 간호와 보호를 받고 있었다. 학교를 비롯한 일체의 사회생활이 불가능했다. 좋은 외모와 점잖고 품위 있는 성품을 타고 난 형에게는 큰 불행이었고, 내가 아는 범위 내에서 이 세상에 태어난 인간으로 형보다 더 불행하고 참혹하고 심한 고통으로 일생을 마친 사람은 없다고 믿는다. 약물을 투여해도 매일 계속되는 경련에 변화가 없었고 혹시 일어섰다가 경련 발작으로 쓰러질 때면 늘 외상을 입었다. 하악골은 외상으로 심한 기형을 이루었고 온몸에 상처가 여러 군데 늘 있었다. 치아는 하나도 성한 것이 없으며 음식을 씹을 때 아파하는 표정은 곁에서 보기에도 무척 괴로웠다. 나는 형의 유일한 반려자였다. 집에 있는 동안은 가능한 한 형 곁에 있었다. 밖에 나가기를 좋아하는 나는 집에 돌아와 형의 방에 가서 하루에 있었던 일들을 과장도 하고 또 코믹하게 꾸며서 형에게 이야기해 주었다. 일본 사무라이 흉내, 그리고 일본 스모에서 '요비다시'가 부채를 들고 다음에 나올 씨름 선수를 이상한 소리로 부르던 것을 그대로 흉내 내면 형은 얼굴에 보기 드문 미소를 짓고 동생의 일거수일투족을 즐겁게 지켜본다. 형은 주로 나를 통해 작은 부분이지만 바깥세상을 알고 경험하는 듯했다.

형은 자기 방 높은 문턱에 몸을 기대고 대문을 쳐다보며 내가 집에 돌아오기를 기다렸다. 늦게 들어와 내가 선친으로부터 처벌을 받을 때, 특히 매를 맞을 때 형은 나를 멀리서 쳐다보며 같이 울었다. 그 큰 눈에서 눈물이 뚝뚝 흐르는 것을 나는 여러 번 보았다. 나의 모험과 스릴을 좀 과장해서 그럴듯한 연극같이 꾸며 실감나게 이야기할 때 형은 파안대소로 웃었다. 형에게는 이것이 아마 삶에서 하나밖에 없는 기쁨이지 않았나 싶다. 형은 나와 삶을 공유하는 식으로 살았다. 비록 나의 삶의 10분의 1도 안 되는 작은 부분이지만 그 삶을 같이 나누었고 고통이든 즐거움이든 형은 나의 삶의 일부가 되기를 원했다. 나 자신도 일생 동안에 내가 최선을 다했다고 자부하는 부분은 바로 형에게 정성을 들인 그 시간밖에 없다고 생각한다. 그를 즐겁게 하기 위해 이야기를 포장하는 것도 나의 기쁨이었다. 불행하게도 내가 이야기하는 동안 갑자기 경련이 일어나기도 했다. 내가 할 수 있는 일은

① 선친 연수당시 후쿠오카에서 어머니, 형과 함께. ② 형의 나이 4세 무렵(왼쪽)으로 형의 병이
악화되기 전의 모습이다. 후쿠오카에서.

하나도 없다. 기다렸다가 경련이 끝나면 이 병을 없애 달라고 형의 손을 붙들고 같이 기도한 기억이 난다. 내가 초등학교 4, 5, 6학년 때, 나이는 10세 전후다. 순수하고 애절한 기도였을 꺼다. 그러나 하나님께 드린 어린 형제의 기도는 전혀 효과가 없었다. 당연한 일이다. 형의 증상은 날이 가면서 조금씩 심해졌다. 결국 처참한 형의 고통은 1950년 4월, 6·25 직전에 끝난다.

형의 짧은 인생을 나는 그와 같이 겪었다. 우리 둘은 절망 속에서 하나님에게 의지했고 하나님의 도우심으로 그 속에서 빠져나올 수 있는 길을 찾았다. 나의 나이는 10세경, 형은 나보다 세 살 위였다. 형과 나의 투쟁은 결국 패배로 끝났고 불쌍한 형은 세상을 떠났다. 이 어린 시절의 경험에는 분명 하나님이 같이 계셨지만 하나님은 형의 병에 아무런 도움이 되지 못했다. 나의 믿음은 아무 소용도 없는 것이 되고 형의 죽음으로 나의 믿음마저 없어질 위기에 처했었다. 그러나 어디엔가 하나님을 버리지 않으려는 필사적인 힘이 있어 나는 나의 신앙을 지켜 왔다. 다만 보편적인 기독교 신앙과는 다른 믿음을 갖게 되었다. 형과 같이한 삶의 영향 때문이다. 지금 나는 처음으로 그 특이한 신앙을 고백하고 있다.

한평생 그리고 지금도 하나님께 인간의 질병이나 고통을 제거해 주십사는 기도는 하지 않는다. 나도 내 나이 45세 때 심각한 심장질환을 발견하고 오래 투병했고, 6년 전에는 관상동맥 혈관 교정 수술도 받았다. 그러나 하나님께서 나의 마음이나 몸과 같이해 주십사 하는 기도는 하지만, 이 병을 고쳐 주십사 하고 기도한 일은 없다. 절친한 친구나 친척이 암과 같은 중병으로 고생할 때 주님이 축복해 주시고 하나님이 창조하신 인간이 가지고 있는 치유력을 발휘해서 회복으로 이끌어 주시고 그들의 심령과 늘 같이해 주십사 하는 기도는 하지만, 병을 기적 같은 특별한 힘으로 물리쳐 달라는 기도는 하지 않는다. 하나님이 자연의 법칙에 직접 관여해서 초자연적인 힘으로 병을 물리쳐 달라는 기도에 응하시고 재난이나 질병의 경과를 변경시키는 일은 없다고 믿기 때문이다. 성경에는 매사를 하나님께 아뢰고 구하라고 쓰여 있는 것을 나도 알고 있다. 또 기도해서 병이 좋아진 예도 있다는 사실도 안다(물론 기도가 효과를 얻지 못하는 경우가 백 배, 만 배 더 많은 것도 사실이다). 흔히 보는 일인데 기도가 상달되어 바라는 바 효과가 나지 않으면 거기에는 분명 다른 하나님의 뜻이 있다 하고 그냥 넘어간다. 하나님께서 어떤 다른 뜻이 있었다면 그것이 무엇인지 고민하는 기색도 없다. 간증에서 그 숨은 하나님의 뜻이 무엇인지 고민해서 얻은 결론을 고백하는 사람이 드물게 있을 정도다. 흥미 있는 사실은 자기가 기도를 통한 치유력이 있다고 믿어 이른바 안수기도를 하는 사람일수록 기도가 효과가 없으면 오히려 태연하다. 그리고 자기 기도가 치유를 가져오는 데 실패했을 경우를 실패로 생각하지 않고 쉽게 잊어버린다. 고민이 되지도 않는 모양이다. 이것은 오만이고 하나님의 이름을 남용하는 죄라고 나는 생각한다.

하나님의 초능력적인 역사하심에 대해 회의를 갖고 인간의 지혜로 하나님이 하시는 일, 안 하시는 일을 따지는 것은 하나님에 대한 오만이라고, 그래서 나도 오만하다는 반박을 들은 일이 있다. 나의 비판적인 태도가 나의 오만에서 나온 것은 인정한다. 나의 생각이 인간 지혜를 휘두른 오만에서 나온 것이라는 지적도 받았다. 그러나 하나님은 이와 같은 나의 불신앙에 뿌리를 둔 캐묻는 질문을 수용하시고 또 귀엽게 보시고 인간의 입장에서 이런 회의를 가질 수 있다고 공감하신다고 생각한다. 예수님도 인간의 몸으로 이 세상에서 고난을 받으실 때 고민하시고 회의하시고 아버지께 면케 해 달라고 애원도 하셨다. 그리고 이 같은 회의와 질문은 하나님에 대해 무관심하지 않다는 증거이고, 기독교에서 과시하는 틀에 박힌 하나님 묘사와 하나님이 이런 것들을 원하신다는 인간이 만든 종교적 관습에 대해 반발하는 나의 소신이다. 나는 하나님께서 이 소리에 귀를 기울이신다고 믿는다. 그리고 이런 신앙도 또 다른 인간의 신앙으로 받아 주신다고 믿는다. 나의 '불신앙의 신앙'을 아시고 또 축복해 주신다고 믿는다. 나를 하나님에게 적대하는 사탄으로 절대로 보시지 않는다. 하나님이 사랑이시기 때문이다. 하나님께 불손하거나 믿음에 회의가 들면 하나님께 잘못 보여 처벌을 받을까 염려하는 사람은 하나님의 사랑을 모르는 사람이다. 깍듯이 존칭으로 받들고 신격으로 모시지 않으면 마음이 불편해지는 그런 하나님과의 관계를 나는 가지고 있지 않다.

나는 살면서 하나님을 경험한 일이 있다. 나의 재영 형에 대한 사랑 그리고 형이 내게 준 사랑이다. 말로 형언할 수 없는 비애와 고통과 상처를 나도 형과 같이 겪는 동안 그 안에 사랑이 있었다. 이 사랑이 곧 하나님이다. 예수님이다. 그리고 이 사랑을 경험한 것이 축복이다. 형과 내가 같이 사랑을 나누던 그 순간이 천당이고 그 순간은 영원하다. 계속된 경련에 지친 몸이지만 한번은 형이 크게 울면서 그렇게도 통독하던 성경을 갈기갈기 찢는 모습을 보았는데 이 모습이 예수님으로 보였다. "아버지 왜 나를 버리십니까"하고 십자가에서 우시던 예수님과 똑같다. 어떤 공통점이 있다는 표현이 아니라 형이 즉 예수님이었다. 예수님도 이 세상에 계실 때는 인간이었지 신이 아니었다. 예수님은 하나님을 인간에게서 찾으라고 하셨지 어디 하늘같은 위에 계신 존재라고 가르치시지 않으셨다. 형의 고통을 보면서 가슴이 미어진 이 아우에게는 이 사랑이 위로다. 그리고 이 사랑이 하나님이다. 그래서 형의 삶이 나에게 이 사랑의 신앙을 경험하게 했고 이것이 나의 신앙의 기초가 되었다. 형의 비극을 통해 나는 하나님을 만난 것이다. 재영 형의 나에 대한 사랑이 내가 믿는 하나님이다.

첫 아들인 재영 형의 불행을 보시는 아버지의 심정은 어떠했을까? 남들이 부러워하는 한국 최고 엘리트 가정을 꿈꾸던 선친의 첫 번째 아들이 회복 없는 병으로 대책도 없이 비참하게 고통 받는 모습을 보시고 좌절과 실망이 얼마나 컸을지 짐작되고도 남는다. 자신이 신경정신과 전문의이고 한국 최초의 신경병리 분야 의학박사인데 아이러니하게도 자기의 아들이 불치의 신경질환으로 처참한 고통의 삶을 눈

앞에서 매일 되풀이한다. 그리고 고치기는커녕 아무런 대책도 없이 하루하루 상태는 나빠져 간다. 하루에 열 번 이상도 경련을 계속하는 처참한 형을 선친께서 곁에 와서 들여다보시거나 손이라도 잡아 주시는 장면을 나는 본 일이 없다. 차마 아비로서 너무나 가슴이 아파서 눈 뜨고 볼 수가 없었는지 모른다. 혹 내가 보지 않는 어느 시간에 형을 돌보셨는지도 모른다. 그러나 형과 선친 사이에 아무런 소통이나 뜻이 통하는 관계가 없었던 것을 나는 안다. 이 회피를 선친의 성격을 아는 나는 이해한다. 형의 모습을 대면했을 때 대성통곡, 그리고 피눈물을 뿌리지 않을 수 없는 감정이 격한 분이어서 그런 상황은 피하실 분이다. 그러나 어린 나의 마음에는 선친의 회피가 형을 더 비참하게 만든다는 생각이 들었다. 마치 포기되고 버림받은 자식 같아 얼마나 형의 마음이 아팠을까? 나는 경련하는 도중에 형 곁에서 하나님께 기도하던 기억이 지금도 뚜렷하다. 내가 형 곁에 영원히 있겠다는 맹세도 했다. 고통을 같이 나누어야 할 아버지가 형을 피하시는 데 대한 실망에서 내가 형 곁에 영원히 같이 있겠다고 맹세를 한 것이 아닌가 생각한다. 비록 나이가 10세밖에 안 되는 소년이 어찌 어른 같은 생각을 했겠느냐고 의심한다면 그것은 큰 오산이라고 생각한다. 아이들의 세계는 우리 어른이 상상할 수 없이 신비스러운 것이다.

형의 죽음과 나의 반항심

신체의 거동이 어렵고 조정이 안 되는 경련의 발작으로 비참한 인생을 마친 형의 삶을 곁에서 보고 자란 그 경험 때문이라 생각하는데, 나는 염세적이고 삶에 대해 비관적이며 세상을 좋게 보지 않고 매사에 냉소적이다. 우선 기본적으로 기회가 누구에게나 공평하게 제공되고 또 인간이 평등하게 태어난다고 생각하지 않는다. 그뿐만 아니라 세상을 공평하게 만든다는 것도 불가능한 망상이라고 생각한다. 나아가서 정의가 반드시 이긴다든지 선한 사람이 축복을 받고 또 고난이 있어도 궁극에는 승리한다는 것도 헛소리로 들린다. 자신의 욕심이란 아무것도 없었고 또 있어도 충족의 기회가 없어 꿈도 바람도 아무 소용도 없었던 형의 인생을 낙천적으로 볼 이유가 없다. 자신의 회복을 위해 열심히 성경을 읽고 희망을 버리지 않고 기도하며 살던, 믿음 좋고 선하기 짝이 없는 형이 그 고통스럽고 처참한 삶을 계속 살아야 하는 이유를 어디서도 찾을 수가 없다. 형의 삶에는 도덕도 가치도 지혜

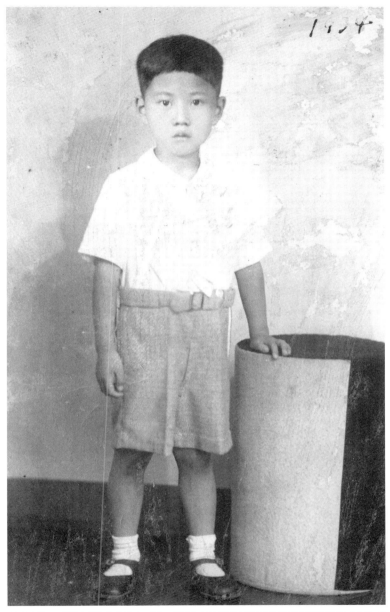

형의 소학교 입학준비를 위해 찍은 사진. 이 무렵 형은 병이 악화되어 학교를 제대로 다닐 수가 없었다.

도 어떤 섭리도 있을 수가 없다. 만일 하나님의 뜻이 형의 삶에 개입되어 있다면 그 뜻이 이해가 안 될 뿐만 아니라 하나님이 형의 비극에 책임이 있는 것으로 연결이 된다. 선하신 사랑의 하나님이 이런 비극을 의도하시지 않았다고 믿기에 나는 하나님이 자연의 법칙과 인간사에 개입하지 않으신다고 믿고, 그러시는 것이 옳다고 생각한다. 누구의 삶은 구제하고 어떤 이유에서든지 누구는 비참하게 내버려 두시는 하나님이면 너무나 혼란스럽다. 형같이 죄를 지을 기회조차 없었던 인간이 예수님이 당한 고난보다 더 고통스럽고 희망도 목적도 전망도 뜻도 없는 최악의 삶을 살다 간 것을 하나님과 연관 지을 수가 없다. 하나님의 뜻은 우리 인간이 알 수 없는 것이라고 한다. 맞는 말이지만 이 말은 결국 하나님의 뜻이 우리 인간의 선택 밖의 것이며, 그래서 우리의 의식과는 아무런 상관이 없다는 말이다. 그래서 인간사에는 우리가 이해하는 하나님의 뜻은 없다. 신앙이 무엇이냐? 이렇게 알 수 없는 것을 믿는 것이다. 하긴 믿을 수 있는 확실하고 증명된 것을 믿는 것은 신앙이 아니다.

다음은 인간이 신에게 드리는 기도에 관한 것이다. 알려진 대로 전지전능하시고 자비로우시고 정의롭고 우리를 불쌍히 여기는 하나님이 인간의 기도를 들어 주시고 응하셔서 은혜 주신다면 형의 삶을 보시고 형과 내가 드린 기도를 들으시고 어떻게 응해 주셨나? 확실한 것은 그대로 자연의 법칙대로 흘러가게 두셨다. 나는 이것을 믿고 또 충분히 받아들인다. 나의 하나님은 인간사에 직접 관여하시고 기도로 소원을 호소하면 들어 주시고 내가 하는 일을 지시하거나 간섭하시는 그런 주종의 관계를 맺기를 기대하시는 하나님이 아니다. 나를 도와 주시고 재난을 예방해 주시고 나를 보호해 주시기 때문에 하나님을 믿는다면 오히려 이것은 하나님을 마치 나의 종같이 이용하겠다는 극히 유아적이고 오만한 과대망상이다. 하나님은 내가 부탁만 하면 나의 바라는 바를 세상에 실어 나르는 종이 아니다.

나는 예수를 믿는다. 그리고 예수님을 누구 못지않게 존경하고 사랑한다. 나에게는 예수님이 우리와 똑같은 인간으로 이 세상에 오셔서 실천하시고 가르치신 그 사랑이 하나님이다. 예수님이 신이신 분이고 신으로 '어디엔가 존재'하시며 그분을 높이 모시고 예배를 드리고 그 밖에 유태교 전통에서 파생된 허다한 의식들을 지켜야 하는 그 모든 것은 인간이 만든 포장이고 장식품이라고 생각한다.

형은 나의 하나님이다

    어린 시절 설날이 오면 세배를 해서 집안 어른들로부터 세뱃돈을 받는다. 형도 어렵게 몸을 움직여 세배를 하면 어른들이 듬뿍 세뱃돈을 형에게 주셨다. 설이 지나면 형은 자기가 받은 세뱃돈을 모두 내게 주었다. 가지고 있어야 아무 소용도 없다는 것이다. "다 가져. 무엇이든지 사." 형은 나를 자기 자신보다 더 사랑했다. 나의 삶을 같이 살았고 나를 통해 세상의 일부를 알았으며 나의 이야기가 형에게는 잠시의 위로가 아니었나 싶다. 나는 남에게 일어난 비극에 쉽게 동정하지 않고 좀처럼 동정의 눈물을 흘리지 않는다. 기쁠 때나 감격했을 때는 오히려 쉽게 눈물을 흘리지만 비극에는 냉담하다. 어느 비극도 형의 비극에 비하면 아무것도 아니다. 그리고 나에게 어떤 어려움이나 고통이 있어도, 그리고 세상사가 아무리 내게 실망과 좌절을 주어도 형 생각을 하면 마음의 균형이 잡히고 위로가 된다. 나의 어려움은 아무것도 아니기 때문이다. 억울한 일이 있어도 마찬가지다. 예수님 십자

가의 억울함을 흔히 상기하라고 하지만 그보다 더 억울한 형의 삶을
나는 생각한다. 예수님은 인류를 구원한다는 뜻으로 이 세상에 오셔
서 모든 사람의 죄를 대신해 십자가의 고난을 겪으셨다. 형의 고통은
더 가혹했다. 그리고 아무런 뜻도 없이 이 세상에 왔다가 간 형의 삶
을 과연 삶이라 할 수 있는지 모르겠다. 나의 건강하고 복 많고 행운
에 찬 삶에 어느 순간 짤막한 고통이나 난관이나 어려움이 있다 한들
이것은 아무것도 아니다.

　　형을 잃은 지 60여 년이 되었는데도 오늘 나는 형이 그립다. 그리
고 형에 대해서 회상할 때마다 아픔이 더해지는 비통한 기억이 있다.
1950년은 내가 배재고등학교를 졸업한 해다. 세브란스의과대학 예과
는 연희대학교 이공대학에 속해 있었고 우리가 졸업한 그해에는 '특
차'라고 해서 서울대학교를 비롯한 모든 타 대학이 입학 전형을 하기
전에 시험을 쳐서 학생을 뽑았다. 나는 연희대학교 이공대학 의예과
를 지원했고 2차로는 서울대학교 공과대학 건축과를 지원했다. 그해
의예과는 60명 모집이고 15대 1의 경쟁이었는데 다행히 도전해서 합
격이 되었다. 합격은 내게 더할 나위 없이 큰 기쁨이었으나 나와 절친
한 친구들 몇이 낙방을 했고 특히 나의 절친한 친구였던 김성수 군(전
대한성공회 주교장 및 성공회대학교 총장)이 거기에 속하게 되었다. 발표가
나던 날 나는 같이 의예과에 합격한 고 손희명 군과 성수를 위로해 준
다고 가회동에 있는 그의 집을 찾았다. 성수 집에서 저녁을 먹고 집에
돌아오는 길에 북아현동이었던 희명이 집까지 그를 바래다준다고 내

환하게 웃는 형의 모습. 이 때 이후로
형의 미소를 보기가 어려웠다.

집 앞을 지나서 신문로 길을 같이 걸어가는데 때마침 하늘에 큰 별똥
이 떨어지는 것을 둘이서 같이 보았다. 그 순간 내가 "애고, 지금 이
지구상에 있는 생명 하나가 가는구나"라고 외친 것을 희명이도 들어
서 잘 기억하고 있다. 희명이와 작별한 후 집에 돌아오니까 뜻밖에 형
이 갑자기 세상을 떠난 후였다.

위독한 증상이나 종말의 예고도 없이 얼마 동안 형의 몸은 점점 쇠
약해졌지만 형이 세상을 떠날 줄은 전혀 예상을 하지 못했다. 집에 들
어가자 어머님이 나를 보시고 크게 통곡하시며 어디가 있다가 이제
들어오느냐고 꾸짖으셨다. 형이 운명하기 전에 나를 애타게 찾고 기

다렸다는 것이다. 그리고 내가 돌아오지 않으니까 형이 베토벤의 교향곡 5번 〈운명〉을 틀어 달라고 해서 어머님이 틀어 주시니까 이 곡을 들으면서 운명했다는 것이다. 이 말을 듣는 순간 세상이 어두워지고 형용할 수 없는 단장(斷腸)의 슬픔에 견딜 수 없어 정신없이 형을 붙들고 하염없이 울었다. 형이 나를 혼자 두고 간 것도 서러웠지만 임종 때 나를 찾았고 기다렸다는 한마디가 나의 가슴을 찢었다. 세상을 떠날 때, 얼마나 내가 보고 싶었을까. 작별하면서 나를 사랑한다는 한마디를 꼭 하고 싶었을 텐데. 그리고 내가 형의 손을 잡고 "형, 나 형을 영원히 사랑해" 분명 다짐을 했을 텐데. 내가 형의 임종을 보지 못한 죄책감은 일생 지워지지 않는 상처고 아픔이다. 내가 세상에서 지은 최대의 죄이고 또 마땅한 벌이다.

나는 또 되묻는다. 정말 전지전능하시고 나를 사랑하는 하나님이 계셨다면 형이 세상을 떠날 마지막 순간 그렇게 형이 나를 애타게 기다렸는데 왜 하나님께서는 단 한 시간을 형이 버틸 수 있게 도와주시지 않았을까. 한 생명을 구해 주십사 하는 철없는 소원도 아니고 세상의 어떤 인과관계에도 개입하시지 않지만 타이밍(timing)은 하나님이 주관하신다고 들었는데 형의 운명 시간 한 시간도 연장 안 해 주시는 하나님이 원망스럽다. '하나님이 없기 때문이다'라는 내 안의 원망의 소리가 자꾸 들려온다. 하나님이 내가 못마땅해서 이런 소원을 들어주지 않았다 쳐도 죄 없는 형이 세상을 하직하면서 그렇게 동생이 보고 싶은데 형의 마지막 소원을 들어주시지 않은 것은 하나님에 대한 나의 생각을 고정시켰다. 보편적으로 우리가 생각하는 그런 하나님은 없다. 형의 운명 시 곁에 있지 못한 나의 과오를 나는 영원히 용서할 수가 없다. 형은 나를 용서하겠지만 나는 나를 용서할 수가 없다.

형이 죽고 한 달이 지나 이 땅에는 6·25라는 참혹한 전쟁이 일어났다. 이 전쟁 중에 우리는 집을 버리고 부산에 피난을 갔었고 인민군이 우리 집을 점령하고 있다가 퇴각하면서 우리 집을 불살라 버렸다. 형이 살아 있었더라면 어찌 되었을까? "너의 형은 일생을 고생하다 억울하게 갔지만 얼마나 효자인지 아니? 이 전쟁이 나기 전에 우리에게 부담 될까 봐 나를 위해 간 거야. 그런 효자가 어디 있니?" 어머님의 말씀이다. 형은 처참한 삶을 살았지만 죽는 순간까지 선한 인간이었다. 그러나 죽는 순간 자기의 '운명'을 생각하면서 세상을 떠난 인간, 사랑하는 나의 형은 나에게는 하나님이다.

6·25와 조선인민공화국 문화선전부
공작대원

    중고등학교 시절에 우리 모두는 삭발 머리였다. 바리캉이라 불리던 삭발 기계가 유행하던 시절로 이발관에 가면 이 기계로 머리카락 전체를 1mm 길이로 잘라 버린다. 1950년 3월 31일 고등학교를 졸업하자 나는 즉시 머리를 기르기 시작했고 한두 번 옆과 뒤에 자란 머리를 잘라 주었을 무렵 6·25전쟁이 터졌다. 이때 나의 머리는 약 10cm가량 자라 당시 국군 장병들의 머리와 비슷한 모양이었는데 이것이 나에게 큰 화를 가져온다. 서울을 인민군이 점령하고 약 1개월쯤 지났을 무렵 갑자기 한밤중에 내무서원들이 우리 집 문을 두드리더니 국군 잔류병을 찾는다고 가택수색을 벌였다. 당시 점령군은 강제로 의용군을 모아 전선에 보내던 때라 군인이 될 수 있는 적령기 남한 젊은이들은 모두 숨어 살던 때였다. 가택수색이 시작되자 나는 창고 지하실에 숨었다. 수색은 몇 시간이 지나도 끝이 나지 않고 무엇을 찾는 건지 목적도 없이 지속되었다. 내가 숨은 창고에도 내무서원들이 들어와 급기야는 내가 숨어 있던 지하실 입구를 발견했다. 전등으로 속을 비추면서 총을 앞세우고 들어오는 서원을 보고는 나는 손을 들고 지하실에서 걸어 나왔다. 한창 여름철이라 상체는 벌거벗고 팬티만 입고 자다가 숨었기 때문에 손들고 나오는 나의 모습이 국군 잔류병으로 보였다고 해도 이해는 간다. 나를 본 내무서원 두 명이 큰 소리로 "이 새끼" 하더니 그중 하나가 "국군이다" 소리 지르며 철커덕 총을 내 가슴에 대고 장전하는 거다. 온몸에 바짝 한기가 돌고 간장이 오그라드는 패닉 반응이 일어났다. 뒤에 있던 장교(나중에 알고 보니 내무서 지서장)도 권총을 빼 들고 내 앞에 다가선다. 순간 아니라고 외치면서도 내가 가만히 있으면 죽는다는 생각이 들었다. 나는 반사적으로 권총을 쥐고 있는 그의 팔을 나의 왼손으로 뿌리치고 앞에 있던 두 병사 사이를 뚫고 부엌의 높은 문턱을 날쌔게 뛰어넘어 대문 쪽으로 달렸다. 고등학교 시절에 농구 선수였고 단련된 기민한 체력이라 번개 같은 움직임이었다고 짐작된다. 따, 따, 따, 따 두 병사의 따발총 소리가 뒤에서 들렸고 '빵' 하는 권총 소리와 함께 나의 머리 위 어딘가를 지나가는 '쏭' 하는 탄환 소리가 들린다. 그리고 동생들의 비명이 들렸다. "오빠, 오빠!" 하는 나의 누이동생 보영의 애처로운 비명은 아직도 나의 뇌리에 새겨져 있다. 나중에 보니까 부엌 문턱 위의 벽에 이때 쏜 따발총 총알들이 박혀 있었다.

부슬비 내리는 어두운 밤중 맨발로 내가 잘 아는 미로 같은 좁은 골목길을 죽어라고 뛰어 지금의 세종문화회관 뒤 큰길로 나오는 골목

6.25사변으로 폐허가 된 광화문일대.

끝에 다다랐다. 누구도 나를 따라오는 기색은 없음을 확인하고 어느
집인가 처마 끝에서 비를 피하며 한참 숨죽이고 죽치고 있었다. 집에
돌아가면 일단 체포되어 의용군에 끌려가거나 다른 무슨 일이 있을지
알 수 없었고, 또 이 밤중에 인민군이 깔린 거리를 지나 아는 집을 찾
아간다는 것도 암담한 일이었다. 어떻게 할지 골몰하고 있는데 멀리
서 인민군 소대가 큰길을 이쪽으로 행진해 온다. 직관적으로 나는 이
상황에서 내가 자수하는 길이 최선이 아닌가 생각을 하게 된다. 팬티
만 입고 비를 맞으며 손을 저으며 접근하는 나를 보고 행진하던 소대
는 멈추었고 앞에 있던 제일 상관인 자가 무슨 일이냐고 물었다. 나는
순간 집에 도둑이 들어왔다고 거짓말을 할까 하다가 솔직하게 말하는

것이 최선이다 싶어 총 든 병사들이 밤중에 집을 수색하는데 무서워서 도망 나왔다고 말했다. 이 장교는 이야기를 듣더니 금방 정황을 짐작하는 듯했다. 이 군인들은 의외로 젊고 부드러워 집에 쳐들어온 내 무서원들과는 딴판이었다. 내가 집에 돌아가는 것을 거절하자 잠깐 생각하다가 같이 가자고 하면서 나를 데리고 간 곳이 전 종로경찰서 자리에 위치한 '국가안전보위부'였다. 그 안에 들어가서야 그곳이 바로 소문으로 들었던 무시무시한 비밀경찰이라는 사실을 알았다.

유치장에 들어가니 같은 방에 약 50명가량의 40대, 50대 되는 점잖은 어른들이 연행되어 감금되어 있었다. 그중에는 나의 세브란스 선배인 이윤찬 형의 부친 되시는 이창혁(?) 씨가 계신 것을 보았다(그분은 결국 이북으로 납치된 것으로 알고 있다). 나이 40대의 점잖은 분이 내가 들어오게 된 연유를 묻고 내가 경유를 설명을 해 드리니까 나는 아마 석방이 될 거라고 안심을 시켜 주었다. 계속 잡혀 들어오는 사람이 많으니까 결국 퇴소를 시키지 않을 수 없다는 뜻이었다. 그런데 10일이 지났는데도 나는 누가 부르지도 조사하지도 않는다. 14일째 되던 날 나는 보위부 차장의 방으로 끌려간다. 이북에서는 부장보다 차장의 자리가 권력을 가지고 있다는 정도는 나도 알고 있었다. 큰 방을 혼자 쓰고 있는 차장은 의외로 부드럽게 대해 주었고 나를 담당한 검찰관이 일에 태만해서 조치를 취했고 그래서 자기가 대신 나를 조사한다고 설명을 하면서 보위부로 오게 된 연유를 물었다. 나는 14일 전 밤에 일어났던 사연을 사실대로 진술했다. 조용히 듣고 있던 차장은 나보고 무얼 하느냐고 묻기에 신분은 학생이고 연희대학교 의예과

1학년에 재학 중이라고 답했다. 나보고 가까이 오라고 하더니 나의 손을 자세히 들여다보고 또 만져 보았다. 그리고는 집에 보내 줄 테니 걱정 말고 돌아가라고 했다. 지옥에서 천사를 만난 것과 같이 이제는 살았다는 생각이 들었다. 그리고는 집에 가면 즉시 내무지서를 찾아가서 보위부에서 심사받고 돌아왔다는 보고를 하라고 지시했다. 그의 조용한 태도는 나의 두려움을 말끔히 없애 주었다. 차장은 나보고 지금 조국이 남쪽의 해방을 위해 적하고 싸우고 있는데 이때 조국을 위해 의용군에 입대해 같이 싸워 주어야 한다며 지금이 애국할 수 있는 절호의 기회라고 나를 타일렀다. 이 말을 한 후에 나의 대답을 기다리는 기색도 없고 그냥 석방시켜 주었다. 석방시켜 주는 조건 같은 것은 전혀 없었던 것 같다. 내가 인사를 하고 그 방을 나올 때 그의 얼굴에 떠오르던 미소를 나는 지금도 기억한다.

정치보위부에서 석방되어 14일 만에 집에 들어서는 순간 어머님은 나를 싸안고 우셨다. 어디 가서 죽지 않았나 했던 아들이 14일 후에 기진맥진한 모습이었지만 멀쩡하게 돌아온 것이다. 악몽과 같은 그날 밤의 일들을 어머님이 겪으신 대로 되새기고 이야기하시면서 살아서 돌아온 아들을 껴안고 기뻐하셨다.

석방된 다음 날 신문로에 위치한 내무부 지서의 지서장을 만나러 가는 것은 정말 싫었다. 지서장은 남한으로 말하면 직업 경찰로 파출소 소장이다. 내가 찾아가 보위부에서 심사받고 석방되었다니까 국군 잔류병이 아님은 알아차린 것 같았다. 그는 나에게 큰 소리로 호통을 치면서 내가 그날 현장에서 총에 맞아 죽지 않은 것이 다행이라며 큰 호의라도 베푼 것 같은 태도였다. 그리고는 몹시 궁금한 듯 나보고 소련 볼셰비키 당사(黨史)를 어떻게 내가 가지고 있는지를 물었다. 이 당사는 빨간색에 부피가 크고 공상당원도 간부가 아니면 소지하지 못하는 귀한 책이다. 가택수색을 하다가 이 책을 보고 이 지서장이 놀랐던 것 같다. 어떻게 남조선의 한 소년이 이것을 가지고 있을까 궁금하지 않을 수 없었던 것이다. 실은 이 책은 우리 집에서 같이 살았던, 나의 선친의 조수로 해방 후 공산당의 지하 조직에 가담해 투쟁하다 이북에 넘어가 6·25 당시 보건부 부상이 되신 '노진한' 씨가 서울에 입성하자 우리 집에 찾아와 내게 준 귀한 선물이다. 고관용 차를 타고 서울 집에 오셔서 서울 해방 기념이라고 나보고 공산당 당사를 공부하라고 주신 책이다. 공산당원들에게는 바이블 같은 귀한 책이고 금으로 '볼셰비키 당사'라는 찬란한 제목이 찍힌 화려한 책이다. 지서장 따위가 감히 만져 볼 수도 없는 책인지도 모른다. 우리 아저씨가 이북에서 내려오셔서 내게 주셨다고 대답하자 그의 태도가 훨씬 부드러워졌다.

노진한 씨는 일제 말부터 조선공산당 당원으로 항일 투쟁을 하면서 여러 번 옥살이도 하고 선친의 구제로 병보석을 받아 출옥한 후 의사 검정 시험에 합격해 선친의 조수로 일하셨다. 두 아들을 김해에서 불러 올려 우리 집에서 한때 같이 살았고 우리는 그분을 아저씨라고 불렀다. 선친이 작고하신 후에도 집에 들렀는데, 공산당원으로 지명

수배를 받고 있었던 관계로 수염을 기르시고 변장을 해서 알아보기 힘들 정도였고, 언젠가 어머님 뵙고 월북하신다고 작별 인사를 하신 후 소식이 끊겼다. 6·25동란이 일어나자 하루는 호위병이 붙은 세단 차 한 대가 집 앞에 서더니 사복 차림의 아저씨가 집으로 들어오셨다. 어머님보고 "우리의 세상이 왔으니 이제 안심하시라"는 말씀과 더불어 특별히 나를 불러 보자기에서 화사한 볼셰비키 당사를 꺼내 주신 것이다. 이 이야기를 들은 지서장은 좀 무안해하면서도 계속 고압적인 태도를 버리지 않았다. 실은 그가 우리에게 저지른 다른 죄가 있었기 때문이다. 지서장은 가택수색을 하면서 어머님이 가장 소중히 여기시던, 선친으로부터 받은 다이아몬드 반지를 가로채 갔다. 그 반지의 부속 반지를 그가 끼고 있는 것을 보신 어머님은 지서장이 가져간 사실을 확인하시고 몹시 분개하셨지만 "너의 목숨과 바꾼 셈 치고 꾹 참겠다"고 말씀하셨다. 하긴 참을 수밖에 없고 어머님은 서울을 점령해서 기고만장한 내무부 지서장에게 반지 내놓으라고 항거하실 수 있는 분도 아니다. 지서장은 부하 직원을 시켜 나를 사직동에 있었던 '민청 지부'에 인계했다. 민청 지부는 우리 동네에서 공산주의자로 옥살이하다 풀려난 강경 분자들이 조직한 일종의 점령지 행정 관리 부서로, 이른바 지역의 반동분자들을 관리하고 또 의용군 강제 차출을 맹렬히 집행하고 있었다. 나도 그곳의 민청원으로 일하게 되었지만 항상 감시받는 관리 대상이었다. 나는 생전 처음 공산당원들이 일하는 현장을 보았다. 때때로 열리는 무서운 '자기비판'을 지켜보고 그 격렬한 공산주의 세뇌 방식에 완전히 기가 죽었다. 그것은 자기비판이라기보다는 인민재판에 가까운, 신랄한 비판이 쏟아지는 처형과 같았다. 그리고 특히 관리 대상자에게는 그곳 대장의 피를 토하는 듯한 강력한 의용군 지원 설득과 재촉이 매일 계속되었다. 관리 대상자 중 몇 사람은 압력에 못 이겨 의용군에 지원했으나 나는 끝까지 이런저런 이유를 들어 이를 거절했다. 설득에 지친 대장은 나를 따로 불러 협박조로 의용군에 지원하기를 강요했다. 나는 울면서 우리 집의 사정 때문에 내가 집을 떠날 수 없다고 호소했다.

이때 또 한 번의 요행이 나를 살려 주었다. 우리 동네 민청의 부대장을 맡고 있던 사람이 나 보다 두서너 살 위로, 우리 집에서 약 20m 가량 떨어진 작은 양조장 집 둘째 아들이고, 어린 시절 나하고 같이 어울려 놀았던 골목 동무다. 오랫동안 그를 보지 못했던 것은 그동안 감옥살이를 한 탓이었고 6·25로 풀려나 돌아온 것이다. 그는 나를 보고 무척 반가워했고 민청에 가입해서 자기를 도와 달라고 청했다. 그리고 대장보고는 자기가 나를 책임지고 의용군에도 지원하게 만들겠다고 약속하고 나를 관리 대상에서 풀어 주었다. 나는 그가 베푼 엄청난 호의를 지금도 이해할 수 없다. 감시 대상에서 풀어 주고 자유롭게 민청 사무실에 와서 동지로 같이 일하게 만든 후에는 그는 나를 한 번도 찾지 않았다. 나는 마치 전부터 속했던 골수 민청 직원처럼 출퇴근하면서 일을 도왔다. 그러자 또 한 번의 행운(?)이 나의 운명을 다른 길로 이끌었다. 친구인 성수(김성수 전 성공회 주교장) 집에 들렀을 때 우연히 그의 사촌 형인 김의수 형을 만났다. 마당발에다가 서울 장안에서 일어나는 일치고 모르는 것이 없는 정보통이다. 그가 서울시 민청 소속 합창단에 가입해서 편하게 안전을 누린다고 자랑하니까 성수가 나를 거기 가입시켜 줄 수 없냐고 물었다. 의수 형이 쾌히 승낙해 드디어 나는 서울시 민청 소속 합창단에 속하게 되었다. 나의 음악 소양이나 교회 성가대 경력으로 합창대에서 한몫하는 것은 쉬운 일이다. 합창단의 공식 명칭은 '문화공작대'이고 소속은 인민공화국 문화선전부다. 가입하자 우선 김일성 찬가를 비롯해 북한에서 애창하는 가곡들과, 특히 혁명 투쟁을 고무하는 높은 가성의 곡들을 배웠고 소련을 조국으로 찬양하는 장엄한 곡들도 익혔다. 곡들의 수준은 높았고 가사들이 갖는 이념적인 뜻도 분명했다. 남한 국군의 퇴폐적인 군가와는 비교가 안 되고 노래를 부르면 나도 신이 나고 혁명의 역군이 된 기분이 난다. 시 민청 합창단은 서울 지역 여러 인민군 부대를 방문해 세련되고 잘 훈련된 합창으로 병사들을 대접했다. 합창이 끝날 때마다 우레 같은 박수를 받았다. 몇 주간 연습과 연주로 편안하고 즐거운 시간을 보냈다. 그러나 이 즐거운 시간은 오래가지 않았고 문화선전부의 지령이 내렸다. 하루는 합창단원 전원이 당시 풍문고녀에 집합하라는 명령이 있었다. 여러 다른 예술·문화 단체 사람들도 모였다. 거기서 일선에 파견될 문화공작대가 편성되고, 나는 이북에서 내려온 여자 대원 둘이 대장인 팀에 속하게 되었는데, 파견 목적지는 경상남도 진주였다. 진주는 당시 격전지 중의 하나고 아직 점령도 되기 전이다. 부대장은 좀 부드러운 인상을 가진 황해도 해주 출신이고 그곳 음악대학 출신이다. 또 한 여성이 대장인데 골수 공산당원이다 싶은 함경도 출신의 남자 같은 여걸형이다. 서울의 국악 단체에서 두 명이 차출되어 나의 조에 합세하고 정체불명의 장사꾼 같은 젊은이를 합해서 전부 여섯 명이다. 배낭은 각종 선전물과 홍보용 삐라로 찼고 목적지인 경상남도 진주에 가는 지도나 기타 전략에 관한 것은 전혀 알 수 없었으며 대장과 부대장만이 의논해서 지휘하는 구조다. 진주가 함락되면 즉시 그 지방에 들어가 홍보 전단과 정치 선전 삐라를 뿌리며 그곳 인민들을 대상으로 내무부에서 조직하는 지방 부서와 협조해 교육·선전 사업을 벌이는 것이다.

지령을 받고 일단 집에 들러 어머님께 자초지종을 말씀드리고 남쪽에 내려가 국군이 있는 지역으로 도망 갈 계획을 전해 드렸다. 어머님은 눈물을 글썽이시며 나보고 가라고 말씀하셨다. 매일 내가 여기저기 끌려 다니고 의용군 가기를 피하는 모습을 보시는 게 안타까우셔서 "솔직히 내 눈앞에 네가 없으면 오히려 마음이 놓일 것 같다"는 말씀이다. 공작금으로 받은 돈 일부를 어머님께 드리고 다음 날 공작원들과 같이 진주를 향해 떠났다. 마침 인천 상륙 작전이 시작된 때라 한강을 건너는데 인천 부근의 하늘이 포탄 사격의 불꽃으로 대낮같이 훤했다. 서쪽을 바라보며 밤중에 지금의 압구정동 그리고 판교 쪽으로 행군했다. 서로 처음 만난 대원들이라 서먹서먹하기도 하고 그래서 묵묵히 많은 짐들을 걸머지고 발 빠른 강행군을 지속했다.

출발한지 2~3일이 지나 전라북도 전주에 도달하니 사태가 심상치 않은 것이 감지되었다. 인민군이 삼삼오오 흩어져서 북상하는 것을 보았다. 그리고 민가에 들러 먹을 것을 달라고 간청하기도 하는데 한때 패기 충천하던 모습과는 전혀 다르게 초라한 모습으로 다급하게 북상한다. 전라도 광주에 도착하니까 거기서 보는 인민군은 예외 없이 전쟁터에서 빠져나온 패잔병으로 보였고, 많은 인민군 병사들이 총기도 배낭도 버리고 철모도 없이 거의 맨몸으로 떼를 지어 북상한다. 우리 팀장이 북상하는 인민군 장교를 붙들고 문화공작대원임을 밝히면서 전황을 말해 달라고 하니까 그 장교는 펄쩍 뛰면서 더 이상 남하하면 안 된다는 것이었다. 현재 연합군의 인천 상륙으로 전세가 역전되어 군대는 모두 철수 중이라 하면서 같이 산을 타고 북쪽으로 넘어가야 한다는 것이다. 함경도에서 온 팀장은 즉시 우리보고 산으로 올라가자고 재촉했으나 남한 출신 네 사람은 서울에 가야 한다고 주장했다. 팀장은 전세의 반전에 기가 죽었던지 아니면 우리가 다수여서 어쩔 수가 없었던지 자기 혼자 산으로 가겠다며 그 장교를 따라 가기를 원했다. 해주에서 온 부팀장은 갑자기 태도가 바뀌어 자기는 공산당이 아니라며 이모가 서울에 사시는데 제발 자기를 서울로 데려다 달라고 애원했다. 국악하시는 두 분 중 한 분은 함경도에서 38선 넘어 피난 오신 분이라 함경도 사투리를 심하게 쓰시는 분인데 이 여성 단원과 동행하는 것을 적극 반대했다.

이 시점에서 우리들이 당면한 문제는 전과는 180도가 달라졌다. 이제부터 국도를 거슬러 서울로 북상하려면 여러 곳에서 이제는 회복된 남한 쪽의 검문을 받아야 했다. 당시 회복지에서는 반공 단체들이 부역자나 인민군 패잔병 등 '빨갱이 사냥'에 혈안이 되어 있던 때였다. 만일 우리가 이북의 문화공작대원이라는 사실을 알게 되면 즉석에서 처형을 당할 위험이 다분히 있었다. 북에서 온 부팀장과 동행하다 잡히면 우리 모두 죽는다는 것이 이북에서 오신 국악하시는 분의 주장이다. 결국 의논 끝에 우리도 국도를 따라 올라갈 것이 아니라 산기슭을 타고 가자는 제의로 일단 산속으로 들어간 후 이 여성 대원을 나무에 묶고 나머지 네 명은 같이 산에서 내려와 국도를 따라 북상을 계속했다. 대전 근처에 이르렀을 때 미군 부대가 큰길을 가로막고 주둔하고 있었다. 접근해서 통역하는 사람에게 우리는 서울서 빨갱이 피해 피난 내려왔다 서울로 돌아가는 길이라고 했더니 이를 믿지 않고 우리 모두를 일단 포로 수용소에 합류시켰다. 그리고 미군 장교 하나가 한국인 통역을 데리고 붙잡혀 온 포로들을 하나하나 심사하는 것이었다. 나는 다행히도 당시 연희대학교 학생증을 소지하고 있었다. 사진이 붙어 있는 학생증을 보여 주니까 통역관이 이를 설명했고 미군 장교는 웃는 얼굴로 나에게 몇 마디 영어로 물어보았다. 서슴지 않고 영어로 대답하는 나를 지켜본 장교는 지금 학교 열리기가 멀었으니까 나보고 통역관으로 자기와 같이 일하지 않겠느냐고 묻는 것이었다. 곁에서 도와주는 통역이 썩 마음에 들지 않는 눈치였다. 아직도 목숨이 달려 있는 위험이 첩첩이 다가올 생각을 하니 당장 승낙하고 싶은 유혹도 있었지만 나의 가족이 나를 기다릴 생각을 하니 이 청을 뿌리칠 수밖에 없었다. 나는 학교에 돌아가 공부해야 하다고 사양하고 수용소를 떠났다. 이때 뒤에 남아 있던 두 국악인이 소리를 지르면서 자기들도 구원해 달라고 하소연을 해서 그 장교에게 그 두 사람이 동행이라고 해서 동시에 석방되었다. 미군 부대는 아무것도 아니었다. 북상하면서 동내마다 검문이 있었는데 남한 반공 단체의 빨갱이 색출 검문은 무시무시하고 살벌했다. 다행히도 내가 공산당을 피해 시골에 내려갔다가 다시 서울로 올라오는 길이라며 학생증을 보이면 군말 없이 무사 통과였다.

드디어 서울 집에 돌아왔다. 나를 보신 어머님은 마치 지옥에서 돌아온 자식을 만난 듯 나를 껴안고 "다시는 내 곁을 떠나게 하지 않겠다"고 하염없이 우신다. 동네에서는 내가 밤중에 집에서 도망가던 날 총소리와 동생들의 비명과 울음소리를 듣고 나에게 심상치 않은 일이 있어났음을 짐작하고 있었던 터라 살아서 돌아온 내 모습을 보고 마치 개선장군같이 환영해 주고 당시 부역한 공산당 잡기에 혈안이 된 극우 단체였던 서북청년회 지부가 우리 동네에 결성되면서 (사실 내용도 모르고) 나보고 감찰차장을 맡아 달라는 주문까지 있었다. 이때 학교들이 문을 열었고 연희대학은 종로에 있는 어느 빌딩에 학생들이 모여 학생회를 조직하고 여기서도 나보고 감찰차장을 맡아 달라고 하여 학교 일이라 고사하지 않고 학교 정리와 부역 분자 색출과 처분을 담당했다. 나 자신이 부역을 했는데 부역한 사람을 색출하는 일을 맡은 아이러니는 당시의 혼란을 잘 말해 준다. 그러나 얼마 안 있어 중공군의 참전으로 전세는 다시 악화되어 1·4후퇴로 우리 모두 서울을 떠난다.

어머님의 고생

선친은 당주동 병원 건물과 그 뒤에 붙어 있는 살림집 안채를 사기 위해 친구이신 전영수 사장에게서 돈을 꾸었고 돌아가시기 바로 전달에 빌린 돈 전액을 갚으셨다. 따라서 선친께서 작고하셨을 당시는 저금은 물론 가지고 계신 현금을 망라해서 빚을 갚았기 때문에 돈이 고갈되어 있었다. 어머님은 이런 정황에서 혼자되셨다. 결혼 후 줄곧 집에서 살림만 하셨고 성품이 원래 천사 같다고 정평이 났던 마음 고우신 어머님은 갖고 계신 돈도 없고 수입도 전무한 상태에서 할머니까지 일곱 식구 살림을 떠맡으셨다. 어머님은 양곡이 부족한 일제 말, 퇴계원에 있던 작은 논밭을 소작인에게 주면서 계속 곡식을 공급해 달라고 부탁하셨고, 그 밖에 병원에 있던 기자재를 비롯해 하다못해 선친의 의학 서적까지 하나하나 생활비를 위해 매각하셨다. 수입을 만드시기 위해 병원 건물 2층은 출판사에 세를 주었고, 한때는 미용사를 두고 건물 아래층에서 미장원도 운영하셨다. 경험이 부족하고 성품이 강하지 못한 어머님은 무엇을 하셔도 수입이 신통치 않았다. 장사를 둘러싼 복잡한 문제만 안고 사람을 잘못 만나 쉽게 속으시고 결국 그만두시기 일쑤였다. 병원 건물을 당시 이비인후과 이호림 박사에게 세를 주셨는데 이분은 이름난 공산주의자로 숨어 다니며 개업에 전념하지 않았고 자연히 세가 여러 달 밀려 어머님과 갈등이 생겼다. 끝내 이분은 집세를 내지 않고 온 집안이 이북으로 떠나 밀린 돈을 한 푼도 받지 못하셨다. 6·25가 나던 해는 병원 1층이 비어 있었다. 선친의 지기였던 김태원 선생이 당시 미 군정청에서 일하고 계셨는데, 어머님은 그분께 특별히 부탁해 군정청 여직원으로 취직하셨다. 당시 군정청에 치마저고리를 입고 출근한 사람은 어머님뿐이었다. 6·25 이전에 미장원을 하신다고 군정청은 그만두시고 6·25가 났을 때 서울에 머물러 있다가 크게 위험한 곡절을 겪은 터라 1·4 후퇴 때는 온 가족이 집을 떠나 남쪽으로 피난길에 올랐다. 나는 징병 적령기 젊은 이로 서울을 탈출하지 못하게 한강 다리에서 헌병들이 지켜 가족과 같이 남하할 수 없었고 다행히 선친의 친구이신 이용설 박사가 국회의원에 당선 되어 나를 경호경찰로 채용해 주셔서 우선 신분은 보장되었다. 이용설 박사는 일단 신분이 보장되었으니 자유롭게 행동하라 하시고 경호 책임은 내가 지지 않도록 조치해 주셨다. 국회의 직원들과 경호원들을 위한 특별 열차가 서울을 탈출해 부산으로 가도록 마련되어 인민군이 서울에 다시 입성하기 며칠 전 이 열차에 탑승해 부산 피난길에 오르게 되었다. 우리 가족은 내가 서울을 떠나기 전에 먼 친척분에게 부탁해 그분의 배로 서울을 빠져나가 충남 대천 근처 시골로 피난을 가게 되었다. 돈도 없고 연고도 없는 외진 시골에서 동생들을 데리고 피난살이를 하시던 어머님은 가지고 가신 옷감이나 그나마 귀한 물건을 하나하나 곡식과 교환해서 식구들을 먹여 살리셨다. 국회 사무처 일행과 부산으로 피난 가서 나는 친구인 오세경 군의 집에 식객으로 신세를 지고 있다가 결국에는 충남에 계신 어머님과 동생들을 찾아가 같이 부산에 내려갔다. 영도에서 개업하고 계시던 이난영 선생님이 마침 비어 있던 병원의 작은 문간방을 우리 식구에게 내어주셔서 우리 다섯 식구가 정착할 수 있었다. 선친과 세브란스의 전 동창이신 이난영 선생님은 6·25 피난 시절 우리 식구를 구원하신 은인이다.

부산에서 피난살이를 하는 동안 어머님은 다행히 국회 사무처 직원으로 취직하셨다. 6·25전쟁이 휴전 조약의 조인으로 끝나고 서울도 우리 쪽으로 수복되자 부산의 피난살이를 거두고 온 식구가 서울로 돌아오려고 할 무렵 청천벽력의 엄청난 비보를 듣게 된다. 서울 탐색차 상경했던 분으로부터 당주동 우리의 집이 완전히 타서 없어졌다는 소식을 들은 것이다. 우리 모두가 심하게 낙심했지만 어머님에게는 더욱 엄청난 충격이었다. 온 가족을 책임지고 계신 어머님에게 유일한 재산인 집이 전소되어 없어졌다는 것은 너무나 가혹한 소식이다. 한마디로 무일푼의 우리 신세에 유일한 삶의 수단이 갑자기 없어진 것이다. 서울에 남아 계셨던 할머님의 설명에 의하면 우리 집은 인민군의 한 분대가 점령해 본거지로 삼고 있다가 그들이 퇴각하는 날 집에 불을 지르고 달아났다는 것이다. 동네 목격자에 의하면 할머님은 구사일생으로 불속에서 빠져나와 임시로 우리 집 앞 빈집에서 살고 계셨다. 당주동 큰 저택이 모조리 없어졌다는 비보가 얼마나 큰 충격이었던지 나는 아직도 악몽 속에서 이 소식을 듣고 이를 부정하다가 잠을 깨곤 한다. 꿈에서 아직도 믿어지지 않아 아니라고 외치다가 잠이 깨어 벌떡 일어난 일이 여러 번 있었다. 분명 이것은 우리 가족 모두에게 심각한 심리적 외상이다.

환도가 되어 우리 식구 모두가 상경했지만 당장 거처할 곳이 없었다. 하는 수 없이 탄 집터를 급히 헐값에 처분하고 당시 신촌의 대신동 산기슭에 일제 때 관사를 짓다가 완성을 못한 소위 '나가야'식 연립주택 끝 집을 구입해 수리한 후 입주하게 되었다. 그래도 작은 방이 셋 있어 식구 모두가 살만했고 이 초라한 거처가 우리 형제들의 삶의 본거지가 되었다. 그야말로 어머님의 피땀으로 그나마 우리 집이 생겼고, 당시 어머님의 노고를 우리 형제들은 잊을 수가 없다. 그동안의 비극이 부족해서인지 신촌에 안착하자 어머님은 책임을 마치시고 삶의 의지가 완전히 소진되셨던지 갑자기 쇠약해지시면서 결국 1955년 10월 22일 그렇게 사랑하시던 우리 형제자매를 남기시고 작고하신다. 어머님과의 사별은 우리 형제자매에게 견디기 어려운 슬픔이었다. 시련치고는 너무나 가혹한 시련의 연속이다.

어머님이 세상 떠날 때까지 병상에 누워 계시는 동안 우리 집은 아무런 수입이 없었다. 4남매가 모두 학교에 다니고 있었는데 등록금을 낼 때가 되면 어머님의 고심이 이만저만 아니었다. 고등학생인 막내는 당시 선친의 친구시던 장용하 교장선생님의 배려로 월사금을 면제받았고, 누이동생 보영이는 이화대학교 음악대학 재학 시절 박마리아 선생이 등록금을 마련해 주셨다. 내 등록금은 세브란스의 김명선 선생이 매번 마련해 주셨다. 한번은 선생님이 자신의 월급을 가불해서 주신 일도 있었다. 동생 보영이는 학생 시절부터 유명세를 타서 여기저기서 피아노 지도 요청이 들어와 짬짬이 학생들에게 피아노를 가르쳐 가계에 큰 도움을 주었다. 생활비 조달 때문에도 어머님이 여기저기 돈을 꾸러 다니던 모습이 지금도 눈에 선하다. 돈을 꾸시기도 하고 미국에 계신 옛 선교사님들에게 편지를 쓰셔서 송금을 받기도 했는데, 우리들 옷가지는 구호물자 덕을 많이 보았다. 고생하시는 가운데 어머님은 점점 이유 없이 쇠약해지셔서 약도 써 보고 선친의 제자분이 왕진까지 와 주시기도 했지만 병세는 전혀 호전되지 않았다. 내가 의대 본과 3학년 때 내과의 서석조 교수님과 어머님 증세를 의논했더니 입원을 권고하셔서 이를 추진한 일이 있었다. 입원비는 차후에 걱정하기로 하고 당시 병원에서 상주하면서 아르바이트를 하던 후배 소진명 군과 의논해 병원 앰뷸런스 운전사에게 부탁해 어머님을 모시러 차를 몰고 집에까지 온 일이 있었다. 입원하자는 나의 요구에 어머님은 한참 망설이셨다. 집 문 앞에까지 나오셨다가 돌연 마음을 돌리시고 입원을 포기하셨다. "나 병원에 안 간다." 앰뷸런스를 보내고 난 후 나는 한참 깊은 슬픔에 잠겼다. 어머님이 입원을 포기하신 이유가 무엇인지 너무나 잘 알기 때문에 강제로라도 모시고 가지 못한 나 자신

① 환도직후 폐허가 된 당주동 집 앞에서. 세브란스 1학년시절 어머니와 누이와 함께.
② 어머님의 장례식. 정동 제일교회.

이 한 없이 원망스러웠다. 어머님의 병환을 두고 내가 가난에 무릎을 꿇었다는 사실이 가슴을 도려내는 비애로 일생 나의 영혼을 떠나지 않는다.

계속 쇠약해지시던 어머님이 하루는 밝은 표정으로 목욕을 하신다고 도와 달라고 우리를 부르셨다. 이 세상을 떠나실 때 몸을 깨끗이 하시겠다고 말씀하셨다. 우리 모두는 깜짝 놀랐다. 몸을 다 씻어 드리니까 우리 4남매를 하나하나 부르시고 유언을 남기셨다. 언제나 평화롭고 인자하신 어머님은 무엇보다도 우리에게 어머님이 세상 떠나도 슬퍼하지 말라고 당부하셨다. 우리들의 앞으로 올 슬픔을 미리 걱정하신다. 당신께서는 이 세상에 계시는 동안 누릴 수 있는 행복을 다 누렸기 때문에 조금도 유감이 없고 떠나는 것이 슬픈 일이 아니라고 하신다. 사랑하는 남편을 만나 행복을 누리셨고 특히 "너희들을 기르면서 재미 많이 보고 기뻤다" 하시면서 "정말 너희들이 나를 행복하게 만들어 주었기에 이제 내가 떠나도 슬프지 않으니 내가 간다고 슬퍼하지 마라" 하신다. 한 가지 유감이라 하시면서 당신께서 계속 돌봐주시지 못하고 "너희들만 남겨 두고 가는 것이…" 하시며 잠시 눈물을 흘리신다. 그리고 장례식의 순서와 식장의 장식까지 자세히 부탁하셨다.

어머님은 착하시고 깨끗하시고 한없이 부드러우신 아름다운 분이다. 어머님은 선친이 작고하신 후 혼신을 다해 고생하시면서 우리를 키우셨다. 우리 4남매 모두 성공하고 지금껏 행복하게 잘 살고 있고,

어머님의 손자, 손녀 그리고 증손들 모두 아름답고 훌륭한 자손들이다. 이룰 수 없는 유일한 소원인즉, 어머님이 지금 우리들의 모습을 와서 보신다면 얼마나 기뻐하실까? 우리를 보시고 활짝 그리고 자랑스럽게 웃으시는 어머님 얼굴을 보고 싶다.

"어머님! 우리들 키우시는 동안 손수 장사도 하시고 또 도와 달라고 고귀한 몸을 낮추시고 우리를 위해 혼신을 다하신 어머님. 우리 모두 어머니 사랑합니다. 모두가 어머님의 힘으로 오늘 여기 서 있습니다. 감사합니다."

제 비 꽃

어느 이른 봄날 어머니와 같이 아버님 산소 가는 길에서 나에게 이렇게 물으셨다. '너, 꽃 중에서 봄에 제일 일찍 피는 꽃이 무엇인지 아니?' 내가 무슨 대답을 했는지 기억은 없지만 어머님은 나의 대답을 들으시면서 길가에 피어 있는 작은 제비꽃을 가키시더니 '바이올렛(violet)'이라고 하셨다.

영국의 시인 롱펠로였던가? 어머님이 외우고 계신 〈바이올렛〉이라는 영시를 조용히 읊으시고 일찍이 봄을 알리듯 숨어서 피는 꽃이 바로 제비꽃이라고 일러 주신다. 시를 읊으시는 어머님은 세상 떠난 아버지 생각을 하고 계신 것이 분명했다.

몇 주 전. 우리 빌라 주차장 곁 건물과 콘크리트 바닥 사이 흙이 있는지 없는지 보이지도 않는 좁은 공간에 제비꽃이 피어 있었다. 정말 오랜만에 어머님 영상이 떠오르는데, 세상 떠나신 지 53년. '내가 죽으면 음악을 못 듣겠지? 음악이 없으면 어떻게 하지?' 하시던 말씀이 들리면서 어머님이 좋아 하시던 베토벤의 바이올린 소나타 〈봄(Spring)〉의 선율이 머릿속에 흐른다. 순간 나는 정말 어머님을 만난 것 같았다. 나의 몸이 한기로 바싹 죄이면서 등 뒤로 찬 물줄기가 주르르 흐르고…

봄이 왔는데 제비꽃도 보지 못하시고 음악도 듣지 못하신다는 생각에 내 마음은 슬펐지만 그렇게 사랑하시던 아버님과 함께 계시니 흡족하시겠지 스스로 위로하면서 숨을 크게 내쉬었다. 순간 내 머리가 맑아지는 것 같았고 살아 있다는 기쁨에서인지 혼자 미소 짓고 있었다. 나, 이럴 때 짓는 미소 알잖아. 따뜻한.

2009. 04.11

이 호 영

http:cafe.daum.net/Jamming/6QS/171

아내와의 만남

  한때 나는 '인복을 타고 나지는 않았구나'라고 생각했었다. 일찍이 부모를 잃고 형도 세상을 떠났기 때문이다. 하지만 세월이 좀 흐른 후 나의 일생에서 가장 큰 인복이 내게 왔는데, 그것이 바로 아내와의 만남이다. 사실 집사람을 알게 된 시점과 내가 집사람을 일생의 동반자로 삼겠다고 결심한 시점에는 상당한 차이가 있다. 처음 만난 이후 적지 않은 세월 동안 우리는 '선생과 제자' 사이였던 것이다.

  그 동안 나는 나름대로 짝이 될 사람을 찾아 다녔다. 의과대학 재학 시절에는 시간적 여유가 없어서 별다른 기회를 얻지 못했지만, 졸업반이 되어 좀 시간적 여유가 생긴 이후에는 아름답고 훌륭한 여성을 찾는 것이 아주 중요한 일로 생각되었다. 바쁜 인턴 시절에도 마찬가지였다.

  그 무렵 두 여성과 연이어 데이트를 하게 되었다. 나도 두 여성에게 매력을 느꼈고, 그쪽에서도 나에게 호감을 갖고 있는 듯해서 자주 만났다. 그러나 사귀는 중에 무언지 마음 한구석에 크게 주저되는 부분이 있었다. 내가 꿈을 이루기 위해 노력하는 데 있어서 함께 의기투합할 수 있는 사람이라는 느낌이 들지 않았고, 특히 한 사람은 오히려 내 삶을 다른 방향으로 끌고 가고 나의 삶의 목표까지 변화시키지 않을까 하는 걱정까지 들었다. 자랄 때의 문화적 배경이 다른 것이 주로 원인이었던 것 같기도 하고, 근본적으로 가치관이 달랐던 것 같기도 하다. 당시 나의 꿈은 어떻게 해서든지 미국에 건너가 선진 의술을 배우고 내가 첨단이 되는 것이었다. 자기중심적인 생각이고 허영에서 비롯된 생각일지 몰라도, 이런 야심찬 이야기를 했을 때 상대방과 공감으로 통하고 싶었고, '동반자'가 될 수 있는 전망을 같이 나눌 수 있기를 바랐다. 그런데 그것이 쉽지 않았다. 내가 외로웠기 때문에, 누군가 나를 지지해 주는 사람을 필요로 했기 때문에, 나의 큰 꿈을 이해해 주고 뒷받침해 주는 사람을 간절히 원했던 것 같다. 그런데 나의 꿈을 펼치는 이야기는 내 자랑으로만 들린 것 같았고, 이에 보조를 맞추려는 조짐은 전혀 보이지 않았다. 자신의 삶과 나의 꿈을 어떻게 조화시킬 수 있을지를 궁금해 하는 반응도 전혀 없었다. 두 여인 중의 한 사람은 나의 욕망에 대한 이야기를 오로지 침묵으로 대하기만 했다. 얼굴에는 감당하기 힘들어 하는 듯한 표정이 보였다.

결국 이 두 여인과는 각각 어느 정도 사귀다가 헤어졌다. 더 이상 관계를 지속하는 것은 불필요한 기대만 높일 수 있겠다는 생각을 했기 때문이다. 내가 제시한 헤어지자는 이유는 간단했고, 헤어짐 자체도 한마디로 끝나 비교적 간단했다. 그러나 분명 이 두 사람에게 내가

① 나를 환송하기위해 나온 당시 약혼자와 함께. 1961년 6월 도미 직전 반도호텔 앞에서.
② 미국에 도착한 당시의 약혼자, 나의 아내. 1961년 7월.

마음의 상처를 준 것은 사실이다. 지금의 젊은이들에게는 만나고 헤어지는 일이 다반사지만 그 당시에는 데이트라는 것이 현재 뿐만 아니라 어느 정도 미래를 기약하는 것이었다. 때문에 데이트를 하다가 한 쪽에서 거절하고 헤어진다는 것은 일종의 배반이었다. 아마도 그 두 사람은 나를 배반자라고 생각했을 것이고, 당시로서는 당연한 것이라고 생각한다.

내가 집사람을 처음 봤을 때 그녀는 경기여고를 다니고 있었다. 용모는 늘 단정했지만 교복을 입은 모습이 소녀 같았고 얼굴도 몸매도 왜소했기 때문에 잘 눈에 띄지 않았다. 한 가지 신기한 것은 집사람이 경기여고를 졸업하고 이화여자대학교 영문과에 입학한 후에 키가 갑자기 부쩍 자랐다는 점이다. 여고 시절의 교복을 벗고 자유로운 복장으로 갈아입자 몸매도 날씬해졌다. 얼굴 표정도 밝아지고 그야말로 매력 있는 여대생이 되었다. 친구였던 엄규백 군이 찍은 사진에 비친 집사람의 모습은 지금 보아도 참신하고 온화하고 여성답고 나무랄데가 없다. 그리고 그때 집사람은 아무하고도 두터운 교제를 하고 있지 않은 것으로 파악되었다.

첫 번째 데이트 신청은 쉽게 받아들여졌다. 하지만, 우리는 교회 주일학교의 선생과 제자사이어서 교회 일로 별도로 만나는 일이 종종 있었다. 내가 따로 만나자고 청했을 때 그 만남이 특별한 의미를 가진 '데이트'로 해석되지 않았을 가능성이 크다. 조심스럽게 몇 번 데이트를 신청했고, 계속 응하는 그녀의 태도를 보고 나는 조금씩 마음을 놓았다. 만날 때마다 너무나 자연스럽게 대해주니까 나도 모르게 매혹 속에 휘말려 들어갔다. 그렇게 순수하고 깨끗하고 아름다운 여인을 본 일이 없었다. 나는 마치 꿈속에서 사는 것 같이 행복했다. 조용히 나의 이야기를 들어주다가 가끔 던지는 그녀의 코멘트는, 그녀가 완전히 나와 같은 곳에서 같은 곳을 바라보고 있다는 느낌을 주었다. 그리고 자기가 나를 조용히 따르고 있다는 강력한 메시지를 던져 주었다. 이 비언어적인 합류(joining)에 나의 영혼은 완전히 사로잡혔고, 무언 중에 우리 사이엔 절대적인 신뢰가 맺어졌다. 그러고 보면 일생동안 지속한 상호간의 '절대 신뢰'는 처음부터 있었던 것이고, 언어로 소통되어 이해된 것이 아니라 처음부터 합류되어 하나가 된 결과였다.

어디선가 읽은 기억이 있는데 여성의 아름다움은 청결과 질서라고 하였다. 이 두 가지에 관한 한 집사람은 만점을 주고도 남는다. 집사람을 만난 후부터 나의 삶에 질서가 잡히기 시작했고 또 조직화되었다. 청결에서도 나는 엄청난 변화를 겪어 지금은 집사람보다 내가 더 청결해진 것 같다. 무엇보다도 나에게 새로운 경험이었던 것은, 그녀가 아무 말 없이 행동으로 보여주는 확실한 '지지'의 메시지였다. 내가 앞으로 이루고 싶은 꿈을 이야기하면, 집사람은 그 길을 같이 가는 데 필요한 자기 몫의 과제를 스스로 알아차리고 말없이 이를 추진하곤 했다. '당신은 당신이 가고 싶은 길을 소신껏 가면 된다'는 신호를 늘 내게 보내 주었던 것이다.

당시 외국에 유학을 가려면 우선 교육부 유학생 시험을 쳐서 합격

해야 했고, 그 다음에 외무부의 영어시험에도 합격해야 했다. 물론 나도 이 두 시험을 치러 합격을 했다. 탈락자가 제법 많은 어려운 시험들이었다. 이 시험을 다 치르고 미국의 펜실베이니아 대학교 의학대학원에 장학생으로 선발되어 출국하기까지의 과정은 결코 쉬운 것이 아니었다. 당시 정신없이 수속하는 데 몰입되어 집사람에게는 신경을 제대로 쓰지 못했다. 조만간 미국으로 유학을 떠날 것이니, '미국에서 만나자'는 말을 막연하게 했을 뿐이었다. 나는 앞길만 보고 달리기에 바빴던 것이다. 나는 마침내 워싱턴 DC에 도착을 했고, 외국인 유학생 오리엔테이션에 참가를 했다. 당시 내 주머니에는 24달러가 있었다.

미국에 도착한 지 2주째 되던 날, 기숙사에 있던 내게 '누군가 손님이 찾아왔다'는 기별이 왔다. 찾아올 사람이 없는데, 누가 온 것인지 궁금했다. 현관으로 나간 나는 거의 기절할 정도로 놀랐다. 꿈을 꾸고 있는 것이 아닌가 싶을 정도였다. 집사람이 거기 서 있었기 때문이다. 아무 말 없이 시험을 치고 수속을 하면서, 나와 동시에 미국에 유학 올 수 있도록 준비한 것이었다. 자기도 미국으로 유학을 가겠다는 이야기는 했었지만, 구체적인 준비를 서둘러 하고 있는지는 꿈에도 몰랐다.

하긴 사랑은 행동이고 실천이지, 말로 하는 것이 아니다. 결혼하기 전, 잘 보이려고 내가 사랑한다는 말을 수없이 했을 것이 뻔하다. 하지만 집사람은 일절 그런 표현이 없었다. 그러나 나를 언제나 그리고 어디로든지 무조건 따라왔다. 이런 모든 행동들이 그 진심을 전해 주었다. 내가 군에 입대하여 철원 근처에서 복무하고 있었을 때다. 철원은 인가도 적고 벌거벗은 산들이 첩첩이고, 철원 평야는 짐승도 없는 삭막한 들판이었다. 우리가 살았던 막사는 오두막집들로 초라하기 짝이 없었다. 먼지 나는 신작로는 어쩌다 군용차나 버스가 지날 뿐, 인적이 드물었다. 전기도 없고 문명과 격리된 이곳에서의 생활은 따분하기 짝이 없었다. 일과가 끝난 저녁에는 동네에 나가 술판을 벌이거나 화투를 치는 것이 일상이었다.

그러던 어느 날, 나에게 소포 하나가 배달되었다. 나는 당시 그곳까지 우편물이 올 수 있다는 사실조차 몰랐다. 나만 아니라 거기 있던 모든 장병들도 마찬가지였다. 그때는 휴전 직후였다.

소포를 열어 보니 무언가가 젖은 솜과 기름종이로 겹겹이 싸여 있었다. 그것들을 다 풀고 난 후 나타난 것은, 빨간 카네이션! 싱싱한 생화였다. 그 당시는 꽃이 무척 귀해서, 장미는 아예 구경하기도 어려웠고, 카네이션의 경우에도 명동의 화원에나 가야만 구경할 수 있던 시절이다. 생화를 죽지 않게 정성껏 포장하여, 철원에 주둔한 '수도사단 의무중대 이호영 중위' 앞으로 집사람이 소포를 보낸 것이다. 이 꽃을 본 동료 군의관들이나 사병들은 잠시 숨을 죽이고 아무런 소리를 내지 않았다. 너무나 진기한 물건을, 너무나 의외의 장소에서 보았기 때문이다. 이 카네이션 이야기는 세월이 많이 흐른 후에도 당시 같이 근무했던 군의관들이 회상하고 있는 것이다. 전쟁 직후 삭막하기 짝이 없었던 우리의 삶에도 사랑이 있었다는 사실을 알려준 값진 선물로 기억한다. 이렇게 집사람은 묵묵히 사랑을 행동으로 실천한다. 결혼을 한 후에도 집사람은 내가 하자는 대로 아무 말 없이 따랐고, 자기의 의욕은 숨기거나 억누르며 살았다. 그가 미국으로 유학을 떠날 당시, 어머님이 병환으로 누워 계셨다. 장모님은 딸을 자신보다 더 사랑한 분이다. 집사람이 미국에 가려는 의도라든가 심정을 충분히 이해하셨고, 집사람이 미국으로 떠나면 마지막이 될지도 모르는, 아니 마지막이 될 것이 거의 확실한 그 작별을, 전혀 주저하는 내색 없이 당당하게 맞이하셨다. '내 걱정 말고 어서 가라.'

이것은 나와의 결혼을 위한 장모님의 사랑과 축복이고 당신의 딸의 앞날을 위해 자신을 희생하신 어머니의 위대한 사랑이다. 나는 어머님을 일찍 여의었고, 그래서 장성한 나의 모습을 보여드리지 못하고 효자 노릇도 못한 한이 있다. 거기에 더해, 우리의 결혼을 가능케 해 주신 사랑의 장모님께 사위의 절도 못 드리고 효자 노릇도 못해 드린 것도 한으로 남아 있다. 우리 결혼식에 두 어머님이 참석하셨으면 얼마나 기뻐하셨을까? 내가 아주대학교 총장에 취임하던 날, 학교에서 집사람을 초대하여 취임식장 단상에 둘이 나란히 앉게 되었다. 집사람은 충분히 그 자리에 앉을 자격이 있다. 내가 그 자리에 설 수 있었던 것은 평생 아내의 한결같은 지지가 있었기 때문이다. 그리고 나의 장모님이 희생하시며 따님을 내게 보내 주신 덕이다. 장모님도 내 아내같이 실천과 행동으로 마음을 전하는 분임에 틀림없다.

결혼 후 집사람은 내가 선택하는 길을 묵묵히 따라주었다. 한국에서 딸아이 낳고 난 후 집사람은 많은 고생을 했다. 잘 참고 늘 최선을 다했으며, 미국에 이민을 가서 여러 곳을 떠돌아다니는 신세였을 때도 한마디 불평이 없었다. 늘 자신이 해야 할 일을 찾아 기어코 성취하곤 했다. 특히 딸아이 그레이스를 잘 키워서 우수한 학교에 입학하여 첨단의 교육을 받고 훌륭한 의사가 되고 유전의학자로 만든 데에는 집사람의 공적이 크다.

집사람은 경이로운 기억력과 예리한 지각과 판단을 가진 재원으로 어떤 면에서나 지적으로 나보다 우수하다. 영어구사 능력도 탁월하다. 미국에서 어디서 근무하건 그의 실적은 늘 주위 사람들을 놀라게 했다. 그러나 집사람은 나의 길을 늘 우선으로 잡고 자신의 능력과 지식과 발전의 기회를 뒷전에 미루었다. 그래서 내가 집사람에게 진 빚이 많다. 갱년기를 지나서는 생물학적인 호르몬 균형의 변화로 인격의 반전이 있어 지금은 말도 많고 불평도 하고 소신과 의견이 뚜렷하고 나의 삶까지도 조정하려는 강력한 성격으로 변했지만(!), 이런 특징이 일찍이 나타나지 않은 것이 나에게는 얼마나 다행인지 모른다. 나는 역시 인복이 있다.

나를 사랑해 주신 분들

한신 장군

고등학교 다닐 때도 앞으로 해외로 나가 한국에 없는 새로운 것을 배우고 싶은 꿈이 있었다. 의과대학에 다니던 시절에 당시 미국에 가서 의학 공부를 하고 귀국해 학교에서 교편을 잡고 계신 교수님들이 새롭고 정리된 의학 지식을 가르쳐 주실 때 나도 그분들같이 되고 싶었다. 그중에서도 제일 돋보였던 분이 당시 내과 교수였던 고 서석조 교수다. 서 교수님의 신경학 강의는 나의 혼을 완전히 사로잡았다. 일본 교과서를 옮겨 강의하시던 교수님과는 딴판일뿐더러 신경 해부와 생리와 신경질환이 유기적으로 연결된 입체적인 강의에 완전히 매혹되어 미국에 가서 공부를 해야겠다는 마음은 더욱 굳어졌다. 그리고 직설적이고 남자다운 전형적인 경상도 사나이 서석조 교수의 인품에도 이끌려 졸업 후 인턴을 마치고는 내과 전공의를 지원했고 소원한

① 철원 수도사단 의무 중대 막사.   ② 철원 수도사단 근무당시.   ③ 한신장군으로부터 받은 공로 표창장.   ④ 수도사단에서 함께 근무한 김종환중위(서울의대)와 함께.   ⑤ 철원 수도사단 근무 당시.

대로 서석조 교수님 밑에서 약 1년 전공의 수련을 받았다. 이 행운은 오래 지속되지 않았고 갑자기 군의관으로 소집되어 일단 훈련을 받고 나면 교육 요원으로 학교에 복귀시켜 준다는 약속을 받고 마산 육군 군의학교에 입대했다. 훈련을 마치고 육군 중위로 임관되자 모교에 복귀시킨다는 국방부의 약속은 언제 누가 그랬냐는 식이 되고 그날부터 전형적인 군대 생활이 시작되었다.

군에 복무하기 시작한 후 나는 군에서 베푸는 특수 교육이나 혜택을 피하고 순수한 야전 복무만을 추구했는데, 그것은 의무연한을 채우고 법에 의해 유학 목적 제대를 할 생각이었기 때문이다. 임관하자 당시 군의 귀감으로 존경받던 한신 장군 휘하 철원의 수도사단 군의관으로 배치 받았다. 만 2년 동안 나는 일선에서 한신 장군을 모셨다. 철저하고 모범적인 근무로 결국 인정받아 한신 장군으로부터 표창도 받았다. 나를 부하로 무척 아껴 주신 한신 장군은 만 2년이 지나자 나를 부르시고 나의 꿈이 무어냐고 물으셨다. 솔직하게 공부하고 싶은 나의 계획을 말씀드리니까 지금 당장 내가 바라는 것이 무엇이냐고 물으셨다. 후방에 가서 가족도 돌보고 미국 가는 준비도 하고 싶다고 했더니 나보고 왜 그렇게 추진하지 않느냐고 되물으신다. 당시 후방에 배속을 받는 것은 좋은 권력의 배경이 없는 한 불가능했다. 나는 솔직하게 "빽이 없어서 못 가죠"라고 대답했다. 한신 장군은 이 말을 들으시고 나를 크게 나무라셨다. "빽? 빽이 뭐야? 빽이 그리 중요하다면 이 중위 빽이 뭐야? 누가 이 중위 빽인가? 나야. 내가 이 중위 빽 아닌가?" 하고 호통을 치셨는데, 거기엔 내가 처음 느낀 윗사람의 부하에 대한 사랑이 있었다. 전혀 기대하지 않았는데 얼마 안 있어 후방으로 발령이 났다. 그것도 서울의 육군군수학교로 발령이 났다. 확인은 안 해 봤지만 나는 이 전근은 한신 장군이 주선해 주신 것으로 믿고 있다. 후에 제대한 후 당시 내무장관이시던 한신 장군에게 미국 간다는 인사를 드리러 방문한 적이 있었다. 나를 보고 무척이나 반가워하시면서 그렇지 않아도 나를 찾으셨다고 한다. 나의 도미 예정을 들으시고는 "이 중위, 여기 남아서 나와 같이 일할 수 없나?" 하셨다. 고마운 청이었으나 이유를 들어 이를 거절하고, 장군님도 나를 더 말리지 않으셨다. 이것이 그분과의 마지막 대면이었다. 1967년 봄이었다고 기억한다. 한신 장군은 나를 특별한 부하로 사랑하셨다. 그리고 지금도 나는 그분의 부하임을 자랑스럽게 생각한다. 내가 평생 잊을 수 없는 분이다.

신성모 숙부님

서울에서 근무하는 동안 나는 지금의 아내인 김현기를 사랑하게 되고 우리의 관계는 맹렬한 연애로 발전되었다. 당시 아주머니(김영의 전 이화여자대학교 재단 이사장. 어머님의 육촌 동생)가 우리 집 근처에 살고 계셔서 자주 그 댁을 찾아 다녔다. 아주머님은 국방장관과 국무총리를 지내신 신성모 씨와 결혼하셔서 그분이 아저씨뻘이었지만 어려워서 직접 아저씨라고 부르지는 못했다. 그러나 이분은 우리 조카들이 찾아가면 그렇게 좋아하실 수가 없었다. 군복 입고 내가 찾아가면 안방에 부르시고 장시간 당신이 지켜 오신 도덕적 수칙이나 세상사에 관한 깊고 넓은 지혜를 말씀해 주신다. 아저씨의 말씀을 듣는 것은 경이로운 일이었고 말씀마다 나의 마음을 크게 흔들었다. 나는 그분을 통해 '어른'이란 무엇을 뜻하고 어떻게 행동하는 것이 어른다운 것인지를 배웠다. 그분은 영국에서 반생을 보내시고 큰 상선의 선장으로 거친 선원들을 다스리고 조종하시던 분으로, 2차 대전 당시 독일의 잠수함을 피해 대서양을 통해 군수물자를 성공적으로 수송한 유명한 '캡틴 신' 그분이시다. 그분에게서 어른의 리더십과 영국의 신사도를 배웠다는 것은 영광스러운 일이다. 특히 리더나 권위를 가진 사람이 옷차림에 대해 얼마나 철저해야 하는지 또 어때야 하는지를 가르쳐 주셨다. 의사도 권위자로서의 드레스 코드가 있다고 하시면서 전문가의 정장이 어때야 하는지 자세히 설명해 주셨다. 신사로서의 외모도 가르쳐 주셨지만 신사의 관대한 마음과 정의에 대한 예민성 등이 갖추어져야 진정한 신사라고 강조하셨다. 그리고 어른으로서 남자로서 어떻게 행동해야 하는지를 몸소 보여 주셨다.

나의 장인께서는 종로에서 장사하셔서 성공하신 전형적인 서울 토박이 양반이시다. 집사람이 나와 사귄다는 말을 들으시고 집사람의 작은아버지 되시는 김사일 박사에게 나의 선친에 관해 물어보셨다. 김사일 박사는 선친보다 세브란스의전 두 해 후배인 내과 의사다. 처의 작은아버지를 통해 나의 선친이 이북 평안도 출신임을 장인께서 알게 되었다. 당시 서울 양반들은 지방 사람들에게 무척 배타적이었고 이북 출신에 대한 편견도 있었다. 나의 부모님이 이미 작고하셔서 내가 고아였던 사실도 문제가 되었겠지만 나의 아버님이 이북 사람이란 말을 들으시고 집사람이 나와 교제하는 것을 반대하신 모양이다. 집사람은 전혀 그런 내색을 하지 않았는데 어느 경로였는지는 기억에 없지만 장인어른이 내가 이북 사람이라는 이유로 거부하신다는 말을 들었다. 재산이라고는 무일푼인데다가 군복을 입고 있던 신세라 열등감에 차 있었는데 장인이 반대한다는 말을 듣고 마음이 몹시 상했다. 어느 날 아주머니 집에 들렀는데 아저씨께서 나를 보시고 안방에 들어오라 하시더니 나의 애정 관계가 잘 진행되고 있느냐고 재미 삼아 물으셨다. 아저씨께서는 우리의 관계를 알고 계셨고 우리들의 관계에 대해 늘 궁금해 하셨다. 이야기가 자연스럽게 장인이 우리의 관계에 반대하신다는 나의 고민으로 이어졌다. 아저씨는 표정 하나 변하지 않으시고 나의 이야기를 들으시더니 "그래, 네 애인은 무어라고 하느냐?"고 물으셨다. 집사람은 내가 그런 사실을 아는지도 잘 모르고 전과 다름없이 나를 만나고 변함이 없다고 말씀드리니까 "네 애인은 너를 변함없이 사랑하는 거지?" 하고 물으셨다. 영국에서 사시던 분이라 늘 단도직입적으로 솔직한 질문과 표현을 하시는 분이다. 나는 주저 없이 "네, 그렇습니다"라고 대답했다.

"너, 절대로 너의 애인에게는 언짢은 내색을 하면 안 된다. 분명

아버지가 그러신다는 것을 알면서도 변함없이 너를 만나고 있지 않니. 그것이 중요한 거다. 절대로 너는 실망하는 기색을 그에게 보여서는 안 된다. 남자는 여자를 보호할 줄 알아야 한다. 네가 혹시 어려운 처지에 있을지라도 너를 사랑하는 너의 애인은 항상 네가 보호해 주어야 한다. 이것이 너의 의무다. 이런 일로 남자가 여자에게 실망한 기색을 보이거나 짜증을 부리는 따위는 남자가 할 짓이 아니다. 너의 애인이 얼마나 기특하니. 잘 돌봐 주고 절대로 아무런 내색을 하지 마라.”

이 일이 있은 지 몇 주 후에 아주머니 집에 들렀더니 아저씨가 보자고 하신다. “그 너의 장인 될 사람 내가 만나 봤다. 이것은 어른과 어른이 할 이야기이기 때문에 그분을 내가 만나자고 해서 만났다. 그 집에서 반대하신다는 말을 듣고 찾아왔다고 말씀드리고 우선 호영이를 잘 아시냐고 물어보았다. 잘 모르신다고 해서 내가 좀 설명을 했다. 우선 네가 세종대왕 여덟 번째 아들 영응대군의 자손이고, 어른은 일찍 세상 떠나셨지만 장안의 명의였으며, 집안으로 따져서 이씨 집안은 김씨 집안과는 격이 다르다는 사실을 내가 말했다. 그리고 호영이를 보지도 않고 무턱대고 이북 사람이라고 평가절하 하느냐고 야단 좀 치고 왔다” 하신다. 아저씨와 장인의 대면이 실지로 어떠했는지 알 길도 없고 또 어떻게 헤어지셨는지 알 수도 없다. 그러나 나의 배경과 우리 집안이 당당히 살아 있다는 메시지는 분명히 전하신 것 같다. 그 후에는 처갓집에서 아무런 부정적인 반응이 없었고 장인어른도 후에 나를 무척 자랑스럽게 생각하시는 것 같았다.

아저씨께 진심으로 고마웠던 것은 나의 고민을 들으시고 공감하시면서 집안의 어른으로 당신이 해결해야 할 문제가 있다는 책임감을 느끼시고 장인어른을 직접 만나셔서 나를 지지하고 대변해 주신 사실이다. 어른의 자세와 또 그 역할을 책임지시는 당당한 모습을 보고 '아, 이것이 진정 어른 됨이구나' 생각했다. 자식이나 아랫사람에게 권위를 부리는 것이 아니라 어른의 책임을 찾아 문제를 풀기 위해 몸소 행동하신 것이다. 조카의 억울해하는 이야기를 들으시고 또 한편 나의 집사람을 생각하시고 "네가 남자니까 너의 애인을 반드시 보호해야 한다"라는 말씀, "남자는 절대로 여자에게 짜증을 내는 것이 아니다"라는 권면, 오늘날까지 나는 이 말씀을 잊지 않는다. 비록 나의 아버님은 일찍 작고하셔서 안 계셨지만 대신 훌륭하게 나의 아버지 역할을 해 주신 아저씨 같은 분이 있어 나는 축복을 받았다고 생각한다.

4·19가 일어나고 장면 정권이 들어서면서 그동안 공산당으로 몰려 박해받았던 혁신 진보계 인사들이 감옥에서 풀려나고 또 등용되어 정부 요직에 진출했다. 아저씨가 한번은 나를 부르시더니 세상이 잘못 바뀌어 지금 판치는 사람들은 다 좌익 사상을 가진 사람들이고, 그들이 아저씨를 반드시 없애려고 할 거라고 말씀하셨다. 내막을 모르는 입장에서 누가 외숙부를 없애려고 하는지 그 이유를 알 수 없었다. 그때 아저씨가 거명하신 좌익 인사들의 이름을 지금도 나는 기억한다. 한번은 아주머니가 아저씨가 잠을 못 주무신다며 수면제를 구할

수 없느냐고 내게 부탁하셨다. 급히 부대에 들어가 수면제 열 알을 구해 드린 기억이 난다. 얼마 후에는 아주머니께서 수면제를 얼마나 먹어야 치사량이 되느냐고 물어보시면서 엉뚱하게 수면제 한 병(100정)을 구할 수 없느냐고 물으셨다. 나는 별다른 생각 없이 수면제 한 병을 구해 드렸다. 그 후에 얼마간 찾아뵙지 못하고 있었는데 갑자기 아저씨가 뇌졸중으로 쓰러지셔서 이화여대부속병원에 입원하셨다는 통지를 받았다. 그리고 얼마 안 있다가 아저씨는 작고하셨다. 내 편이 되어 주시던 유일한 어른인 아저씨도 나와의 관계가 맺어진 지 얼마 안 되어 세상을 떠나셨다. "너는 왜 아비 복이 없니?"하시던 김명선 성생의 말씀이 생각난다.

후에 집사람이 미국에 와서 공부하고 있을 무렵 장인 장모께서는 우리의 관계가 결혼으로 진행되지 않는 데 대해 오히려 궁금해 하셨다. 내가 도미한 후 집사람이 미국 가는 수속을 할 때 미국에 가면 그곳에서 결혼을 하게 될 것으로 짐작하신 것 같았고 수속하는 데 크게 반대하지 않으셨다. 어머님이 병환으로 고생하시는데 집사람이 한국을 떠나 미국에 유학 오는 것이 가능했던 것은 전적으로 나의 장모님의 집사람에 대한 지극한 사랑 덕분이었다. 우리 두 사람은 이미 결혼 승낙이 난 것으로 믿었고 초기에 나에 대해서 반대하셨다는 이야기는 없었던 것으로 일단락되었다. 한번은 미국서 구하기 힘든 한지를 구해 풀로 하나하나 이어서 긴 편지 서장을 만들어 굵은 펜글씨로 '악부님 전 상서(岳父님前上書)'로 시작하는 글월을 써서 등기로 한국에 보냈다. 내용은 철저하게 예의를 갖추면서 나의 문안 인사, 나에 대한 소개, 그리고 집사람의 근황 등을 자세히 쓰고 우리의 결혼을 승낙해 주실 것을 간청하는 것이었다. 후에 전해 들은 말로는 장인께서 이 편지를 받으시고 이 시대에 이런 글을 어른에게 올리는 젊은이가 있다고 기뻐하시면서 여기저기 돌아다니시면서 친구분들에게 보이고 자랑하셨다고 한다. 철저한 유교 사상의 대표적인 인사로 예의범절에 엄하신 장인어른에게 인정을 받으려던 나의 의도가 적중한 셈이다. 어쨌든 장인어른이 사윗감을 널리 자랑하고 다니셨다는 사실은 흐뭇한 이야기다. 불행히 장인어른도 장모님도 우리가 결혼식 올리기 전에 세상을 떠나셨다. 우리는 양쪽 부모님이 안 계시는, 그야말로 고아끼리의 결혼식을 그것도 이국 땅에서 올렸다. "너는 왜 아비 복이 없니?" 하신 김명선 선생의 말씀이 또 한 번 적중한 셈이다.

김명선 박사

　세브란스의과대학을 졸업한 사람이면 김명선 박사를 모르는 사람이 없다. 일생 세브란스의과대학을 위해 헌신하신 선생님은 많은 학생들 그리고 졸업생들의 은인이다. 그분의 독특한 개인에 대한 편견 때문에 특별히 잘 돌봐 주신 학생들이 있는가 하면 반대로 잘 못 보여 훈련을 받은 학생도 있고 전혀 관심 밖의 학생들도 있었다. 나는 전자에 속했고 그것도 선생님의 끔찍한 사랑을 받은 제자다. 물론 선친과의 친분이 있었고 또 선친께서 일찍 작고하셨기 때문에 나를 특별히 잘 보살펴 주신 면도 있다. 그러나 김명선 선생이 나를 특별히 사랑하신 이유는 다름 아니라 나를 퍽 좋아하셨기 때문이라고 믿는다. 언젠가 사모님이 살아 계실 때 나를 보시고 "얘, 선생님은 너를 아들같이 사랑하신다"고 말씀하신 일이 있다. 학장으로 계실 때 나는 선생님 방에 자주 들러 이것저것 심부름도 했고, 그분은 재학 시절 나의 등록금을 비롯해 골고루 살펴 주셨다. 한번은 미국에 사는 미국인 의사 친구 분을 나와 연결시켜서 그분은 나를 양자로 삼겠다는 약속까지 하셨다. 밴 미터 박사(Dr. Van Meter)라는 분으로 내가 서툰 영어로 서신을 올리면 그분은 무척 기뻐하셨다. 나의 등록금도 대 주시고 졸업하면 미국에 오게 하신다는 약속과 더불어 나 같은 아들이 생겨 행복하다는 말씀도 전하셨다. 쓰시던 의료 기기 그리고 입으시던 옷들도 보내 주셨다. 불행히도 두 학기 등록금을 내 주시고는 나의 양부가 되실 예정이던 밴 미터 박사는 갑자기 작고하셨다. 김명선 선생이 미망인에게 편지로 안부를 물으셨는데 아무런 답변이 없자 아무래도 부인께서는 나를 돌보실 생각이 없는 것 같다고 하시면서 내게 "너는 아비 복이 없다"고 탄식하셨다.

그 후에도 학기 초가 되면 어떻게 해서든 나의 학비를 마련해 주셨다. 한번은 돈 나올 곳이 없어 등록이 지연되어 정학 처분을 받았다. 학장선생님이 불러서 학장실에 갔더니 나의 등록금이라 하시고 돈이 들어 있는 봉투를 주신다. 그 자리에 학생과장이시던 이우주 선생님

① 1956년 3월 31일 졸업식때 선친의 친구이셨던 김명선 박사(좌), 최재유박사(우)와 함께.
② 1969년 2월. 미국 출국직전 환송 나오신 고 김명선박사.

이 계셨는데 "선생님, 그러시면 안 됩니다"라고 되풀이 말하시는 것을 들었다. 김명선 선생님이 월급을 가불받으셔서 나의 등록금을 마련하신 정황을 짐작할 수 있었다. 돈 봉투를 주시고 나에게 내일부터 학교를 나오라고 당부하셨다. 후에 선생님 방에 들르니까 "네 등록금 낸 것 내가 딴 데서 받았다"고 하셨다. 진위는 알 수 없으나 내 마음의 부담을 덜기 위해 하시는 말씀으로 알아들었다. 내가 학교를 졸업한 후 다른 동창들에게서도 비슷한 이야기를 들었다. 김명선 선생님이 당신의 월급을 가불받아 학비 조달이 어려웠던 학생을 도우신 일은 나 말고도 여러 번 있었던 것 같다. 그분은 신앙이 돈독하신 분으로 널리 알려져 있지만 실제로 사랑을 실천하고 사신 분이다.

　　선생님 살아생전 내가 받은 사랑과 도움에 보답해 드린 일은 없다. 광혜장학금이나 기타 개별적으로 어려운 학생 학비를 도와준 예는 있지만 이것은 동창으로 당연히 할 수 있는 일이다. 내가 선생님께 해 드린 일로 한 가지 생각나는 것이 있다. 우리가 졸업한 해(1956년)는 연희대학교와 세브란스의과대학이 합병한 해였고, 공식적으로 이사회에서 합병을 결의했으나 세브란스 동창회가 합병에 맹렬히 반대하고 있었는데 우리의 졸업식은 두 학교가 합치기로 결정한 후였다. 3월 31일에 세브란스의과대학 졸업식은 서울역 앞 교사에서 별도로 거행되었다. 졸업식이 열리기 전에 동창회에서 졸업반인 우리를 초청해 두 학교 합병에 대한 동창회의 공식 입장을 알려 주고 졸업반 학생들도 합병에 반대하는 뜻에 동참해 주기를 부탁했다. 그리고 우리들이 받는 졸업장이 연세대학교 명의인 경우 졸업식장에서 우리가 이것을 찢어 버리기로 합의했다. 나는 이 동창회와의 합의 사항을 밤늦게 학장님을 찾아가 말씀드렸다. 어떻게 보면 이것은 일종의 배반이지만 나는 개인적으로 두 학교가 합병해 종합대학교가 되는데 대해 찬성하는 의견을 지상에 발표한 바 있어 이미 찬성하는 학생으로 알려져 있었다.

졸업식 전에 우리 반에서 수석으로 졸업하는 윤세옥 군이 찾아와 당시 동창회 측의 전략으로 우리 반의 채현철 군이 졸업생 대표로 답사를 읽게 된 사실을 알려 주었다. 당연히 윤세옥 군이 답사를 읽게 되어 있었는데 채현철 군이 찾아와 동창회의 지시라고 자기가 하겠다고 양보해 달라고 했다는 것이다. 채현철 군이 무슨 내용으로 답사를 할 것인지도 짐작이 가는 것이었다. 그러나 윤세옥 군으로서도 수석 졸업자의 졸업식 답사라는 일생 한 번의 영광을 누구에게 양보할 수는 없는 일이었다. 윤세옥 군은 나에게 졸업식 답사를 써 달라는 부탁을 했다. 내가 답장 내용을 어떻게 썼는지는 전혀 기억에 없다. 그러나 졸업식 날 식순대로 답사 차례가 되자 윤세옥 군이 호명되고 아무런 동요나 변동 없이 윤세옥 군이 답사를 읽었다. 졸업장을 받고 보니 세브란스의과대학 명의로 되어 있어 크게 한숨 돌렸다. 졸업식 날은 엄연히 합병 후이기 때문에 당연히 연세대학교 명의로 발부되는 것이 상식이다. 어쨌든 말썽이 될 수 있는 불씨는 없었기 때문에 졸업식은 무난히 끝났는데 내가 일러바친 일이 김명선 선생님이나 모교를 위해 좋은 일이 되어 다행스럽다.

졸업한 후 내가 군에 있을 때 서울로 휴가 나오면 선생님 댁에 인사를 드리러 방문하곤 했다. 또 내가 나가는 정동제일교회에 일요예배 때 오셔서 같이 예배드린 일도 있다. 선생님은 나와 내 동생들의 근황을 늘 물어보시고 우리가 사고 없이 성장하는 것을 보고 기뻐하셨다. 언젠가 나보고 하신 말씀이 기억난다. "너희들이 지금 다 훌륭하고 또 건강히 살아 있다는 것이 바로 하나님이 계시다는 증거다." 도저히 잊을 수 없는 말씀이다. 우리 집안의 내력을 잘 아시는 선생님은 우리 형제들이 많은 이들의 사랑에 의해 생존한 사실을 아신다. 그리고 김명선 선생이 특별히 나에게 베푸신 그 사랑이 곧 하나님이다.

이우주 선생과 양재모 선생

이우주 선생님은 내가 학생 시절 약리학을 가르치신 은사다. 그러나 선생님이 개별적으로 직접 도움을 주신 것은 1967년 내가 미국에서 연수를 마치고 한국에 돌아왔을 때였다. 1961년 미국으로 연수를 떠나기 전에 모교 세브란스병원 정신과 김채원 선생 밑에서 약 6개월 교실 생활을 했다. 내가 미국 연수를 가는 것을 적극 권장하신 김채원 교수는 떠나기 전에 나에게 신경학을 공부할 것을 권하셨다. 당시는 정신과와 신경과가 분화되기 전이라 이 분야를 공부하고 오는 것이 학교를 위하는 것이라는 명분도 있었다. 미국에서 정신과 전공의 수련을 마칠 무렵 김채원 선생은 내가 귀국할 것을 종용하셨다. 학교에 가르치는 교수층의 빈곤으로 어려울 때라 충분히 이해할 수 있는 부분이다. 나의 개인적 욕망으로는 당시 한국 사람으로 미국의 정신과 전문의 보드를 취득한 사람이 없었던 때라 내가 처음으로 미국 전문의 보드에 합격해 자격을 얻어 돌아오고 싶었다. 전공의 수련이 끝난 후 3년 체류를 연장하고 케이스 웨스턴 리저브 대학교 의대 정신과 교실에서 연구 펠로로 있으면서 전문의 보드 시험 준비를 하고 시험을 쳐서 합격 통지를 받았다. 그래서 나는 귀국할 예정이었고 으레 모교에서는 나를 받아 줄 것을 의심하지 않았다. 내가 귀국할 준비를 다 하고 떠나기 전 연말에 김채원 교수가 크리스마스카드를 보내셨는데 의외로 봉투 속에는 학교 사정으로 나를 전임교수로 받아 줄 수 없다는 쪽지가 들어 있었다. 갑자기 암담한 생각이 들었다. 그러나 어차피 계획한 것이라 귀국길에 올랐는데 막상 한국에 도착하니까 일자리가 없었다. 김채원 교수는 냉정하게 나에게 전임 자리를 거부했다.

먼 옛날의 이야기지만 한때 세브란스의 정신과 과장을 하시던 이중철 교수의 아들이고 모교의 동창이며 미국 대학병원에서 수련을 받고 미국 정신과 전문의 보드를 따고 귀국한 사람을 안 받았다는 사실을 놓고 학교 내외에서 물의가 일었고, 여러분이 격분도 하시고 나를 위로해 주셨다. 김명선 선생은 무조건 나보고 기다려 보라고 권하셨다. 학교에 내가 들어갈 자리가 없다는 김채원 교수의 구실은 전혀 근거가 없었다. 그러나 교실원의 임명은 엄연히 주임교수의 권한이라 누구도 반론을 제기할 수 없었다.

이때 적극적으로 그리고 구체적으로 나를 도와주신 분이 바로 이우주 교수님이다. 세브란스에 도저히 이런 일은 있을 수 없다고 흥분하시면서 내가 모교에 교수로 들어갈 수 있는 길을 찾으셨다. 급기야는 나보고 약리학 교실에 들어와 정신약물학을 담당하라고 제의하셨다. 이 교수님의 제의는 나에게 큰 고민거리였다. 정신분석 이론을 배운 나의 훈련 배경과도 맞지 않을뿐더러 김채원 선생이 주임교수로 계시는 한 앞으로도 내가 정신과에 들어갈 수 있는 확률은 전혀 없었기 때문이다. 그리고 환자를 보지 못한다는 것이 제일 마음에 걸렸다. 물론 내가 모교의 교직을 갖는다는 꿈은 이루어지겠지만 내가 또 다른 분야의 공부를 다시 시작한다는 것은 상상할 수 없었다. 그러던 차에 세브란스에서 나의 교수직 채용이 좌절됐다는 소식을 들으신 최재유 선생께서 당시 서울대학교 의과대학 신경정신과 주임교수였던 남명석 박사와 나를 다른 곳에 취직시키는 일을 의논하신 것 같다. 남명석 선생은 선친의 제자이고, 어린 시절 우리 집에서 동거하셨던 연유로 내가 늘 아저씨로 불렀던 분이다. 남 교수님이 나를 보자고 하셔서 만나 뵈었더니 최재유 선생과 말씀이 있었다고 하시면서 이화여자대학교 의과대학에 정신과가 아직 없는데 그 과를 신설하면서 교수로 가지 않겠느냐고 제의하셨다. 당시의 심정으로는 세브란스에 정이 떨어졌던 터라 웃어른들의 배려에 감사드리고 이화여대에 가는 것을 수락했다. 수락을 했다는 말씀을 들으시고 김명선 선생은 처음으로 나의 경솔함을 꾸짖으셨다. "너를 생각하고 너를 걱정해 주는 분들이 있고 그래서 결국은 네 문제가 해결이 될 텐데, 이제 딴 데 간다고 다른

① 이대 부속병원(동대문) 앞에서 당시 정신과 전공의 1, 2년차와 함께. ② 이화여대 정신과장 재직 시절 정신과 교실 앞에서. ③ 이화여대 교수재임시절 학생들과 수학여행지에서.

분들과 약조를 한 것은 네가 생각이 모자라서다. 이제는 하는 수 없지." 몹시 실망하신 선생님 얼굴이 지금도 눈에 선하다. 이우주 선생님은 나의 간곡한 거절의 사유를 들으시고 약리학 교실에서 정신약리학을 담당한다는 것이 무리인 점을 인정하셨다. 한참 묵묵히 숙고하시다가 "그래, 이화에 가서 잘 해 봐" 하시며 통쾌히 나를 밀어 주셨다.

1967년 선생님과 이런 관계가 있은 후 나는 다시 도미했다. 이우주 선생과는 편지로 늘 안부를 전해 드렸고 서울에 올 때는 반드시 찾아뵙는 것으로 그분의 은혜를 잊지 않았다.

1982년에 뜻하지 않게 모교인 세브란스와 나 사이에 바람직하지 않은 불상사가 생긴다. 그해에 미국한인의사협회 회장을 현봉학 박사님이 맡으셨고 나는 협회 학술위원장으로 회장님을 보좌했다. 그리고 한미연합학술대회가 격년으로 열렸는데, 그해는 한국이 주최하고 미국에 있는 한국인 의사들이 서울을 방문하는 해였다. 한국의사협회 회장은 문태준 선생이었고 세브란스의 홍사석 교수가 학술이사로 계셨다. 나는 미국에 있는 한인 의사들이 발표할 논문을 수집해 한국 측에 보내고 만반 준비를 갖춘 뒤 일행과 같이 서울에 도착했다. 당시 양측의 양해 사항으로 방문하는 쪽에서 준비한 논문은 모두 소속된 분과 학회에서 발표 기회를 준다는 합의가 있었다. 서울에 도착해서 행사 진행을 준비하는 동안 홍사석 학술이사께서 저녁에 만나서 이야기 좀 하자는 제의를 받았다. 홍 선생은 전부터 개인적으로 친하게 지냈던 선배라서 별다른 생각 없이 만나 식사를 하는데 그 자리에서 몹시 난처한 소식을 듣게 되었다. 미국 측에서 보내온 논문은 모두 분과 학회에 보냈는데 그중의 한 논문이 기각됐다는 것이다. 계속 난처해하시는 모습을 보고 그것이 바로 나의 논문임을 알게 되었다. 대한신경정신과학회에서 나의 논문 발표가 포함되지 않았다는 것이고 이 처사에 관해서 대한의사협회에서는 어찌할 수 없다는 것이다. 그때 내가 제출한 논문은 공황장애의 개념을 소개하면서 노출행동 치료의 효과에 대해 다룬 것이다. 공황장애란 개념은 당시 한국에는 존재하지도 알려지지도 않았다. 미국에서도 새롭게 등장한 질병 개념으로 교과서에 실리기 전이었고 특히 노출행동 요법은 미국에서도 처음 소개된 치료법이다. 무엇을 몰라서 그럴 수는 있을지언정 이 논문이 기각될 이유는 있을 수가 없었다. 그리고 나도 놀랐지만 세상도 같이 놀란 사실은, 당시 대한신경정신과학회 회장이 김채원 교수였고, 당시 학회에서 미국에서 온 논문들을 평가하신 심사위원들의 증언에 따르면 나의 논문은 심사에 오르지도 않았다는 것이다. 그중의 한 분이 나를 일부러 찾아오셔서 김채원 회장이 단독으로 나의 논문을 제외시킨 사실을 알려 주셨다. 그리고 신경정신의학회의 다른 심사위원들도 나에게 직접 이 사실을 전해 주고 심사위원들의 조치가 아니라 순전히 김채원 회장의 단독 행위였음을 말해 주었다.

이 사건은 당시 의료계에 적지 않은 물의를 빚었다. 특히 모교 동창회, 재미 세브란스 동창회가 공식 항의를 해 교내에서도 물의가 계속되었으며 세브란스 이외의 의료계에서도 큰 가십거리가 되었다. 물의가 일자 학회에서는 서둘러 나의 논문을 특별강연으로 발표하는 기회를 마련했고 서울대학교 의과대학 정신과에서는 공황장애와 공포증에 대한 특별강연으로 초청 해 크게 대접해 주었다. 나는 이 사건을 계기로 세브란스 정신과와 소원한 관계를 갖게 되었으며, 1961년 미국 유학을 떠난 이후 1984년 모교의 초청으로 귀국할 때까지 세브란스의과대학 정신과 교실에 한 번도 발을 들여놓은 일이 없다. 물론 나를 초청하는 일도 없고 학생이나 전공의 누구 한 사람 만나 본 일도 없다. 세브란스의과대학 정신과 교실에 대해 잘못한 일도 없고 잘못할 수 있는 기회나 시간도 없었는데 나를 마치 이단자처럼 취급하고 교실원의 접촉을 금하고 있는 듯 후배들 가운데 누구도 나에게 접근을 하지 않았다. 후배들이 김채원 교수의 눈치를 보느라고 몸을 사리는 면도 있었겠지만 희생을 당한 것은 나였는데 선배에게 이런 대우를 하는 후배들도 실망스러웠다. 신경정신과학회나 서울의대 정신과를 비롯한 다른 대학이나 연관 의료기관들은 예외 없이 배우는 문이 열려 있었고 그들과의 교류를 항상 즐겼는데 나의 모교 정신과와는 하등의 교류가 없었다. 오늘까지도 내가 왜 이러한 대우를 받아야 했는지 이해할 수 없다. 그리고 이와 같은 폐쇄적인 교실에서 무슨 제대로 된 교육이나 수련이 가능했는지 의문스럽다.

한미연합학술대회 때의 이른바 논문 말살 사건이 일어났을 때 이우주 선생님은 크게 격분하시고 나를 직접 만나서 세브란스에 절대 이런 부당한 일이 있으면 안 된다는 위로의 말씀을 여러 번 주셨다. 이 일이 있은 후 김채원 교수는 주임교수직을 사임하게 된다. 행정적으로 어떤 사유와 과정이 개입되었는지 나는 모르지만 논문 말살 사건이 전혀 연관이 없었다고 믿기는 어렵다. 20여 년 동안 주임교수직을 맡아 오시던 김채원 교수는 물러나고 유계준 교수가 주임교수직을 이어받았으며 일단 교실도 안정을 찾은 것 같았다. 그러나 분명 이 사건의 여파는 지속되었고, 이로 해서 결국 내가 미국에서 귀국해 정신과 교실의 주임교수를 맡게 되는 기구한 운명으로 이어진다.

물의가 있은 후 1년이 못 되어 모교 의과대학장이신 양재모 선생께서 나에게 모교로 돌아와 정신과 주임교수직을 맡아 달라는 내용의 편지를 주셨다. 모교에 돌아간다는 꿈은 잊어버린 지 오래고 미국 시민권도 얻고 개업으로 자리도 잡혔을 때라 양 학장님의 초청은 뜻밖이면서 적지 않은 고민을 안겨 주었다. 나의 마음을 적지 않게 흔드는, 실은 기쁜 소식이었다.

예전에 꿈꾸던 후진을 가르칠 수 있는 기회가 온 것이고, 나의 모교이면서 일찍이 선친이 과장으로 일하시던 바로 그 자리를 내가 승계한다는 것은 꿈같은 이야기다. 더군다나 양재모 학장님은 내가 전부터 존경하는 선배님이다. 내가 직접 배운 일은 없으나 평소에 늘 보건 정책의 개혁을 주장하시고 강력한 추진력과 리더십을 갖추신 양재모 선생이 학장직을 맡고 계셔서 그 분의 뜻이라면 확실하다는 믿음도 있어 학장님의 요청을 받아들이고 싶은 의욕은 컸다. 그러던 차에 새롭게 취임하신 연세대학교 안세희 총장이 뉴욕에 오셔서 우리 동창들이 환영하는 모임을 가졌는데 우리 재미 의과대학 동창들의 자기소개가 끝나자 안 총장은 나에게 오셔서 양재모 학장으로부터 특별히 부탁을 받았다고 하시며 모교에 와서 일해 줄 것을 당부하셨다. 순간 나는 직관적으로 나의 갈 길이 무엇인가를 알고 즉시 "네, 가겠습니다"라고 답변했다. 1984년 2월 27일 나는 급기야 귀국했고 5월 1일부로 정신과 교실 주임교수 발령을 받았다. 양재모 학장님이 아니었으면 이것이 가능했을까 나는 의심한다. 그분은 나를 믿고 모교로 불러 주신 은인이다.

1969년에 내가 모교에 들어오지 못해 무척 애석해하신 이우주 선생님은 내가 모교에 돌아 온 것을 무척 기뻐하셨고 자주 불러 주시며 가까운 제자로 늘 곁에 있어 주기를 원하셨다. 선생님과의 관계가 새롭게 발전하면서 이우주 선생님이 나를 보실 때마다 기뻐하시는 모습을 보면서 늘 긍지와 보람을 느꼈다. 그리고 과분한 사랑을 받은 것도 사실이다. 한번은 이우주 선생님 사모님께서 저를 보시고 선생님은 나를 아들보다 더 사랑하신다는 농담을 하실 정도로 나는 그분의 특별한 사랑을 받았다. 나는 고작 의과대학의 과 주임교수를 하는 것이 꿈이었는데 선생님은 나의 모교에서의 장래에 더 큰 기대를 가지시고 더 큰 보직 자리를 권면도 하시고 이를 위해 지지도 해 주셨다, 그러나 당시 내가 미국 국적을 가지고 있어서 보직을 맡는 것이 불가능했고, 내가 한국에서 자리 잡을 수 있는 기반도 정신적 자세도 약했으며, 나 자신의 행정 능력에도 한계가 있다는 생각에 선생님의 기대에 부응해 강력하게 정진하지 못한 데 대해 선생님께 죄송스럽기 짝이 없다.

나는 나의 때가 지나면 더 이상 애매한 자리에 머물지 않고 자리를 뜬다. 평범하게 어디서 맥없이 소일하는 것은 내가 견딜 수가 없고 그래서 전 생애에 걸쳐 단 한 번도 생산성 없는 자리에 머무른 일이 없었다. 1994년 연세대학교 의과대학 정신과 교실 주임교수의 임기가 끝나자 나는 세브란스를 떠났다. 나는 주임교수가 끝나고 원로가 된 교수들이 교실에 남아 사무실 차지하고 후진들의 부담이 되는 것을 이해할 수가 없었고 또한 젊고 장래가 촉망되는 후배에게 자리를 비워 주는 것이 선배의 도리라고 생각했다. 내가 굳이 연세대학교에 남아 있을 이유가 없었다. 마침 신설 아주대학교 의과대학 정신과 주임교수를 맡아 달라는 김효규 총장의 청이 있어 즉시 승낙하고 1994년 9월 아주대학교 의과대학으로 자리를 옮겼다. 당시 나의 나이 62세였다. 나의 제3의 인생은 이렇게 해서 수원의 아주대학교에서 시작되고 이곳이 나의 제2의 고향이 된다. 뜻하지 않은 기관장 보직을 맡게 되어 아주대학교병원 원장, 의과대학 학장, 의료원장, 아주대학교 총장, 명예총장의 화려한 경력으로 2002년 2월에 은퇴를 한다. 비록 연세대학교는 떠났지만 나를 사랑하고 아껴 주신 이우주 선생과 양재모 선생의 은혜를 나는 잊을 수 없다.

버나드 매슈 박사(Bernard Matthew, M. D.)

한평생 내가 가장 행복했던 때가 언제였냐고 누가 묻는다면, 물론 이런 어리석은 질문을 하는 사람은 없겠지만, 언뜻 머리에 떠오르는 것이 1963년부터 1967년까지 지금의 케이스 웨스턴 리저브 대학교(Case Western Reserve University)의 대학병원 정신과 수련과 펠로십을 하던 시절이다. 지금도 당시 같이 일하던 동료들이 그리운 것은 그들이 진정한 친구들이었기 때문이다. 나는 그 수련 기간이 내가 가장 열심히 나의 최선을 다한 시절이었다고 자랑스럽게 생각하고, 일생 동안에 내가 가장 빠르게 그리고 착실하게 성장한 기간이 아닌가 생각된다. 지금도 그 병원 정신과인 'Hanna Pavilion'에 가서 물어보면 혹시 나의 이름을 기억하고 있는 이가 있을지 모른다. 얼마 전까지도 한국서 온 한 전설적인 수련생을 기억하는 이들이 있었다는 소문을 들었다. 주저하지 않고 나는 세계에서 최고의 정신과 수련을 받았다고 자부하는데, 그 이유는 당시 나의 스승들과 동료들이 나를 전적으로 지지해 주었고, 특히 교수진의 열린 마음과 우수한 지식과 경험 그리고 무엇보다도 그들의 인간성이 마술의 매력으로 그들을 동일시하고 배우고 성장하는 데 나를 몰입시켰다고 생각한다.

나의 동료들은 대부분 정신분석을 받고 대학교수가 되었다. 제임스 스트레인(James Strain)은 전공의 수련을 끝내고 뉴욕으로 옮겨 정신분석을 받고 자문정신의학을 전공해 마운트 사이나이(Mt. Sinai) 의과대학 교수가 되었고 리처드 커래디(Richard Corradi)와 밥 프라이미

① 케이스 웨스턴 리저브 대학 정신과 전공의 2년차 때, 1963년. ② 미국 레지던트 동기들과의 재회, 1989년경.

어(Bob Frymier), 톰 쏘여(Thom Sawyer)는 역시 정신분석 훈련을 받고 케이스 웨스턴(Case Western) 대학교 의과대학 정신과 교수가 되었다. 제리 크롤(Jerry Kroll)은 코넬(Cornell)대학 교수로 있다. 우리의 선배로 다른 과에서 자문하는 증례를 감독해 준 로버트 타이슨(Robert Tyson)은 샌디에이고의과대학으로 옮겨 샌디에이고 정신분석학회에서 활약 중인데, 그는 정신분석과 인격발달을 통합한 저서로 유명하다. 하나같이 학구적인 사람들이다. 한국에서 대한신경정신학회 회장직을 맡았고 그 이후 한참 WHO와 WPA에서 활약할 때 클리블랜드(Cleveland)를 방문해 반갑게 동료들을 만난 일이 있다. 오랜만에 즐거운 과거 올챙이 시절을 상기하는데, 그들은 이구동성으로 내가 우리들 동료 중에서 가장 성공한 정신과 의사라는 것이다. 모두 술이 약간 들어가서 그랬는지 몰라도 그들은 5~8년 정신분석 받느라고 고생하면서 몰입했던 기간을 '시간의 낭비'였다고 아깝게 여기는 듯했다. 특히 로버트 커래디는 자신이 분석을 받으며 배운 것은 많지만, 그 긴 세월 투자한 것을 종합해 보면 분석은 하나의 사치였다고 고백한다. 그리고 내가 정신분석을 받지 않고 자유롭게 국내외에서 학술활동을 한 것이 진정한 성공이라 하면서 칭찬을 아끼지 않았다. 그들의 칭찬에 대해 물론 나는 동의하지 않았다. 그러나 내 마음속에서 들리는 공감의 소리를 들었다. 이전에 내가 본 동료들은 특히 수련 시절 동고동락할 때 제각기 뚜렷한 개성이 있고 성격도 다양한 뜨거운 집단이었다. 오랜 세월이 흘러 그동안 모두가 성장하고 점잖아진 탓도 있겠지만 그들이 정신분석을 받은 탓인지 무언가 획일적으로 비슷한 부분이 있는 것을 느꼈다. 이 인상은 제법 강력한 것이었다. 우선 말투가 모두 온화하고 어휘의 선택이나 이야기의 내용이 극히 지성적이고 점잖다. 태도가 좀 인위적으로 세련된 것 같은 인상을 받았고 예전같이 언성도 높이고 허튼소리도 마음 놓고 하던 그런 틈새가 조금도 보이지 않는다. 전에 남자가 정신분석을 받으면 사람이 지성화되면서 동시에 여성화(女性化)된다는 말을 들은 것이 연상되었다. 그리고 교수로 열심히 연구하고 가르치는 그들의 삶의 무대는 확실히 나와는 차이가 있었다. 한국 내에서는 물론 아시아로 유럽으로 폭 넓은 무대를 가졌던 나의 활동이 자신들의 삶과 대조가 되어 제일 성공했다고 했는지도 모른다. 수련 당시의 나의 모습을 떠올렸다면 그 동안에 내가 '용' 됐다는 생각이 났을 것이 분명하다. 미국 땅에서 처음 임상 훈련을 받았을 당시 물론 나는 영어 표현이 미숙했고 미국 문화에 익숙지 않아 당황했던 일이 많았다. 그러나 동료들은 항상 나를 지지해 주었고 무엇이건 잘한다고 칭찬해 주었으며 내가 필요할 때 기꺼이 도와주었다. 전공의 3년차 때 무일푼으로 내가 결혼했을 때 그들은 총동원되어 결혼식을 축복해 주었고 또 도와주었으며 늘 우리를 같은 식구와 같이 대해 주었다. 비록 오랜 세월 동안 헤어져 살지만 나는 그들의 우정을 잊을 수 없다.

　　나를 지도해 준 스승과의 관계 또한 독특한 것이었다. 나의 수련 과정을 한마디로 정의하자면 지금 이 시대에 보기 드문 도제(徒弟)살이(apprenticeship) 수행이었다. 이것은 스승과 제자 간의 일종의 밀착이고 공동체적 삶에서 생기는 학습이다. 그리고 우선 스승을 닮는 것, 즉 동일시(同一視)가 중요한 배움의 효과다. 나는 만 3년 동안 세 명의 고정된 스승과 세 명의 매년 교체되는 감독자(supervisor)를 모셨다. 그중에서 나에게 가장 큰 영향을 준 분이 버나드 매슈(Bernard Matthew)다. 누가 나보고 내가 어떤 임상가냐고 묻는다면, 비록 상대방은 그것이 무엇인지 알 길이 없겠지만, 나는 즉시 '버나드 매슈 형'이라고 답변할 것이다. 당시 그는 저명한 정신분석가였고 우리 모든 수련의들의 동경과 존경의 대상이었다. 동료들도 그분이 나의 감독자가 된 것을 축하해 주었다. 일주일에 한 번씩 빠지지 않고 만나 진지하게 내가 본 환자에 대해 토론했다. 50대였던 그분은 머리가 희끗희끗하고 윤곽이 뚜렷한 용모가 마치 로마시대의 조각상 같았으며, 반면 웃을 때 얼굴에 번지는 인자함과 부드러움은 그의 깊은 인간성을 느끼게 해 준다. 깊고 부드러운 바리톤 음성으로 들려주는 그의 지식과 지혜는 나에게는 신의 음성으로 들렸다. 환자와의 정신치료에서 어쩌다 내가 바람직하지 않은 방향으로 움직이거나 나의 해석이 적합하지 않을 때 그는 놓치지 않고 천천히 머리를 가로저었다. 그리고 내가 잘못한 점을 확실하게 지적해 주었다. 부드럽지만 그 지적은 엄청난 권위가 있었다. 정신분석 이론뿐만 아니라 그 밖에 다른 분야의 지식도 그는 풍부했다. 그리고 자신의 소신을 상대방에 맞게 그리고 깊게 마음속으로 파고들도록 전달해 나에게 큰 영향을 주었다. 나는 지금도 그와 같은 의사 전달을 하기를 원하고 그러기 위해 노력한다.

3년이란 긴 세월 동안 여름휴가를 제외하고 매주 한 번씩 만나 나의 생각과 감정을 담은 이야기를 나눈다는 것은 결국 밀접한 관계가 형성되게 하고 정신치료에서 말하는 치료자와 환자 사이의 전이(轉移)를 방불케 하는 강력한 감정도 동반된다. 또 이런 강력한 관계이기에 귀중한 스승의 지식과 태도를 제자가 닮게 된다. 나는 지금도 환자를 보다가 생각거리에 마주쳐 해결을 모색할 때 버나드 같으면 이것을 어떻게 해석을 하고 또 어떤 해결책을 생각해 냈을까 상상해 본다. 이때 떠오르는 생각을 나는 소중하게 수용한다. 비슷한 이야기가 되겠지만 나의 제자 중에 현재 예일대학 의과대학에서 소아정신과 교수로 있는 김영신 박사가 수련을 받을 때 나에게 쓴 편지에 이런 내용이 있었다. "사례 중심으로 회의나 토론 중 종종 선생님이라면 지금 당면한 이 문제를 어떻게 생각하셨을까 상상해 봅니다. 그러면 답이 나오고 또 그 답을 발표했을 때 늘 남들에게서 칭찬을 받습니다. 틀림이 없어요." 가르치는 사람으로서 내가 들을 수 있는 최고의 칭찬이다. 이런 이야기가 있을 수 있다는 것도 역시 나의 은사인 버나드 매슈가 나에게 전해 준 선물 때문이다. 사제 간의 가르침은 매우 값지다. 아낌없이 가지고 있는 모든 것을 나에게 준 버나드 매슈는 사랑의 스승이다.

피터 현, 나의 형님

　　피터 현은 나에게 큰 영향을 주신 분이다. 1984년 여름 중국이 처음으로 개방의 문을 좁게나마 열고서 외국인의 출입을 허용했을 때 중국의 동북방 옛 만주 땅에 살고 있는 조선족을 찾아갈 목적으로 미국에 거주하는 한인들이 방문을 신청해 공식 허가를 얻었다. 이 여행단에 가입하면서 이전에 한 번 만난 일은 있었던 피터 현 선생과 가깝게 사귀는 기회를 가지게 되었다. 여행 도중 중국 호텔에 들 때마다 피터 현 선생과 나는 한 방을 같이 쓰는 룸메이트가 되었다. 과묵하시고 속마음을 잘 보이지 않는 조용한 분이지만 주변에서 일어나는 일에 대한 예민성이나 정황에 대한 판단 그리고 불확실한 점을 밝히기 위해 탐색하시는 정열은 대단하다. 절대로 남에게 폐를 끼치지 않고 조용히 혼자서 또 깍듯이 예의를 지키면서 진지하게 탐색하신다. 철저히 지키는 예의, 특히 같은 방을 쓸 때 말 없는 배려는 나에게는 새로운 경험이었다. 이런 예의 바른 신사이고 박식하고 식견이 넓은 글로벌 문화인을 만나 본 일이 없다. 같이 있다는 것만으로도 나에게는 미처 몰랐던 또 다른 세상을 배우는 기회였다. 의사들이 사는 좁은 세계에서 벗어나 좀 더 넓은 시야를 가질 수 있는 계기가 되었고 오십이 넘어서도 내가 크게 변하고 성장할 수 있다는 희망과 또 그럴 수 있는 원동력을 주신 분이다. 의식적으로 그리고 무의식의 힘을 보태서라도 나는 피터 현 선생을 따라가고 닮고 싶다. 나도 살면서 많은 선배나 윗분들을 만났고 그중에 존경하는 분들도 많았지만 현 선생의 예민한 감수성과 해박한 지식과 아름다움에 대한 심미감, 그리고 조용하시다가도 필요한 시기에 발동하는 용기는 놀랍다. 마음씨로 말하면 우선 솔직 담백하고 절대로 남에게 누를 끼치거나 실례가 되거나 부담 주는 일은 안 하시는 분이다. 경솔하게 그리고 쉽게 남에게 접근하는 것도 아니고 또한 남들이 쉽게 접근할 수 있는 분도 아닌데 현 선생의 친분 관계는 범위나 깊이에서 따라올 사람이 없다. 그리고 첫 만남 때부터 누구에게나 쉽게 잊을 수 없는 인상을 준다. 내가 편견이 있을지 몰라도 피터 현 선생은 내가 제일 좋아하고 그리고 내게 소중한 분이다. 내가 현 선생을 이처럼 따르는 또 다른 이유가 있을까?

일찍이 형이 비극적으로 세상을 떠나 생전 형과의 성숙한 관계가 어떤 것인지 모르고 자란 때문이 아닌가 싶다. 마치 하나님이 마음속 깊이 소원했던 형님을 만나게 해 주신 것 같았다. 피터 현 선생 당신은 이런 배경을 모르시겠지만 아시건 모르시건 상관없이 그분은 나의 형님이다.

피터 형은 '말'에서 약하다. 약하다기보다는 너무 마음이 급한 탓인지 마음을 표현할 적당한 말이 빨리 떠오르지 않아서 그런 건지 '말은 해서 뭐하냐'다(요즘은 달라지셨다. 나이 드시면서 침묵이 흐르면 책임을 느끼시는 것 같고 그래서 약간 말이 느셨다). 그러나 형님은 독특한 소통 방법이 있다. 물론 무언의 소통이다. 뛰어난 공감(empathy) 능력 말이다. 요즈음 새로운 뇌과학의 발견으로 인간의 뇌에는 이른바 거울신경세포(mirror neuron)가 있다는 사실을 밝혀졌는데, 이 세포의 기능인즉 남이 어떤 감정을 느끼면 이 때에 일어나는 그 사람의 뇌 감정세포들의 진동을 나의 거울세포가 같이 어울려 진동하면서 그 감정을 내가 감지한다는 것이다. 형님은 남의 입장이나 그 입장에서 느껴지

① 중국 서안 八路軍 사령부 앞에서. 팔로군 복장을 한 모습. ② 피터현 선생과 크리세(Crissay)에 서의 만남(오른쪽은 그의 사위이다) 2008년 여름.

는 감정을 알아차리는 천재적인 능력을 가지고 있다. 아마 엄청나게 많은 '거울신경세포'를 가지고 계신 모양이다. 그래서 그 감정을 글로는 잘 표현하시지만 말로 길게 이야기로 만드는 데는 영점이다. 그래서 남과의 소통에서 언어가 아닌 공감으로, 말이 아닌 태도나 행동으로, 비언어적으로 반응을 보인다. 이것이 기가 막히게 적중하고 남의 마음을 움직인다. 형은 이 사실을 모르고 계신지도 모른다. 자랑을 하시지 않는 성격이라 아시는지 모르시는지 그 진실은 나도 모르겠다. 형님이 한 가지 걱정하지 않아도 되는 것이 있는데 바로 말과 행동 사이의 거리다. 보통 사람들에게는 이 거리가 신경을 쓰게 되는 부분인데(물론 전혀 신경 쓰지 않는 사람도 있지만) 형님은 우선 말이 없고 또 행동이 말에 앞서니까 그 행동에 우선 사람들은 놀란다. 형님에게 한번 슬쩍 그 행동의 유래를 물었더니 그저 '눈치'라고 귀띔해 준다. 눈치 보고 행동한다는 뜻이다. 그런데 이 눈치가 단순한 직관에 의한 알아차림이 아니고 상대방의 감정을 포함한 전체 정황을 눈치로 감지하고 부담을 안 주는 식으로 행동을 하시기 때문에 이 반응은 정확하게 핵심을 찌르고 그리고 놀랍다. 이 천부의 능력은 아름다운 여인을 만났을 때 더욱 빛난다. 그리고 특별히 화가 나거나 싫어하는 경우를 빼고는 늘 남의 자존감(self-esteem)을 존중해 주신다. 그래서 사람들이 형님을 단 한 번 만나 별로 주고받은 말도 없는데 형님에게 매혹된다. 같이 있으면 질투가 날 정도다.

형님의 남에 대한 배려는 그분의 인격에서 나온다고 나는 생각한다. 공평하고 정의롭고 아름답고 진실하고 정직한 인간성에 가치를 둔 그 마음에서 비롯된 것이다. 거기에다 이런 인간성을 발휘할 때의 용기는 대단하다. 그리고 좋은 것이 있으면(음식도 그중의 하나) 애써 찾고 또 주저 없이 만끽하는 성격이다. 한 가지 머리에 떠오르는 기억은 형님과 같이 중국의 서안(西安)에 갔을 때 경험한 일이다. 서안에는 관광 명소 중 하나로 옛날 양귀비(楊貴妃)가 목욕했다는 화청지(華淸池)가 있다. 1980년대 초라 그때만 해도 외국에서 온 관광객은 전혀 보이지 않았고 중국 각지에서 온 관광객들이 많아 줄지어 서서히 움직이는 식의 관람이고, 붉고 굵은 밧줄이 관광객들과 구경거리와 사이에 쳐져 있었다. 잠깐이라도 멈추어 어떤 흥밋거리에 집중해서 시간을 지체할 수 없게 만들어져 있었다. 우리 일행이 양귀비가 목욕을 했다는 목욕탕에 이르자 갑자기 형님이 줄을 넘어 목욕탕 안으로 뛰어 들어갔다. 나는 아연실색하고 모든 관광객들도 무슨 큰일이 일어난 것 같은 공포에 싸여 주위를 살폈다. 금세 정신 차린 나는 양귀비 목욕탕 안에 들어가 앉아 희색만면해 만족한 형님의 얼굴을 보고 재빨리 그 모습을 사진에 담았다. 형님이 쾌감을 만끽한 후에 나도 줄을 넘고 뛰어 들어가 팔을 벌리고 있는 모습이 형님의 사진기에 담겼다. 당시의 중화인민공화국은 이처럼 법을 어기는 파격적인 행각이 들키면 사형감이 될지도 모른다는 공포를 갖게 하기에 충분한 시절이었다. 중국이 개방되기 훨씬 전이었고 누구나 다 모택동 복장에 여성들도 다 바지를 입고 살던, 절대 복종이 강요되던 공산국가였다. 질서를 지키지 않는다든지 자유분방한 행동을 대중 앞에 보인다는 것은 일절 금기였던 시절이다. 외국인을 접하는 경험도 극히 초기여서 외국인은 늘 감시의 대상이 된다. 형님의 파격적인 행동, 즉 양귀비와 같이 목욕탕에 들어간다는 환상적인 코미디가 그냥 웃음거리로 넘어갈 수 있는 것인지 낙관하기 어려울 때였다. 나도 얼떨결에 목욕탕에 뛰어들었지만 지금 생각하면 아찔하다. 처음에는 형님이 '기자 근성'이 있어서 우선 일을 저지르고 보는 모험심 때문이라고 생각했는데 두고두고 형님을 더 알게 되면서 그것이 아니라는 생각으로 바뀌었다. 어떤 간절한 소원이나 알고 싶은 대상이 있으면 주저 없이 행동으로 옮기는 것이 형님의 성품이다. 이런 일로 실수를 하셨거나 후에 후회하신 일도 분명 있었을 거라고 짐작이 된다.

다음은 백두산 정상에 올라갔을 때의 일이다. 일행은 모두가 미국에서 온 대학교수로 알려져 있었으나 형님과 나는 서울에서 왔다는 사실을 그들이 알아내어 우리 둘은 특별히 감시의 대상이었다. 일행이 백두산 정상에 오르고 숨 막히는 우리의 영산(靈山)과 천지의 절경을 보는 순간 몸과 마음과 그리고 영혼이 다 얼어붙었다. 눈에 덮인 백두산 봉우리의 신령한 모습, 그리고 여기가 바로 우리 민족 발상의 성지(聖地)라는 감격에 압도되어 내가 배달민족의 자손이란 긍지로 가슴이 벅차 있었다. 태극기라도 있으면 휘날리고 싶었다. 그때에 형님이 어디서 구했는지 자그마한 태극기가 붙어 있는 항공기가 그려져 있는 대한항공 쇼핑백과 OB 맥주를 높이 쳐드시고 같이 간 일행들과 큰 소리로 만세를 부르고 계셨다. 우리 일행을 인솔한 사람(나중에 자기가 감시 역할을 담당한 당원이라고 고백함)과 안내원들이 소스라치게 놀라서 어찌할 바를 모르고 자제해 달라고 애원하고 있었다. 지역의 유지 한 분은 특별히 형님과 나는 남한에서 왔다고 하여 감시 대상이니 조심하라는 귀띔을 해 주었는데도 형님은 아랑곳하지 않았다, 우리가 투숙한 호텔 방에 도청 장치가 있는 것을 발견하고 거기다 대고 일부러 들으라는 식으로 큰 소리로 엉뚱한 이야기를 하실 때 나의 간장은 콩알만 한 크기로 쪼그라들었다. 물론 형님은 이미 중국을 방문하신 바 있고 중국통으로 중국 내에 이미 알려져 있는 분이다. 중국에서는 전설적인 모택동의 동지인 에드거 스노(Edgar Snow)의 소개로 일찍이 중국을 방문하셨고 중국 내 지기도 많으시고 또 외국 기자 신분이라 남달리 용감할 수 있는 여지가 있다 치더라도 그분의 행동은 놀라움과 선망의 대상이었다. 한평생 모범생으로 주변의 눈치를 보고 내 욕망을 억제해 가며 살아온 나에게는 이런 대담한 행동을 보는 것만도 새로운 경험이었다. 나의 삶의 범위가 얼마나 좁았는가도 알게 되고 나의 꿈이나 소신이나 욕구의 가치를 어디다 묻어 두고 살았는지 한심스러워졌다. 삶의 새로운 모델이 일찍이 내가 잃은 형님에 대한 동경 바로 그 자리에 나타난 것이다.

중국 여행이 끝나고 나는 서울의 연세대학교 의과대학 교수로 부임했고 형님은 신라호텔에 있는 사무실에서 스웨덴 정부의 한국 원자로 건설 로비스트로 활동하셨다. 형과 나는 닮은 데가 별로 없고 서로 말이 잘 통한다고 할 수도 없었지만 무언가 의기투합해 자주 만났고 종로의 반줄이란 술집, 그리고 힐튼호텔의 시즌즈 레스토랑이 우리가 만나는 장소가 되었다. 한 가지 형과 내가 뜻이 맞았던 것은 지금도 그렇지만 젊은 여자들과 뒤섞이는 거다. 특히 종로의 반줄은 젊은 미인들이 종업원으로 일하고 있어 저녁을 그곳에서 형님과 같이 보내는 일이 즐거웠다. 힐튼호텔의 시즌즈에서는 형님의 소개로 많은 사람들을 만났다. 하나같이 개성이 강하고 특출하고 몰입한 일에서 탁월하고 능력이 뛰어난 사람들이다. 화가, 기자, 기업인, 예술가, 시인, 소설가, 극작가, 요리사, 잡지 발행인, 음악가, 배우… 이런 분들을 만나는 것은 나의 정체성이 확장되는 기회였다. 문화인으로서의 새로운 정체성으로 성장하는 배움의 현장이었다고 해도 과언이 아니다. 언제나 과묵하시고 남의 이야기를 주로 듣고 있지만 사람들은 형님 주변에 모여든다. 그래서 누군가가 늘 형을 찾고 있고 일단 만나고 나면 예외 없이 형님을 다시 만나기를 원한다. 한번 친해진 사람은 형님을 기회 되는 대로 다시 찾고 형님도 늘 연락하시고 만나면 잘 대해 주셔서 돈독한 관계로 만드신다. 이것은 신이 피터 형님께 주신 특별한 은사이고 또 정서적 공감으로 맺는 인간관계에서 형님과 비교될 수 있는 사람을 나는 본 적이 없다.

에덴동산

    파리에서 남쪽으로 약 4시간 내려가면 루아르 밸리(Loire Valley) 지방 넓은 평야에 프랑스에서 가장 아름다운 150개 마을 중 하나인 크리세(Crissay)라는 동네가 있다. 전부 합쳐야 40가구가 사는 작은 동네지만 한 번 방문한 사람은 잊을 수 없는 낙원같이 아름다운 곳이다. 그 마을 한가운데에는 15세기에 세워졌던 샤토(Chateau)의 유적이 있고 16세기에 세워진 허름한 교회당도 있다. 넓은 평야가 해바라기밭이나 밀밭이며 샤토 근처에는 작은 포도밭도 있다. 동네의 집들은 화사한 꽃들로 치장하고 오는 이들을 반긴다. 마을에 식당이 하나 있었는데 지금은 카페로 변신했다. 너무 아름다운 동네라 에덴동산이라는 별명을 가지고 있다. 마을의 명물인 폐허가 된 성은 그대로 보존되어 있고 이 성의 마구간과 하인들이 살던 건물은 사람이 살 수 있게 개조되어 현재 피터 형이 살고 있다. 형의 아들인 호기(Hoggie)가 이 성과 딸린 땅을 매입한 뒤 일부를 수리해서 아버님이 글 쓰시는 곳으로 만

들어 드렸다. 형님은 추운 겨울과 봄은 뉴욕에서 사시고 나머지는 크리세에서 에덴동산의 주인이 되신다.

피터 형님이 거주지를 서울에서 뉴욕과 프랑스 크리세로 옮기신지 벌써 5~6년. 그러나 적어도 1년에 두세 번 서울에 들르시고 한 번 들르시면 몇 주 또는 몇 달 서울에 체류하시니까 늘 만나 뵐 기회가 있다. 대한항공 고 조중훈 회장의 특별 고문으로 오래 계셨기 때문에 대한항공 항공 편에는 특별 혜택을 받으시는 모양이다. 그래서 파리에서 뉴욕 가실 때는 직항을 타지 않으시고 일부러 대한항공을 이용해서 서울에 와서 좀 계시다가 파리로 가신다. 엄청난 절약이 되는 셈이고 형님이야 좀 피곤하시겠지만 서울서 뵐 수 있어 다행이다. 크리세의 샤토는 이미 ≪주간조선≫에 자세히 소개된 것과 같이 아드님인 호기가 매입해서 그 일부를 보수해 아버님이 글 쓰시고 내외분이 조용히 같이 지내시라고 장만한 효심의 선물이다. 내가 알기로는 이 성의 매입은 엄청난 투자로 앞으로 값이 천정부지로 오를 것이 뻔하다. 여름마다 초청된 친지 친척들이 이 성에 다녀가고 우리 내외도 몇 해 전엔가 다녀왔지만 '에덴동산'이란 별명에 부끄럽지 않은, 그리고 아름답다는 표현이 모자라는 천당 같은 곳이다. 이곳에서 몇 밤 자고나면 일생 잊지 못할 추억이 된다. 프랑스에서 아름다운 150개 마을 가운데 하나로 뽑힌 크리세는 아름다운 꽃으로 정원을 꾸민 집들로 차 있고 사방으로 멀리 지평선이 보이는 밀밭(어떤 해는 해바라기)은 전형적인 프랑스 시골의 풍요와 아름다움을 보여 준다. 언덕 위에는 지금

① EMDR학회 참석차 파리에 갔을때 크리세(Crissay)를 방문하였다. ② 폐허로 남아있는 피터현 선생의 샤토 뒷면

은 폐허가 된 샤토 건물이 그대로 남아 있고 밤에는 이 폐허 건물만이 우뚝 환한 조명을 받아 프랑켄슈타인이 사는 고성을 방불케 한다. 형님은 이 '에덴동산'에 사시면서 사색하고 독서하시고 그리고 글을 쓰신다. 밤에는 두말할 것도 없고 낮에도 바람 소리 이외에는 들리는 것이 없다. 내외분이 이 적막한 고성에서 포도밭을 가꾸시고 수확이 끝나면 옛날 방식으로 포도를 큰 통에 넣고 맨발로 밟는다. 포도주를 직접 만드시느라 고생도 많으시다. 형수님이 하루 종일 여름 땡볕에서 포도밭을 가꾸시는데 직접 손봐야 할 일이 너무 많고 과중하다고 불평하신다. 그곳의 모든 것이 우리가 부러워하는 낙원만은 아닌 것 같았다. 형님이 이곳 살림을 다 관리하고 챙기신다고 생각하면 그것은 오해다. 실은 형수님이 모든 것을 챙기신다. 동네 사람들과의 관계를 비롯해 장 보는 일, 도시에 가서 맛있고 싱싱한 과일이나 야채 사는 일과 모든 집안 살림, 특히 방문하는 손님들 치다꺼리가 모두 형수님 몫인데 이것이 보통 일이 아닌 것 같다. 형님은 만나는 친구들에게 크리세에 놀러 오라고 하신다. 그리고 이곳을 방문하시는 분들이 수없이 많다. 한국의 이렇다 할 명사들은 다 이곳에 다녀간 것을 자랑으로 여기고 다녀가지 않은 사람은 명사의 자격이 없을 정도다. 배후에서 이 손님들을 치르시는 형수님의 노고와 희생은 우리의 상상을 초월한다. 그럼에도 불구하고 아직도 형님은 친구 만나시면 크리세에 놀러 오라고 하신다.

2008년 여름에 프랑스 파리에서 세계EMDR학회 학술대회가 있었다. 내가 속해 있는 서울EMDR연구소 소속 회원들 몇 명이 참석을 위해 같이 파리로 떠났다. 김준기, 김남희, 배재현, 윤인순 그리고 내가 동행했다. 학회는 우리 모두가 감동한 훌륭한 학회였고, 학술대회가 끝나자 세계 제일의 낭만의 도시 파리에 온 우리 일행은 관광 다니느라 정신이 없었다. 나는 이전에 몇 번 파리에 왔고 당시 나의 동생인 이시영 프랑스 대사의 저택에서 기숙하면서 구석구석 구경 다녀서 새삼스럽게 흥분될 이유가 없었다. 루브르와 그 밖에 몇 개 미술관을 보고는 한가하게 휴식하기를 원했다. 반면에 거리를 밤늦게까지 누비고 다니는 일행을 나무랄 수는 없지만 같이 다니느라 피곤한 나머지 짜증이 났다. 그러나 문득 '이 사람들 진짜 프랑스를 보여 주어야겠다'는 생각이 들었다. 그래서 크리세의 형님께 전화를 걸고 우리 일행이 쳐들어가도 좋으냐고 물었다. 여름철에는 으레 손님들의 소부대가 에덴동산을 점령하기 때문에 우리가 묵을 수 있는 호텔도 부탁했다. 형님은 우리의 방문을 흔쾌히 승낙하시고 크리세에서 멀지 않은 'Noyant-de-Tourain'에 있는 'Chateau de Brou'를 알선해 주셨다. 이 샤토는 개조되어 호텔로 운영되고 있다. 깊은 숲 속에 철문이 열리면서 입성한 우리 일행은 우선 깨끗하게 보존된 샤토의 아름다움에 놀랐다. 성안의 숙소는 옛날 있던 침대랑 가구를 복원한 고풍의 아름다운 방들이다. 우리 일행은 호텔 전체의 우아함에 완전히 매혹되었고, 다음 날 아침 산책한 샤토 주변의 경치에 감탄사가 끝날 줄을 몰랐다. 호텔의 식사도 혀가 녹는 진미였다.

드디어 일행이 크리세에 도착해서 에덴동산에 입성했을 때 모두가 또 한 번 황홀경에 빠졌다. 일행이 감격한 모습을 보면서 나는 프랑스의 진가를 맛볼 수 있게 해 준 것이 기뻤고 형님과 사모님과 사위 그리고 형님 친구이신 전익창 씨의 세련된 대접에 일행은 감격으로 압도된 듯이 보였다. 형수님의 일류 요리 솜씨와 형님이 내어놓은 비장의 와인으로 샤토 정원에서 벌어진 저녁 파티는 세상의 시간을 완전히 잊게 했다. 형님의 사위와 그의 아들과 딸, 그리고 형님의 막내아들 민기도 합세해 크리세의 여름밤은 환희의 환성으로 차 있었다. 총총한 밤하늘의 별들만이 우리를 지켜보고 또 우리들의 이야기를 빼놓지 않고 듣고 있었다.

지난 18년. 피터 형을 만난 후 나는 감고 살던 눈을 뜨게 되고, 많은 것을 새롭게 깨닫고, 넓어진 시야로 세상을 보면서 많이 자랐다. 형님과 중국의 북경, 서안, 연길, 심양, 백두산을 같이 다녔고 뉴욕과 파리의 거리를 여러 번 걸었고 서울 근교의 벽제나 의정부 등 경치 좋은 곳으로 차를 몰고 다녔으며 인사동의 이모집, 힐튼의 시즌즈와 오크룸에서 맛있는 것만 골라서 먹고 마셨다. 예상치 않았던 돌발 사건들도 있었고 계획했던 일들을 같이 진행하면서 나는 다양한 경험을 했다. 그러면서 나의 의식이 확장되고 그래서 새로운 정체감을 갖게 되었다. 형님은 나에게 큰 영향을 주셨다. 가까이서 모실 수 있다는 사실이 행운이었고 수없이 나눈 대화 그리고 어쩌다가 교환한 서신들은 나의 보물이다. 그중의 하나를 보자.

174

Look at me, my most fortunate friend. I am over eighty years old and live in this idyllic but rustic corner of the Loire valley of France - so far removed from all sexy female beings! Alas, God has no mercy upon me. It is not fair, I know, but I suppose I deserve this miserable fate because I am not a church-going Christian. My only comfort is what my eldest brother Younghak told me before he died: "of all Hyun brothers, you are the only true Christian."

I may miss you in New York when you visit there next month. For I am supposed to attend my brother Bonghak's first year memorial service in Seoul in late November, and I just don't have the strength to fly to New York next month and then fly 14 hours to Seoul a month later. So, I am thinking of flying to Seoul directly from here early next month and stay there for a couple of months.

I hope you are not staying in New York too long, because I'd like to meet some of the objects of your "experimentation." I'm only joking, of course, or am I?

Meanwhile please give my warm regards to your lovely wife.

Yours ever,

재영 형이 한스럽게 일찍이 세상을 떠난 후 나는 '형복(兄福)'은 없다고 굳게 믿었다. 운명은 숨질 때야 비로소 끝난다고 누가 그랬던가? 나는 형복이 있어도 단단히 있는 사람이다. 훌륭한 형이 둘이나 있기에.

미국 생활을 접고 한국으로 돌아오다

나는 미국 시민이다. 1967년 나의 처의 영주권 신청 때 나와 우리 딸 그레이스(Grace)를 가족으로 같이 포함시켜 1969년 봄에 영주권을 받고 같이 미국으로 이사했다. 1967년 귀국한 후 이화여자대학교 의과대학에 재직하면서 월급만 가지고 생활하는 것이 너무 어려웠다. 월급은 생활비로도 턱없이 부족했다. 대학이 특히 병원에서 환자 진료를 해서 대학에 수입을 올려 주는 임상교수를 생활비도 못 되는 월급으로 대우한다는 것은 말도 안 되는 일이다. 당시는 미리 월급을 알아보고 취직하는 시절이 아니었고 대학에 취직이 되는 것만으로도 행운으로 여기던 때라 모두가 박봉을 받아들이고 군말 없이 일했다. 그러나 첫아이를 낳고 또 첫아이의 건강 문제도 겹쳐 걱정거리가 쌓이자 무언가 변화가 있어야겠다는 생각이 들었다. 특히 집사람의 고생은 보기에 딱했다. 미국에 유학 가 있을 때 장만한 보잘것없는 가전제품, 하이파이 전축, 라디오, 식기 등 주변에서 보고 탐내는 사람들에게 팔아서 생활비에 보탠 일도 있었다. 학교에서는 좋은 공부를 하고 돌아온 젊은 정신과 의사로 존경도 받고 주변의 높은 기대도 있었고 또한 학생들이나 젊은 동료들의 선망의 대상도 되었지만 나의 삶은 피곤했고 즐겁지 않았다. 나의 귀중한 젊음이 헛되게 지나가는 것만 같았다. 오랫동안 가난하고 여유가 없었던 세월은 공부한다고 잘 참고 살아왔지만 앞으로도 계속 참고 살아야 한다는 사실이 용납이 되지 않았다. 나도 어언 나이 30대 중턱을 넘은 한 가정의 가장이다. 미국 정신과 전문의 자격이 있고 영주권도 있으니까 미국에 가면 생활은 도착해 취직하는 날부터 즉시 순탄해진다. 취직하면 월급도 많이 주고 의사에게는 은행에서 무조건 저리로 돈을 빌려 주던 때라 미국에 가기만 하면 일단 셈평은 펴인다는 생각이 압도적이었다. 더군다나 미국 정신과 전문의 보드 자격이 있으니까 오라는 곳도 많고 취직은 서류만 제출하면 끝이다. 한국에서는 상상하기 어려운 많은 월급도 받고 경우에 따라서는 의사 사택을 무료로 제공하기도 한다. 그리고 솔직하게 미국 생활이 육체적으로나 정서적으로 편하다. 그리고 앞날을 위해 내가 노력하는 정도에 따라 모든 것이 보장되어 있다. 피곤하고 어지러운 한국을 떠나 미국 가서 편하게 살기로 결심하고 영주권 신청을 했던 것은 당연한 일이다.

미국에서 영주하고 싶은 생각은 훨씬 전부터 간절했다. 미국이 특별하게 동경한 나라여서가 아니라 6·25사변 후 우리 집안이 몰락해 수많은 역경에 처했고 결국 어머님마저 일찍이 세상을 떠나시자 우리

뉴저지 웨스트필드(Westfield)에서 개업당시.
1970년대 말

모두 고아가 된 신세에 앞으로도 겪어야 될 고생이 한스러웠고, 무엇
보다도 자기 본위고 예의 없고 남에 대한 배려를 볼 수 없는 한국과 한
국 사람이 싫어졌다. 아마 가벼운 우울증이 있었는지 길거리에서 마
주치는 사람들도 다 보기 싫었다. 한국에서 사는 것이 정말 피곤했다.
당시 내가 지각한 한국 사회는 우선 평등하지 않았고 배경 없이는 기
회를 잡기가 어려웠으며, 쓸데없는 남에 대한 시기와 자기의 기득권
을 지키기 위해 수단을 가리지 않는 힘의 횡포가 역겨웠다. 그리고 내
가 실제로 귀국해서 어려움을 겪은 것도 바로 이런 것들 때문이다. 당
시 미국 정신과의 전문의 자격이 있다는 것은 이 분야의 권위를 상징
하는 것이었다. 그런데도 모교에서 나를 받아주지 않은 처사나, 내가
알 수 없는 개인적인 감정에서 나를 거절한 선배의 처사는 나에게 치
명적인 것이었다. 그 실망을 내색하지 않고 참고 살자니 무언가 밝은
전망이 절실히 필요했고, 자연히 나를 인정해 주고 내가 자유롭게 살

수 있는 나라에 가고 싶은 욕구가 간절해졌다. 미국 가서 다시 한국에 돌아올 생각은 추호도 없었다. 비행기가 김포공항을 이륙할 때 나는 홀가분하고 기뻤다. 떠나는 마당이니까 그래도 나의 나라이고 나의 동포니까 운명을 같이하고 같이 싸워야 한다는 애국심이 작동했을 법도 한데 그런 미련은 전혀 없었다. 조국에 대한 나의 냉소적인 태도의 유래를 찾아보면 우선 내가 기독교 가정에서 자라고 그래서 철저한 유교 전통의 가족의식이 희박했던 것도 이유의 하나라고 생각한다. 그리고 부모님을 일찍 잃고 가족은 이산되다시피 되어 각자 생존의 길을 찾는 와중에 당연히 내가 장자니까 가족의 결속을 위해 희생해야 한다는 정신도 결여돼 있었다. 어른 노릇을 회피한 것도 사실이다. 가족의식이 느슨하다 보니까 가족주의의 확장인 나라와 민족에 대한 소속감, 집단의식, 충성심도 매우 취약했다. 가장 역할을 회피한 것 그리고 조국을 쉽게 저버린 것에 대해 나는 일생을 두고 나의 무책임으로 자괴하며 살아왔다. 지금도 그 죄책감은 아프게 남아 있다.

　미국 시민권을 받았을 때 나는 진심으로 미국에 충성하겠다고 맹세했고 또 미국을 사랑하게 되었다. 미국 시민이 된 후 생활하는 데 매사가 순조로웠다. 어느 기관에서 일하든 정신과 의사로 존경을 받았고 상사는 물론이고 동료 그리고 환자들과 늘 좋은 관계를 가졌으며 임상에서는 매사에 학구적인 태도로 임한다는 인정도 받았다. 1971년의 정신과 개업도 살기 좋은 지역에서 격 높은 서비스를 제공한다고 잘 알려진 병원의 스태프로 나 개인에 대한 평판도 좋았고 개업하면서도 지역사회 정신보건 사업에 참여해 폭넓게 활동했다. 지역에서 공포장애 재활 자조 모임을 만들어 공포증이 있는 사람들을 모아 놓고 재활에 대한 교육과 상호 지지 체제 수립으로 자신들의 핸디캡을 극복하는 것을 도왔다. 러트거스(Rutgers)대학 의대 학생도 지도했고 자기계발에 필요한 여러 가지 연수나 교육에도 참가하여 최면술, 침술, 성기능장애 치료, 행동 요법 등 다양한 분야의 기법을 배워 자격증도 갖추었다. 한마디로 나의 전문 직업 활동에서는 미국 사회에 잘 적응했고 또 다양한 분야에 개입되어 일하는 것을 즐겼다. 미국은 많은 인종들이 외국에서 이민 와서 정착해 다 같이 화합해서 사는 나라이기 때문에 법을 잘 지키고 시민정신을 발휘하고 하는 일에 충실하면 누구도 주인이 될 수 있는 나라다. 이래라 저래라가 없는, 그야말로 자유로운 나라다. 미국에서 22년을 사는 동안 자동차 사고는 단한 번 있었는데 그것도 기상 이변으로 심한 폭설이 있어서 생긴 불가항력의 사고였고, 주차에서 시간 초과로 벌금 몇 번 낸 것 말고는 다른 법규 위반 없이 모범 시민으로 살았다. 환자로부터 의료 사고로 소송을 당한 일도 없고 시민권 취득 때 말고는 법정에 간 일도 없다. 병원에서도 대인 협조 잘하는 의사로 모든 직원으로부터 환영받았다. 선진국에 걸맞은 시민이 되기 위해 노력한 보람이 있어 나는 미국에서 사는 동안 의사 신분에 맞는 대접을 받았다.

집사람의 미국 사회 적응 능력은 나보다 더 뛰어났다. 영어 구사 능력이 나보다 우수했기 때문에 집사람은 대학원 시절부터 승승장구,

우수한 학생, 능력 있는 직원, 참신한 발상과 뛰어난 생산력으로 가는 곳마다 인기가 좋았다. 오하이오 켄트대학교 도서관, 뉴욕 자연사박물관의 도서관 그리고 뉴욕 시의 버룩 칼리지(Baruch College)의 교수직을 갖고 대학 도서관에서 근무하면서 어디서나 일 성취의 수월성으로 이름을 남겼다. 학교가 없어지는 바람에 끝을 맺지는 못했지만 컬럼비아(Columbia)대학에서 박사과정도 마쳤다. 우리는 뉴저지의 웨스트필드에 위치한 아담한 집에서 단란하고 평화로운 미국 생활을 즐겼다. 딸아이 그레이스도 웨스트필드에서 자라 뉴욕의 유명한 스타이베슨 특수 고등학교를 거쳐 웰슬리 칼리지(Welsley College)에 진학했고 또 줄리아드(Julliard) 음대 프리칼리지(Pre-college)를 졸업한 데 이어 뉴욕의 마운트 사이나이(Mt. Sinai) 의과대학을 졸업했다. 소아과 전문의가 된 후에 의학유전학을 세부 전공으로 택해 의학유전학 전문의 자격도 갖추었다. 딸아이 역시 미국에서 훌륭하게 성장해 지금은 행복한 가정을 꾸미고 살고 있다.

이와 같이 순탄했던 미국 생활을 접고 미국에 쌓아 놓은 좋은 기반을 다 버리고 내가 갑자기 한국에 돌아와 나의 인생을 새롭게 시작한 이유는 무엇일까? 많은 친구나 친척들이 나의 귀국에 대해 같은 질문을 던졌다. 이해가 가지 않았다는 친구들도 많았다. 물론 그와 같은 결심을 하게 된 배경에는 여러 가지 이유가 있었겠지만 제일 큰 원인은 나의 심장병, 즉 관상동맥 경화로 생긴 협심증의 발병이다. 1978년 여름 하루는 늘 하던 아침 조깅을 하는 도중 이상하게 등과 목에 오는 압박감을 느꼈다. 조깅을 멈추고 집에 들어와 누워 있는데도 이 이상한 압박감은 가시지 않았다. 약 한 시간쯤 지나서야 몸이 정상으로 돌아왔다. 이전에도 이런 감각을 느낀 일이 있었지만 조깅을 중지하면 쉽게 없어지곤 해서 대수롭지 않게 생각했는데 나의 주치의에게 이 이상한 통증 이야기를 했더니 스트레스 검사(stress test)를 꼭 해 보라고 권했다. 내가 가슴에 오는 것도 아니고 통증도 아니라고 하는 것이 더 의심을 산 것 같았다. 그리고 뻐근함이 목으로 뻗친다는 말을 듣고 그는 증상의 뿌리가 심장에 있다고 단정하는 것 같았다. 스트레스 검사의 결과는 뜻밖에도 분명한 양성이었다. 그는 즉시 관상동맥 혈관 촬영을 지시했고 같은 해 겨울에 당시 관상동맥 조영 촬영으로 이름 높은 브란카토 박사(Dr. Branchato)를 찾아가 검사를 받게 되었다. 결과는 'serious atherosclerotic coronary artery disease' 진단이 나왔고, 그 내용도 여러 혈관이 이미 여러 갈래로 좁아져서 당시의 기술 수준으로는 수술이 어렵고 단지 우측 관상동맥이 기이하게 굵어져 있어서 좌측의 불완전한 관상동맥 혈액 공급을 보충하고 있다는 판독이었다. 브란카토 박사는 이 우측 관상동맥이 "신이 만들어 준 바이패스(by-pass)"라고 농담하면서 이 혈관이 그대로 버티는 한 괜찮을 것이고 이것이 아니었더라면 상태는 훨씬 나빴을 거라고 위로를 해 주었다. 당시는 지금과 같이 심장질환의 치료법이 발달하지 않았을 때라 이 병에 대한 예후도 좋지 않게 여겨졌다. 심장내과 교과서를 보니까 나와 같은 협심증의 경우 증상이 있어 협심증 진단을 받은 후 평균 생존 기간이 10년이라고 기록되어 있었다. 물론 오늘의 심장질환에 대한 예후는 당시와 비교가 안 될 정도로 좋다. 1970년도에는 관상동맥 경화로 인한 심장병의 예후는 일단 사형선고와 같은 것이었다. 어쨌든 내 나이 46세로 한참 일의 생산성이 절정에 도달했을 때였는데 갑자기 나의 삶이 10년이면 끝날 수 있다는 새로운 현실에 마주친 것이다. 일종의 시한 부 인생, 그리고 언제 증상의 악화로 활동이 불가능해질지 모른다는 달갑지 않은 전망을 앞에 두고 자연히 '내가 그러면 앞으로 10년을(그것도 운이 좋으면) 무엇을 할 건가' 생각하지 않을 수 없다. 요즘의 개념으로 소위 제3의 인생, 그것도 무척 짧은 10년을 놓고 무슨 일을 할 것인지 생각하게 된 것이다.

그러나 일에 대한 구상은 이차적인 것이고 일단은 최선을 다해서 심장 혈관을 더 이상 악화 시키지 않게 관리를 해야겠다는 생각이 앞섰다. 당시 나의 혈중 콜레스테롤 수치는 놀랍게도 340이었다. 체중은 75kg으로 늘 잘 먹고 하루 종일 앉아서 일하는 나의 직업이 나의 몸을 혈관질환형으로 만든 것이다. 물론 스트레스도 많았다. 미국에서 개업 의사의 삶이란 스트레스 병인론을 증명하는 견본이다. 그래서 일단 나의 삶에서 스트레스를 줄이고 의사의 명령에 따라 완전 채식에 들어갔고 설탕이 들어 있는 음식, 모든 케이크나 후식 일체를 전폐 했다. 그리고 협심증 증상이 일어나지 않을 정도의 운동을 시작해 '건강광'의 삶을 지속하니까 나의 주치의의 표현대로 "유령같이 보일 정도"로 체중이 줄었다. 아침은 커피 한 잔, 점심은 소금만 뿌려진 야채 샐러드와 크래커가 전부였고, 저녁은 집사람이 신경 써서 요리한, 육류 없는 건강식만 먹었다. 외식은 되도록이면 피했고 식당에 가도 늘 샐러드만 시켰다. 6개월 만에 체중은 62kg에 허리둘레는 28이 되고 콜레스테롤은 270으로 내려갔다. 나의 주치의는 콜레스테롤 270에 만족하지 않았고, 가능한 한 가늘게 나의 기본을 잡고 그 수위를 유지시키라는 것이다. 그리고 몇 년이 지나면 조금씩 고기도 먹고 영양을 보충하는 음식도 들라는 것이다. 나는 의사의 말을 신앙으로 지켰다. 단 운동할 때는 매번 가슴과 등과 어깨에 통증이 올 때까지 강행군하는 버릇이 있었다. 이것은 의사의 지시와는 반대가 되는 잘못된 버릇으로 내가 얼마나 심하게 운동을 할 수 있느냐를 측정하고 이를 늘려 보겠다는 부질없는 욕심 때문이었다. 나의 병이 좋아질 수 있다는 착각을 가지고 무리가 가도록 운동을 했는데 한 심장내과 의사가 전문지에 기고한 글을 읽고 이것이 착각임을 깨닫고 이를 중단했다. 이 글의 내용인즉 의사 직업을 가진 사람이 협심증에 걸렸을 경우 대부분 자신이 혼자서 매일 스트레스 검사를 해 본다는 것이다. 즉 운동의 격렬도가 통증 촉발 지점에 닿게 스스로 계속 자극해 통증이 오나 안 오나를 테스트하고 또 이 통증 촉발점을 넘어설 수 있게 계속 자극을 해 본다는 것이다. 그러나 이 같은 통증 자극이 운동의 내성을 높이지 않는다는 것이다. 그리고 자꾸 심장 근육에 허혈성인 무리를 주어 해가 되면 됐지 이 자극이 보조혈관을 형성하지는 않는다는 것이다. 즉 통증을 유발하는 운동은 결코 도움이 되지 않는다는 것이 결론이다. 이 글을 읽은 후부터는 운동은 가볍게 통증을 체험하지 않는 범위 이내로 한정되게 관리했다.

체중이 현저하게 줄고 'inderal'과 여러가지 'calcium blocker' 등 좋은 약들이 나오면서 심장질환의 예후는 획기적으로 좋아졌고 나의 건강은 실제로 많이 호전되었다. 평지를 약 20분 정도는 가볍게 조깅해도 동통은 오지 않았다. 단, 몹시 화가 난다든지 특히 알코올 섭취로 심장 박동이 빨라지는 경우에는 틀림없이 협심증의 증상이 동반되었다. 삶의 질은 이 병 때문에 확실히 나빠졌다. 즐겼던 겨울철의 스키도 자제하고 스트레스와 감정을 잘 조절하면서 건강에 대한 자신감이 생겼다.

그러나 건강에 관한 관심이 좀 줄어들자 자연히 나의 관심사는 나의 삶의 방향이었다. 내가 제한된 삶을 앞에 두고 이제 변화가 있어야 한다는 압력이 매일 가중되었다. 그리고 어떤 변화로 앞으로 무슨 일을 해야 하는지가 고민의 초점이 되었다. 확실한 것 하나는 나의 병을 만드는 데 일조한 이전의 삶의 양식을 단연 끊어야 한다는 것이다. 하루 종일 사무실에서 환자마다 피워 대는 줄담배 연기 속에서 호흡하면서 환자들의 이야기를 들어 주고 감정을 같이 다루는 그 일에 종지부를 찍어야 한다. 그래서 여러 가지 대안들을 머릿속에서 저울질해 보았다. 그러던 중 뜻밖의 사건이 터진 것이다. 모교의 주임교수인 김채원 교수가 일으킨, 대한의사협회와 재미한국의사협회의 공동 학술 대회에서 일어난 이른바 논문 말살 사건이다. 이 사건의 여파가 상상 외로 커지면서 모교 동창회에서도 김 교수를 규탄하는 소리가 높았고, 특히 재미 세브란스 동창회의 강력한 항의가 계기가 되어 결국 김채원 교수는 주임교수직에서 해임되었다. 그리고 학교 당국은 후임에 대한 해결책을 강구하다 아이러니하게 그 사건의 희생자였던 나에게 그 자리를 주자는 의견이 제시되어 나를 귀국시켜 모교를 위해 일하도록 설득해 보자고 결심이 선 것 같았다. 김채원 교수가 의도를 알 수 없는 자기 혼자서 만든 자살골로 사건이 터졌을 때, 표시는 안 했지만 나의 분노는 컸다. 복수를 하고 싶은 생각이 전혀 없지도 않았다. 그러나 당한 입장에서 나만큼 분노를 내색하지 않고 잘 참을 수 있는 사람도 드물다고 생각한다. 그리고 이런 분노가 나의 건강에 해롭다고 생각해서 혼자 조용히 분노를 삭혔다.

그런데 난데없이 모교에 돌아와 정신과 교실의 주임교수를 맡아달라는 청이 온 것이다. 그것도 내가 늘 존경하던 양재모 학장님의 친서로 이 뜻이 전달되었고, 이 편지는 한동안 포기하고 잊고 있었던 학창 시절의 꿈을 되살려 놓았다. 어린 시절부터 모교에서 교수가 되어 후진들을 가르치는 것과 동시에 일직이 작고하신 선친의 유업(遺業)을 계승한다는 두 가지 소원이 같이 이루어질 수 있는 기회가 온 것이다. 이 소원은 한때의 좌절로 잊혀졌던 것이었는데 갑자기 현실로 내 앞에 다가온 것이다. 갑작스러운 심장병의 발견으로 삶의 한계를 실감하고 남은 인생의 진로를 모색하던 중에 날아온 이 소식은 하나님이 주신 기회라는 강력한 믿음이 생겼다. 나는 더 이상 주저하지 않고 양재모 학장님의 초청에 감사하고 그분의 뜻을 받들겠다는 답장을 올렸다.

나는 지금도 나의 아내의 사랑과 관대한 마음씨에 대해 크게 감사하고 있다. 당시 집사람은 버룩(Baruch) 칼리지의 직장을 계속 다니면

① 고교 재학중이던 딸과 함께. 귀국 직후 중국 방문당시. ② 딸 Grace의 가족, 어느 휴양지에서. 사위 Diavid는 정형외과 의사이다. ③ 딸 가족사진으로 손녀는 Rebecca, 할아버지를 닮았다는 손자 Jeremy.

서 전부터 꿈꾸던 박사과정을 시작했다. 아내는 당시 박사과정을 순조롭게 밟고 있었고 공부가 장기인 터라 일찍이 학위를 마칠 여건이 다 갖추어져 있었다. 얼마 안 있으면 박사 학위를 끝맺을 수 있는 시점이 었는데 예기치 않게 내가 한국으로 귀국한다고 결심하자 자신의 학위 추구에 관해 적지 않게 고민한 것 같다. 후에 들은 이야기지만 내가 한국 가기로 결심한 데 대해 이것이 "나의 여생을 위해 하고 싶은 일"이라고 했을 때 아내는 두 말 없이 나의 결정을 받아들였다. 여생을 위한 계획이라는 말에 반론의 여지가 없었다는 것이다. 내가 한국에 나가겠다는 결심이 마치 나의 유언같이 들렸을 것이 분명하다. 아내는 자신이 시작했어야 할 박사 학위 논문을 미루고 나의 결심을 이루게 하기 위해 최선을 다해 주었다. 이것은 아내가 내게 준 최대의 선물이고, 자신의 꿈을 희생했기에 가능했다. 이때 나의 결심을 밀어붙일 수 있는 용기가 있었던 것은 아내의 전폭적인 지지가 있었기 때문이다.

병원은 근처에 살았던 교포 정신과 후배에게 아무런 조건도 보상도 없이 다 넘겨주려고 했는데 본인의 간절한 의사 표시로 1000달러의 사례금을 받았다. 여비와 이사 등에 경제적인 부담도 컸지만 새로운 일을 한다는 생각에 아무것도 아까울 것이 없었다. 나의 귀국길은 이 같은 확고한 목표의식과 아내의 지지로 신속히 진행되어 1984년 2월 19일 JFK 국제공항을 떠났다.

누가 나보고 일생 동안에 가장 가슴 아팠던 일이 무엇이었느냐고 묻는다면 나는 두 번 생각하지 않고 1984년 2월 19일 내가 JFK 국제

공항을 떠날 때라고 대답할 것이다. 공항 출구를 나오기 직전 나의 딸 그레이스를 안고 작별 인사를 할 때 그때까지 말없이 따라온 그레이스가 갑자기 무너지면서 울음을 터트렸다. 나는 이 순간 가슴이 미어지는 것 같으면서 엄청난 죄책감에 휩싸였다. 왜 내가 진작 그레이스에게 시간을 두고 나의 결심과 그 배경을 자세히 설명해 주고 그의 양해를 구하지 않았던가? 물론 설명을 잘했어도 공항에서 그레이스가 울었을 것은 확실하다. 그러나 엄마의 품에 안기어 서럽게 우는 나의 딸을 보면서 공연히 내가 내 생각만 하고 내 꿈만 좇느라 그레이스가 나 없이 살아야 하는 상실의 정황을 충분히 공감하지 못했다는 죄책감에 몸 둘 바를 몰랐다. 실제로 그 자리에서 출국을 연기하고 그레이스와 진지하게 이야기할 시간을 가질까 하는 생각도 했다. 무너져 우는 그레이스를 안고 위로해 주던 아내는 나보고 괜찮으니 빨리 출구로 나가라는 손짓을 했다. 그때 하늘과 내 가슴이 동시에 무너지는 것 같았다. 내가 이래도 되는가? 가족에게 무심한 아버지가 아닌가? 그레이스는 아무 형제도 없이 혼자 자랐기 때문에 아빠와 잘 어울렸고 나는 아빠라기보다는 그 애의 벗이었다. 엄마는 딸아이 기르는 데 엄격했고 부족하고 결함이 있는 부분을 지적하고 이를 고치기 위해 확고한 성취 기준을 늘 주장했다. 사실은 그레이스는 엄마 덕에 그리고 자신의 노력으로 훌륭한 교육과정을 거쳐 미국의 정상급 교육기관을 졸업하고 어려운 의과대학을 성공적으로 마칠 수 있었다. 반대로 나는 딸아이에게 지나치게 허용적이고 나무라지도 독촉하지도 않고 부족한 것, 모자라는 것 다 수용해 주었다. 나는 막연하나마 나에게 심장병이 생겨 생활양식을 180도 바꾸고 또 이것저것 한국에 돌아가기 위해 준비하는 과정을 보았으니까 그레이스도 나와의 이별을 예측하고 또 이별의 각오가 되어 있을 것으로 상상했다. 그러나 이것은 전적으로 나의 무지였다. 내가 시간을 내어 그와 독대하고 나의 계획 그리고 결심의 배경을 설명해 주고 나와의 이별을 견디어 달라는 부탁을 했어야 했다. 그런 준비가 없었으니까 아무 말 없이 마음속에서 나와의 이별의 슬픔을 삭이고 있다가 막상 떠나는 나를 보고 더 이상 참지 못하고 울음을 터트린 것이다. 나이는 16세였지만 일대일 인간 간의 대화로 나의 꿈과 내가 한국에 돌아가고 싶은 마음을 호소하는 기회가 있었어야 했다. 그레이스는 여간해서 잘 울지 않는다. 그리고 감정의 표현도 별로 없는 아이다. 내가 한국을 떠난 후 그레이스와 친한 조카가 그레이스가 내가 없어 얼마나 외로워하고 나를 그리워하는지를 아느냐고 물은 일이 있다. 그러나 그레이스는 뉴욕 공항에서 울음을 터트린 후 그런 내색을 한 번도 한 적이 없다.

나는 한국에 돌아온 것을 후회하지 않는다. 내가 내린 결심치고 잘한 일이라고 자랑스럽게 생각한다. 그러나 나의 욕구를 충족하기 위해 사랑하는 그레이스를 떠나 그에게 큰 슬픔을 안겼다는 사실과, 나의 아내가 자신의 박사 논문을 연기했기 때문에 영구히 기회를 놓친 사실은 지울 수 없는 죄책감으로 영영 없어지지 않는다. 아내가 박사 논문 쓰기를 연기한 후 불행히도 컬럼비아대학의 문헌정보학과 대학원 과정이 없어졌다.

나의 모교가 된 아주대학교

1984년 2월 19일 뉴욕을 떠나 서울에 도착해 일단은 신촌의 고 민광식 선생 댁에 하숙을 하게 되었다. 고 민광식 선생은 나의 은사이셨고 선생님이 작고하신 후 사모님이 혼자 집에서 사시는 것이 적적하시다고 아무런 부담이나 조건 없이 와서 같이 있어 주었으면 하셔서 선생님 댁에 기숙하게 되었는데 나로서는 얼마나 고마운 일인지 모른다. 오랜 세월을 모국을 떠나 있어서 그동안 한국이 얼마나 변했는지 몰랐고 한국 사회 돌아가는 정황도 잘 모른다는 뜻에서 철없이 순진하기 짝이 없었다. 모교에서 초청해 주었고 내가 전공한 정신과 분야의 지식이나 임상 경력에서 앞서 있다고 자신하고 있어서 모교에 가면 모두가 나를 환영하고 협력해 주어서 소신껏 일할 수 있다고 생각했다. 누구와 싸우거나 소원해져서 적대시하며 산 일이 없고 평범하고 원만한 처세술로 살아왔기 때문에 매사를 잘 관리할 수 있다고 믿었다. 그러나 한국 생활은 시초부터 만만치 않았고 흥미로운 일들도 많았지만 못지않게 어려움도 있었다. 지금은 현저하게 달라졌지만 1980년대 초반 한국 사회의 일반적인 분위기가 미국을 비롯한 다른 나라 시민권을 가진 교포의 활동을 보는 시선이 곱지 않았다. 우선 정부에서 출입국관리소를 통해 매년(처음 2년은 6개월마다) 한국에서 대체가 어렵고 꼭 필요한 교수직을 가지고 있다는 증명과 함께 체류 신청을 해서 허가를 받아야 했다. 그 절차를 밟는 것도 쉬운 일이 아니고 마치 죄지은 사람같이 저자세로 담당자에게 부탁을 해야 했다. 부탁은 가끔 개인적 사례를 동반했다. 전혀 근거 없는 이야기는 아니지만, 일반 사람들의 인식으로 미국 영주권이나 시민권 소지자라 하면 일단은 자신의 안위를 위해 우리나라가 한참 어려울 때 조국을 버리고 떠났던 사람이라는, 일종의 '배반자' 같은 보이지 않은 낙인이 찍힌다. 물론 겉으로 내놓고 그런 내색을 하지 않으니까 나는 그런 것이 있는지 잘 몰랐다. 그동안 우리나라가 선진화, 다문화, 국제화 등으로 많이 변했지만 지금도 정부 요직에 임명된 인사에 대한 국회 인사 청문회에서는 그 인사의 가족 중 누가 외국 시민권을 가졌다고 하면 그에 대한 날카로운 추궁이 있고 이 사실이 구설수에 오른다. 외국 시민권을 가진 사람은 어떤 요직에 임명되어도 일단은 '꼭 그 사람이라야 하나?' 하는 비판의 대상이 된다. 우리나라가 다문화 사회라고 자처하고 있지만 민심은 아직도 외국인에 대해 배타적이다. 이것은 학문의 전당인 대학에서도 마찬가지다. 아니 한국인 외국 시민권 소유자는 대학에서 더욱 문제가 된다. 점잖은 신사인 교수들이지만 경쟁에 있어서는 하나같이 챔피언이고 경쟁자에게 약점이 있으면, 특히 외국 시민권이 있으면 공세는 집단 움직임이 된다. 전 연세대학교 총장이 미국의 영주권을 한때 가졌다고 마치 이중국적으로 양쪽에서 이득을 본 사람으로 취급해 총장이 될 수 없다는 집중 공세로 사퇴한 일도 있었다. 연세대학교는 미국의 선교사가 설립했고 설립자의 자손이 총장을 지내기도 했다. 그리고 연세대학교 의과대학의 전신인 세브란스의과대학은 외국 선교사와 외국 의사의 교수진이 화려했던 대학이다. 그러나 지금도 이 대학은 외국 국적을 가지면 주임교수도 될 수 없다. 순수 외국인이면 어떨지 몰라도 모교를 졸업한 한국 교포 외국인이면 제도적으로 주임교수가 될 수 없다.

1984년은 이런 배타적인 풍조가 한창이었을 때였고 차별도 노골적이었다. 당시 외국 국적을 가진 한국인으로 주임교수가 된 것은 나와 미생물학 교실 주임교수로 같은 날 취임한 고 윤정구 교수뿐이었다. 윤정구 교수는 당시 프랑스 시민권 소지자였다. 우리 두 사람의 주임교수 임명은 파격적인 예외였다. 그리고 그것은 양재모 당시 학장이 개방적이고 진보적인 소신으로 강력히 추진하셔서 가능했다. 그런 의미에서 본다면 내가 귀국해 주임교수 보직을 받았다는 사실은 감사해야 할 일이다. 그러나 분위기는 막상 일을 해야 하는 차별의 당사자에게 결코 편치 않았다. 내가 세브란스의과대학을 졸업했지만 모교 아닌 다른 곳에서 연수를 받고 다른 기관에 몸담고 있었으면 모교에 돌아온다는 것은 어려운 일이고, 다행히 세브란스에 자리를 잡는다 해도 저항하고 이겨 내야 할 장애물들이 많다. 힘에 예민한 이 기관에서 영향력을 행사할 수 있게 되기란 쉽지 않다. 한마디로 세브란스는 배타적이고 유아적(唯我的)인 곳이다. 몸담고 있는 사람들도 그 사실을 다 알고 있어야 하지만 불행히도 이 사실을 의식적으로 부정한다.

나는 모교 정신과 교실에서 만 10년 소신껏 그리고 헌신적으로 봉사했다고 생각하지만 처음 부임할 때 장애가 많았다. 내가 당시 일하면서 실제로 피부로 느낀 것보다 훨씬 더 많았다. 대부분의 장애 요소는 배후에 있었고 겉으로 보이지 않기 때문에 나는 이를 감지할 만큼 현명하지 못했다. 내가 주임교수로 부임하기 이전 내가 오는 것에 대해 교실 전체가 반대했고 나의 취임에 노골적으로 반감을 가진 교실 소속원들도 있었다는 사실을 나는 몰랐다. 내 앞에서는 (아부는 할망정) 대놓고 그런 내색을 하지 않기 때문이다. 한마디로 교실 내에 내 편은 아무도 없었다. 교실 출신의 선배들도 당시에는 아무도 나의 친구가 되어 주지 않았다. 그러나 한 가지 내게 희망이 있었는데 그것은 나의 제자가 되어 나와 관계를 맺기를 원하는 후진들이 있었다는 사실이다. 다행히 나의 제자들은 적극적으로 나를 따르고 나와 같이 공부하고 연구하는 대열에 앞장섰다. 이충순, 임기영, 박종주, 김수영이 대표적인데 그들은 정말 나를 따랐다. 다음 해부터 나의 팀은 더욱 강화되었다. 김병후, 남궁기, 이종섭, 배종훈, 이영문, 노재성, 김준기, 이주훈, 조영삼, 김영신, 정유숙 등 모두 하나같이 진정한 나의 제자로 나를 따랐다. 교실에서 나와 제자들이 팀이 되어 같이 연구와 교육에

① 아주대학교 병원장 취임당시.
② 아주대학교 총장 취임식.

매진하면서 슬며시 반대 세력은 약화되고 또 없어졌다. 무슨 세력 확장이나 권력을 의식한 어떤 대책도 없이 순수하게 내가 제자들과 같이할 일에 전념할 수 있었던 것은 축복이었다. 내 터를 만들겠다든지 내가 보스라든지 내 자리를 오래 지키겠다는 그런 욕심은 눈곱만큼도 없었다. 주임교수 역할이 끝나자 내가 연세대학교 의과대학 교수 자리를 버리고 새로운 직장을 찾아 떠난 사실을 보면 자명한 일이다. 나는 늘 보람 있는 일을 할 수 있는 자리를 원하고 이를 찾아간다. 지금 연세대학교에 대한 미련은 전혀 없다. 오히려 떠난 것이 얼마나 다행한 일인지 모른다.

신기하게도 세브란스 밖의 세상은 딴판이었다. 내가 귀국한 그날부터 한국 사회는 나를 반겨 주고 특히 정신과 학계에서는 엄청나게 큰 기대를 걸고, 그만큼 일거리를 안겨 주었다. 귀국한 바로 다음 해에 아무런 주저 없이 대한신경정신의학회 회장직을 안겨 주었다. 학회장과 이사장직을 맡고 있는 동안 정신보건 정책과 정신보건법을 둘러싼 정부와의 엄청난 갈등과 이로 인해 생긴 위기를 여러 동지들의 도움으로 극복한 일도 있었다. 당시 연세대학교 의과대학 정신과는 정신의학계를 연구 업적과 그리고 학문적으로 리드하는 전성기였다. 연세대학교 울타리 밖에서 나는 신나게 활동했다. 이 같은 활동이 연세대학교 교수였기 때문에 가능했다는 것은 일리 있는 해석이지만 이것 역시 연세 특유의 유아적인 생각의 일부다. 우물 밖의 세상은 더 넓고 또 훨씬 즐길 수 있는 곳이다.

1992년 성공적으로 두 번의 주임교수 임기를 끝내고 모든 책임을 유계준 교수에게 물려주었다. 이것은 당연한 일이었는데 후에 듣기에 유 교수는 내가 누구에게 후임을 맡길지를 두고 마지막 순간까지 긴장하고 있었고, 자신을 비켜서 후배인 민성길 교수에게 주임교수가 계승 될 가능성을 염려했던 모양이다. 내가 후계자를 누구로 생각하고 있는지 전혀 눈치를 보이지 않은 것은 일찍부터 당연히 유계준 교수에게 갈 것으로 생각했기 때문이다. 민성길 교수를 나의 후계자로 생각해 본 일은 단 한 번도 없다. 주임교수가 끝나자 나는 연세대학을 떠나 무언가 새로운 일을 시작하고 싶었다. 그 이유는 나를 필요로 하지 않는데 억지로 존재 이유와 구실을 만들고 있지도 않은 영향력을 꾸미며 계속 눌러 있기가 싫었기 때문이다. 시간이 많으니까 자주 골프나 치고 늦게 출근하며 헛기침만 하는 원로 교수 신세가 되는 것은 죽기보다 싫은 일이다. 그리고 나의 운명이 마치 내가 속한 기관의 운명과 같이 가는 것처럼 믿고 붙어서 연명하는 것은 살아 있으면서 시체 놀이를 하는 셈이고, 나의 개성을 죽이고 또 나의 정체성과 미래를 포기하는 거나 마찬가지다. 평생직장이란 이미 없어진 지 오래다. 이제는 은퇴보다 중요한 것이 전환이고, 한평생에 은퇴가 한 번 있는 것이 아니라 수없이 있을 수 있는 것이다. 내가 연세대학교 의과대학 정신과 교실의 주임교수 임기를 마쳤다면 내가 한 일은 끝난 것이고 무언가 전환을 꾀해야 한다. 당시 나의 나이는 62세였지만 제3의 인생이 아직도 20년은 남아 있다. 더군다나 미국 시민권 소지자라는 딱지 때문에 나에게 올 수 있는 기회가 더 이상 없다면, 그리고 이것이 연세대학교의 생리라면 나는 정년 퇴직시까지 거기 있을 생각도 없고 또 그러고 싶게 하는 매력도 없었다.

만 60세, 이른바 환갑 되던 해에 『도피냐 도전이냐』라는 책을 써서 출판기념회를 가졌다. 이때 답사를 하는 자리에서 이제부터 내가 어디에서 무엇을 할 것인가를 적극 생각하는 계기가 됐다고 말했다. 이미 환갑 때부터 새로운 출발을 생각하고 있었는데, 이것은 즐거운 고민이었다. 몸이 아직 건강했던 때문인지 마음먹으면 무엇이든 새롭게 할 수 있다는 자신감이 있었다. 미래에 대한 새로운 전망이 긍정적인 태도를 안겨 준 것이다. 실은 내심으로 한국에서 전설적인 정신치료자 모델이 될 수 있는 구체적인 일을 구상하고 있었다. 그러나 나의 목표였던 전설적인 임상가가 되는 길과는 다르게 교육자가 되는 길이 예상치 않은 곳에서 열렸다.

1993년 어느 날 연세대학교 의과대학 교수실로 이성낙 교수가 찾아왔다. 별로 친분 있는 사이는 아니었지만 머리가 탁월하고 스마트하고 몸과 마음이 단정하고 예술에 몰입하는 모습이 늘 호감이 가던 교수다. 이 교수는 직설적으로 나보고 신설 대학인 아주대학교 의과대학이 새롭게 수원에 병원을 짓고 있는데, 이 병원 완공을 계기로 각 과 임상 주임교수를 초빙하니 나보고 그 자리에 올 수 없느냐고 묻는 것이다. 그때만 해도 아주대학교가 어디 있는지도 잘 몰랐고 단지 새로운 의과대학이 생겼다는 것과 이성낙 교수가 당시 아주대학교 총장으로 계신 고 김효규 선생을 보좌하면서 새로운 병원 건물을 짓는 데 관여하고 있다는 정도만 알고 있었다. 이 같은 청이 있으면 일단은 그 기관에 대한 정보를 모으고 알아보고 대우도 물어보고 조건을 내세우기도 한다. 나는 그런 조건 따위는 전혀 마음에 없었다. 당시 이성낙 교수가 두 가지 확실하게 해 준 것이 있었는데, 하나는 아주대학교 의과대학은 은퇴의 제한이 없어 65세 넘어서도 계속 일을 할 수 있다는 것과 또 하나는 주임교수로 임명되면 그 과의 인사는 전적으로 주임교수가 책임진다는 것이다. 이 두 조건은 상당한 매력이었다. 후에 정년 지나서까지 근무하는 것은 아주대학교 학칙과 어긋난다 하여 말썽이 되었고 그 실행이 애매하게 혼선을 빚게 되었지만 당시의 제안은 진지하게 그런 조건으로 우수한 교수를 유치한다는 뚜렷한 목적이 있었다. 특히 미국서 기반을 잡은 분들이 그 기반을 다 버리고 귀국할 경우 65세로 정년이 된다면 그때 다시 미국에 돌아가기도 어려운 처지에 놓이게 되기 때문에 이런 약속을 내세우지 않을 수 없었다. 어쨌든 당시 이성낙 교수의 제안은 매력이 있었고 특히 나의 마음대로 같이 일하는 교수들을 임용할 권한을 준다는 것이 나를 흥분시켰다. 이 교수는 이 정책이 앞으로 과를 원활하게 그리고 장기적으로 주임교수를 중심으로 결속력을 갖게 하기 위한 것이라고 강조했다. 이것은 좋은 발상이고 옳은 말이다. 그리고 미래를 바라보는 훌륭한 정책이다. 그의 설득은 긴 시간을 요하지 않았다. 생각해 보겠다고 하면서 즉답은 피했지만 나의 마음은 청을 받는 순간 이미 결정되었다. 그리고 곧 긍정적인 대답을 이성낙 교수에게 전했다. 아주대학교가 어떤 대학인지 알

필요도 없었다. 내가 선발한 제자 몇을 규합해서 대학교수직을 주고 같이 새로운 대학 정신과를 만들어서 놀랄 만한 모범 서비스를 제공하는 우수한 교육기관으로 만든다는 새로운 도전이 있었기 때문이다. 새로 생기는 아주대학교병원이 김우중 대우그룹 총수의 야심작이고 앞으로 삼성이나 현대와 더불어 재벌이 관여하는 새로운 형태의 병원이 될 거라는 기대는 사실인즉 내가 가기로 승낙한 후에 안 일이다. 물론 내가 초대 병원장이 된다는 것도 전혀 생각해 본 일이 없고, 실은 당시 연세의료원의 외과 이경식 교수가 병원장이 되기로 내정되어 있었다.

같이 일할 동료 정신과 의사를 뽑는 일은 그리 어렵지 않았고 이를 위해 특별히 누구에게 자문을 구하지도 않았다. 학구적이고 아는 지식이 확실하고 제자를 사랑하고 전수해 주는 교수를 할 수 있는 모델로 정영기 교수가 먼저 꼽혔다. 나의 신뢰하는 제자인 김병후 군이 적극 추천했다. 그를 첫 번째로 꼽은 배후에는 부인인 박정주의 영향이 작용한 것도 부인할 수 없다. 내가 연세대학교 정신과 교실 주임교수로 있던 시절 박정주가 전공의 수련이 끝난 후에 과의 연구강사로 근무했다. 연구강사 임기가 끝날 무렵 그를 내 방에 불러 우수한 정신과 의사이고 성격이 진지하고 곧음을 인정하면서 우리 과에서 같이 일할 수 있는 기회를 줄 수 없어 미안하다는 말을 했는데 박정주의 반응은 의외로 분명했다. 나에게 앞으로 언제 어떤 자리를 두고 인선을 할 기회가 있으면 자기보다는 남편인 정영기를 우선 생각해 달라고 간곡히 부탁하는 것이었다. 그리고 남편의 성격과 학구적인 자세로 보아 대학의 교수직이 제일 맞는다는 이야기도 덧붙였다. 나는 그 말을 듣고 감동했다. 박정주의 남편에 대한 배려와 자기보다는 남편을 먼저 생각하는 그 마음씨가 좋았기 때문이다. 나는 그의 호소를 잘 간직했다. 그래서 아주대 정신과 인선 때 내가 제일 먼저 정영기를 뽑은 것은 그가 교수로서의 자질도 물론 있지만, 박정주의 특별한 부탁이 떠올랐기 때문이기도 했다. 이 부부의 진지하고 정직하고 착실한 삶의 자세가 나는 좋았다. 그다음이 임기영이었다. 그가 전공의 2년차 때 처음 만났는데 내가 알게 모르게 그는 항상 나의 뒤를 따랐다. 대면해서 상대방의 비위를 맞춘다든지 달변으로 듣기 좋은 말을 하는 성격이 아니라 말을 아끼지만 매사에 냉정한 평가와 판단을 하고 움직이는 성격이다. 어쩌다 내가 남의 객관적인 의견을 필요로 할 때 뒤돌아보면 그가 있었고 의논하면 늘 객관적이고 합리적인 응답을 해 주었다. 언젠가는 과에서 윗사람 노릇을 해야 할 날이 오기에 나는 이 두 사람의 화목이 매우 중요하다고 생각했고 우려하는 바도 있어 한번은 본인들에게 직적 이 우려를 표시해 본즉 전혀 걱정 안 해도 된다는 시원한 대답을 들었다. 정영기 교수와 임기영 교수는 서로 성격이 크게 다르다. 그러나 두 사람이 같은 과에서 일하면서 각별히 친하고 서로 협조하는 모습을 보고 나의 걱정은 기우였음을 깨닫게 되었다. 지금도 두 사람의 관계는 마치 마음 맞는 형제와 같다. 이 두 교수의 화합과 협조는 아주대학교 정신과의 보배다.

  이영문 그리고 노재성 두 교수의 선택은 아마 주변에서 짐작했으리라 생각된다. 내가 연세 정신과 주임교수 시절 제일 정들었던 연차가 김준기, 박진한, 노재성, 이영문, 이범용, 박민숙 등의 집단이다. 박민숙을 제외하고는 아들이 없는 내가 남부럽지 않게 아들 노릇을 대신해 주는 사람들이다. 장점도 많지만 그보다 결점이 더 많은 제자들인데 정이 들어서 그런지 그 결점들과 상관없이 다 훌륭해 보인다. 그중에서도 이 두 사람은 다 머리가 우수하고 대학에서 후진을 잘 가르칠 선생의 소질을 가지고 있다고 생각하고 있었다. 이영문은 당시 용인정신병원에서 정신사회 재활 사업에 매진하고 있을 때라 아주대에 오라니까 분명 고민을 했을 것으로 상상이 된다. 보람 있는 일을 중요시하는 것을 내가 알기 때문이다. 그는 전혀 내색하지 않고 응해 주었다. 노재성은 원래 과묵하고 특히 윗사람에게는 전혀 말을 건네지 않는 성격이다. 그래서 나의 제의가 그에게는 의외였을지도 모른다. 노재성 교수에게서는 처음 볼 때부터 직관적으로 무언가 몰입해서 창출해 내는 능력을 보았다. 나는 직관으로 파악한 남의 특이성(uniqueness)을 신뢰한다. 이 두 교수가 같은 교실원이 되기 직전 그들이 동기동창이기 때문에 '턱'이 없어 분쟁의 소지가 될 수 있다고 누가 나에게 충고를 해서 두 사람을 같이 만나 이에 대한 의견을 물었다. 둘이서 마치 약속이나 한 듯 내 말이 끝나기가 무섭게 무릎을 치면서 크게 웃었다. 고려의 대상도 아니고 웃기는 이야기란 뜻이다. 나에 대한 충성심(?)을 말할 것 없고 이 두 사람 사이의 우정은 특별한 것이다. 이 두 사람 사이를 라이벌로 본다는 것은 정말 웃기는 이야기다. 오히려 이런 걱정을 했다는 사실이 부끄러울 정도였다. 끝으로 아주대학교병원이 개원했을 때 교수로 채용되지는 않았으나 연세대학교 세브란스병원에서 정신과 전공의 수련을 마치고 연세대학교에서 펠로로 남아 주기를 원하는데도 뿌리치고 나를 따라 아주대학교에 와서 소아정신과 펠로 연수를 마치고 정신과 전임교수가 된 오은영이 있다. 내가 연세대학교에 재직할 때 전공의였던 오은영은 나와 각별한 사이였다. 당시 내가 목동 아파트에 살고 있었기 때문에 역시 목동에 살고 있던 오은영은 출퇴근을 비롯해 여러 가지 나 개인의 잡일도 많이 도왔으며, 그의 결혼식 때도 내가 주례를 서서 새로운 가정의 출발을 축복해 주었다. 전공의 시절부터 두각을 보인 오은영은 연세에 남아도 소아정신과를 전공하고 계속 과에서 일할 수 있는 재목이었다. 그러나 오은영은 전공의 수련이 끝나자 주저하지 않고 아주대학교병원에서 소아정신과를 전공하기를 원했다. 이것은 나와의 사제 관계를 계속하고 싶은 마음 때문이었다고 나는 믿고 있다. 당시 아주대학교 병원은 신설 초기여서 소아정신과를 지도할 만한 교수가 없었지만 (이 점에서는 연세의 사정도 마찬가지였다) 수련받을 수 있는 병원에 파견을 시켜서라도 어떻게 해서든지 아주대학교에 적을 두고 소아정신과 전문의가 되도록 도와주고 싶었다. 다행스럽게도 당시 삼성의료원 정신과장으로 취임한 김승태 박사가 나와는 절친한 관계였기에 오은영의 소아정신과 수련을 부탁한즉 김 박사가 이를 쾌히 승낙해 주었다. 그러니까 아주대학교 의과대학에 적을 두고 삼성의료원에서 소아정신과 펠로 수련을 받을 수 있게 배려해 준 것이다. 오은영은 아주대학교병원에서 소아정신과 전문의로 봉직하다가 수원에서 개업해 지금은 전국적으로 알려진 소아정신과 명의가 되어 성업하고 있다. 내가 은퇴 후 만년에 접어들어 별로 쓸모가 없는 존재가 되어 있는데도 초청해 오은영의원 교육 담당 자문의로 근무할 수 있었던 것도 나의 노년기를 보살펴 주려는 그의 배려에서 나온 것이다. 나는 지금도 정영기, 임기영, 이영문, 노재성, 오은영과 같이 아주대학교 의과대학 정신과를 신설한 것을 자랑스럽게 생각한다. 모두가 나의 기대를 충족시켜 주고 아주대학교 의과대학 발전에 크게 공헌했다.

아주대학교에서 크게 정신적인 부담을 던 것은 미국 시민권을 가졌다는 것이 아무런 문제가 되지 않았기 때문이다. 지금은 고인이 되셨지만 당시 김효규 총장을 비롯해 대학 전체의 분위기가 연세대학교에 비교해서 나라, 인종, 문화의 벽을 넘는 글로벌 개념에서 훨씬 개방되어 있었다. 나아가서 신설 아주대학교병원은 개원을 계기로 외국의 선진 의학 일선에서 활약하는 한국 교포 의사들을 지도자 및 중견의 자리로 대거 모셔 왔다. 기대하지 않게 내가 초대 병원장이 되어 당시 김효규 총장을 모시고 병원이 준공되기 전에 미국을 순회하면서 아주대에서 같이 일할 수 있는 주임교수 후보들을 만나 귀국을 설득해 큰 성과를 거두었다. 당시 미국, 캐나다, 영국, 프랑스 등지에서 활동 중인 지도자급 교수들로 호응해 주신 분들은 윤정구, 윤지원 이은설, 김효철, 김현주, 최병일, 김관식, 곽연식, 강신영, 이일영(후에는 백운기, 김승업, 현봉학 교수도 가세) 등으로 모두가 외국 국적을 가지셨다. 그분들이 학술 연구, 교육 및 사회 활동을 하시는 데 아무런 지장이 없이 해 드렸기에 학계에서도 환영받고 여러 기관에서 적극적인 연구

의과대학 **학장취임** 및
정신과학교실 주임교수 이·취임 축하모임

장소 | **경기중기센터 티원(T園)** | 일시 | **2010년 9월 11일(토)** 오후7시

아주대학교 의과대학 정신과학 교실. 2010년 9월.

지원도 받을 수가 있었다. 아마 대한민국의 대학에서 가장 개방적인 분위기로 앞서 간 대학이라고 자부할 수 있다. 김대중 대통령 시절에는 외국 국적을 가진 교포들의 귀국 활동이 권장되어 제도 면에서도 '외국 국적 동포 국내 거주 신고증'이라는 것이 생겨 근무처의 추천으로 일단 등록이 되면 한국인과 차별 없는 대우를 받아 출입국을 비롯한 모든 활동이 자유로워졌다. 나는 외국 국적을 가지고 있다는 사실을 잊고 살 정도로 한국에 역토착화(逆土着化)가 되었다. 미국 시민권을 가졌어도 한국 시민과 차별 없이 활동할 수 있는 기회를 주신 아주대학교 김효규 전 총장과 각별히 나를 아껴 주시고 은퇴 후에도 의과대학 학장직을 계속하도록 배려해 주시고 짧은 기간이지만 총장 자리에서 아주대학교를 위해 혼신을 다해 일할 수 있는 기회를 주신 김덕중 전 교육부장관 및 아주대총장, 이 두 분은 내가 잊을 수 없는 은인이다.

즐거웠고 보람 있던 국제 팀

　귀국한 다음 해인 1985년에 미국을 중심으로 세계 각국에서 횡문화 정신의학(Cross Cultural Psychiatry)에 특별한 흥미를 가진 정신과 의사들이 모여 개방의 문을 열기 시작한 중국에서 횡문화 정신의학 학술대회를 열었다. 중국이라는 거대하고 엄청난 가능성을 가진 대국이 1949년 공산당이 정권을 잡은 이래 완전 고립·폐쇄 정책을 유지해 오다가 주은래를 비롯한 개방파들에 의해 시동이 걸려 처음으로 미국과 교류를 튼 것이 1971년이었다. 당시 중국의 탁구 팀이 세계를 석권한 후 미국 팀을 중국에 초청해 친선 경기를 열었다. 이때를 기회로 삼아 당시 미국 국무장관이던 헨리 키신저가 중국을 방문해 모택동을 만나고 일이 진행되어 다음 해인 1972년 2월에 닉슨 미국 대통령이 초청을 받아 중국을 방문했다. 이를 시작으로 중국의 문이 조심스럽게 조금씩 서방을 향해 열리기 시작했고, 특히 모든 학술 분야에서 뒤진 중국이 서방의 지식과 기술을 도입하기 위해 젊은 유학생들을 서방에 파견하게 되었다. 그리고 미비한 설비에도 불구하고 소규모의 국제 학술대회를 여는 것을 허락했다. 지금 생각하면 까마득한 옛 이야기다. 이 틈에 정신의학계에서도 중국 방문의 문을 두드리다가 1985년 처음으로 북경대학에서 횡문화 정신의학 학술대회가 열렸다. 주최 측은 중국 정부의 보건성이고 장소로는 북경대학, 남경대학 그리고 서안의과대학이 지정되었다. 개방이 시작된 중국은 여러 모로 후진국 신세를 면치 못했지만 세계 여러 나라 각 학문 분야에서 중국을 방문하면서 학술 교류를 하기를 원했다. 정신의학계에서는 하와이 대학 정신과의 대만 출신인 웬신청 교수가 중국어에 유창한 연유로 적극 중국 정부와 교신해 횡문화 학술대회를 중국에서 개최하는 데 성공했다. 나는 웬신청 교수를 1984년에 도쿄에서 열린 국제 가족문제 토론회에서 처음 만나 알게 되었고, 그가 다음 해인 1985년에 중국에서 열리는 횡문화 학술대회에 연사로 참석하도록 나를 초청해 주었다. 대한민국 국민으로 중국을 방문한다는 것은 당시 불가능한 일이었으나 내가 미국 시민권을 가지고 있었고 뉴욕대학교 객원교수의 직함이 있었기 때문에 미국 대학교수의 자격으로 참석이 가능했다. 이 때에 나는 당시의 중국을 방문하는 것이 나에게도 좋은 기회이지만 당시 미국에서 고등학교를 다니던 나의 딸 그레이스도 같이 갈 수 있다면 좋은 경험이 된다고 생각해 딸아이의 동행을 종용했고 쾌히 승낙해 동행하게 되었다.

이 여행에서 내가 알게 된 여러 나라 정신과 의사들과 차후 계속해 국제적인 팀을 이뤄 같이 일하게 된다. 미국 뉴욕대학교 의과대학의 앨프리드 프리드먼(Alfred Freedman) 교수, 홍콩대학의 펠리스 리막(Felice Lieh-Mak) 교수, 일본 후쿠오카대학의 니시조노 교수, 일본의 세계적인 석학 다케 오도이 교수 그리고 서태평양 지구 WHO의 정신건강 담당 고문 신후구 교수 등이다. 2주 동안의 여행에서 우리들은 친해졌고, 대부분이 부인 동반이라 가족들끼리도 친한 사이가 되어 즐거운 시간을 가졌다. 여행 후에도 서로 사진을 교환하는 등 관계가 지속되면서 각종 국제 학술대회에 서로를 초청했다. 미국에 사는 동안 나는 단순한 개업 정신과 의사에 지나지 않았다. 그러나 한국에 돌아온 후 중국 여행과 거기서 여러 나라 학자들을 만난 것을 계기로 일약 한국을 대표하는 정신과 의사가 되어 국제회의에 계속 초청받게 되었다. 특히 서태평양 지구 WHO의 정신건강 담당 고문이었던 신후구는 지역 내의 정신건강과 연관된 각종 회의에 나를 초청해 주었다. 도쿄, 오사카, 후쿠오카, 홍콩, 마닐라, 싱가포르, 베이징, 난징, 상하이, 타이베이 등지에서 열리는 WHO 회의에 늘 초청되어 참석했고, 그럴 때 마다 거의 매번 중국에서 만난 동지들이 참석해 은연중에 국제적인 팀이 되었다. WHO 지역 회의에 제네바 WHO 본부의 노먼 사토리어스(Norman Sartorius) 정신건강국장이 참석하기 때문에 서로 친해지면서 자연히 WHO 본부에서 열리는 각종 회의에도 참석하게 되었다. 자주 회의에서 만나 의견을 나누는 가운데 서로 신뢰할 수 있는 관계로 발전되고, 정신건강 사업에 관한 서로의 생각을 회의 시작 즉시 자유롭게 교환할 수 있어 여러 모로 효과적이었다. 일하면서 친

① WPA아시아 각국 정신과 학회장 모임. 당시 아시아 지역 대표를 역임하였다. ② 동북아 문화
정신의학회 회장역임당시, 서울에서 학회를 개최하였다. ③ WHO 초청으로 일본 후코오카 의대에
서 강연하는 모습. ④ 리막교수(좌)와 함께 중국방문당시 만리장성에서, 1985년. 가운데는 리브라
하와이대 문화인류학 교수.

해지고 그것이 우정으로 발전되어 하나의 국제적 정신건강 전문 작업 팀으로 인정받게 되었다. 이 팀은 자연히 세계정신의학회(World Psychiatric Association)에 참여하게 되었고, 우리 팀의 리 막 교수가 교육위원장을 맡으면서 우리 모두가 위원으로 합세했다. 자연히 WHO 와 협력 사업이 구상되어 후쿠오카에서 정신의학 교육 기본 지침 설정을 주제로 모여, 그 회의의 산물로 정신의학 교육 기본 지침인 후쿠오카 선언(Fukuoka Declaration)을 발표해 출판했다. WHO 활동 외에 세계정신의학회가 새로운 활동 무대가 되었다. 1989년 아테네에서 열린 WPA 총회에서는 동양에서 회장이 나와야 한다는 목소리가 높아 우리 팀의 리막 홍콩대학 교수가 차기 회장으로 선출되었다. WPA에서 프리드먼 교수가 교육위원장이 되고, Lieh-Mak교수가 차기 회장이 되면서 나도 아시아 지역 17지역구의 지역 대표(Zonal Representative)가 되어 지역 대표 이사회 이사장을 돕게 되었다. 리막 회장은 세계적으로 잘 알려진 소아정신과 의사로 인물도 좋고 머리가 명석하며 대인관계도 원만하고 일을 추진할 때는 용기가 대단한 여성이다. 그가 회장이 된 후의 차기 총회 개최지로 베이징이 강력한 후보에 올랐다. 그러나 당시만 해도 공산주의 체제를 고집하는 중국이 정신병원 시설을 정치범 수용소로 이용하고 있다는 정보가 있었다. 리막 회장은 이 문제를 그냥 넘어가지 않고 개최국으로서의 자격에 문제가 있다며 총회의 베이징 개최를 반대했다. 당시 중국이 개방을 시작했지만 아직도 반정부 정치범들을 정신병원과 요양원에 수용하고 있다는 정보를 확보해 이 정치범들을 즉시 석방하지 않으면 WPA 총회를 베이징에서 개최하지 않겠다고 선언하고 이를 각 나라 대표들이 지지해 줄 것을 요구했다. 물론 17지역의 지지를 제일 먼저 받았다. 중국은 물론 정치범이 정신병원에 수용된 사실을 전적으로 부인했다. 리막 회장도 나름대로 고전했으나 그를 신임하는 각국 대표들은 정의에 입각한 그의 용감한 주장을 받아들이고 그를 지지해 베이징 총회를 결국 취소시켰다. 베이징에서 개최될 예정이었던 WPA 총회는 1993년 브라질의 리우데자네이루에서 열렸고 그 이후 많은 세월이 흘러 2010년에야 "Global psychiatry at the frontier: sharing the future"라는 슬로건을 내걸고 WPA 총회가 2010년 9월 5일 베이징에서 개막되었다. 결국 17년이라는 세월을 기다려야했던 중국은 그동안 급진적인 개방 정책이 성공해 괄목할 만한 발전을 이루었다. 그리고 한 때 나라의 위상을 크게 손상시킨 '정치범 정신병원 수용'의 오명은 완전히 역사 속으로 파묻혔다. 리막 교수는 대단한 인물이다. 나하고는 특별히 친한 관계로 정도 많이 들었는데 그가 세계정신의학회 회장직을 맡고 있던 시절 나의 국제적인 위상도 같이 부상되었다. 차기 지역 대표로 밀어 달라고 일본의 스즈키 교수가 머리를 숙이고 나에게 부탁할 때 기쁨의 표정을 감추는 즐거움도 있었다.

질환 이념(Illness Ideology)을 넘어서

　한국에 돌아와 연세대에서 그리고 아주대로 적을 옮겨 교수로 재직하면서 나름대로 새롭고 혁신적인 일도 했고 또 자랑스러운 제자들도 많이 길러내어 개인적으로는 승리의 삶이었다고 자부한다. 한국에 돌아온 1984년을 계기로, 특히 아주대학교로 자리를 옮긴 후부터 나는 정신과 전문의로서 새로운 삶을 시작한다는 결심을 했다. 우선은 전문가로 정신과 의사가 지키는 전통적인 증상과 질병 중심의 정신의학으로부터 해방되는 것이다. 획일적으로 이미 개념이 세워진 틀에 맞는 어떤 질환을 환자에게서 찾는 것이 아니고 넓은 시야로 그들의 주관적인 경험을 일단 이해하는 것이다. 역사적으로 정신의학에 공헌한 이론은 다양하다. 뇌과학(Neuroscience)을 비롯해 정신분석과 기타 사회심리 이론, 문화인류학적 접근 그리고 최근에는 정신약물학의 발전을 예로 들 수 있다. 그러나 아직도 정신질환으로 고생하는 이들을 회복시킬 수 있는 어떤 획기적인 치료 방법은 없다. 한마디로 정신질환의 원인 치료는 없고 원인에 관한 이론은 대부분 설명으로 끝난다. 그러나 설명이 된다는 것이 반드시 진리라고 할 수는 없다. 그리고 이론들이 제시하는 정신질환 원인을 번복해 병을 완전히 고칠 수 있는 방법도 없다. 그리고 앞으로 내가 살아 있는 동안은 정신질환 원인을 밝히는 근본적인 돌파구가 열리기는 기대하기 어렵다. 세밀하게 알아보면 증명된 과학적인 근거가 있는 것도 아닌데 과학의 탈을 쓰고 가장한 정신의학의 질환이념(illness ideology)은 환자를 분류해서 이해하고 어떤 공통된 회복 과정의 틀을 만들어 편리하게 하기 위한 인위적인 것에 불과하다. 그렇기 때문에, 예를 들어 증상과 질병을 현상학적으로 개념 짓고 분류한 DSM이나 ICD는 쓰기에 편리하기는 하나 이것을 마치 정신장애를 고치는 공식과 해답이 있는 듯 신봉하는 것은 옳지 않다고 생각한다. 질환이념 자체를 없애자는 것이 아니라 인간의 다양성과 각 사람의 다름에 대한 이해가 필요하고, 그러기 위해 우리의 시야의 영역을 넓혀야 한다는 것이다. 그래서 인간이 여러 가지 '다른' 현실 속에서 살고 있는 것을 이해하고 현실이 다르더라도 수용해서 같이 사는 방법들을 모색하고 실천해야 한다. 다르다고 우선 다르게 분류하고 별도로 제외하는 것이 해결책은 아니다. 전통적으로 무조건 증상을 파악해서 진단을 내리고 진단에 준한 치료를 하는 '의학 모델'의 울타리를 넘어야 한다는 것이다. 그러니까 임상에서도 환자를 좀 '다르게' 보고 또 증상 아닌 다른 것, 예컨대 그 사람의 특징도 찾아 전체를 종합하는 독특한 '시선(gaze)'을 우리가 개발해야 한다. 즉 새로운 시야로 인간이 갖는 많은 장점들이나 적응하고 극복하는 힘들을 그들의 삶 전체에서 이해하는 것이 필요하다. 이것은 정신과 의사로서 현재 이상의 의식의 확장이고, 또한 새로운 정체성을 의미한다. 그래서 맹목적으로 따르는, 고착화된 이른바 '정도'로부터 벗어나야 한다. 아무리 병으로 한 인격이 훼손되었다 해도 그의 삶에는 아직도 살아 있는, 하다못해 흔적으로라도 남아 있는 인간성이 반드시 있기 때문에 이를 찾아서 회복의 길에 연결시켜야 한다. 고통이나 위협 때문에 왜곡되어 있거나 묻혀 있을지 모르는, 그 사람이 중요히 여기는 가치가 있을 것이고, 이를 찾아 존중해야 한다는 것이다. 나는 비록 중증인 정신질환을 가지고 있는 인간일지라도 그가 병에 묶여 고정되어 있는 것이 아니라 아직도 가변성이 있어 움직이고 성장하고 발달하는 원초적인 생존 적응 능력이 남아 있다고 믿는다. 그러니까 우리가 정신적인 문제를 가진 사람을 볼 때 증상이나 증상을 만든 병적인 부분만 찾고 볼 것이 아니라 병을 견디고 병과 싸우고 또 병에 적응하려는 부분도 보자는 것이다. 비록 적응하는 방식이 비적응성인 것일지라도 그것이 고정된 인격의 일부분이 아니라 어떤 어려운 처지에서 그 사람이 선택할 수밖에 없었던 생존을 위한 싸움이었음을 이해하고 그 배경을 인정해 주어야 한다. 그리고 인간은 인생의 시기 여하를 막론하고 발달하고 변하는 신축성이 있기 때문에 잘못된 적응 방식을 과거에 택했더라도 성장하면서 이를 바꾸도록 도와야 한다. 얼마나 가능할지 모르지만 이런 노력을 기울여야 한다. 환자는 병이 있어 고정되고 수동적인 존재로 보고 치료도 수동적으로 고정된 자세로 무조건 의사의 지시를 받아들여야 한다는 생각도 잘못된 것이다. 그들을 될 수 있는 대로 치료에 참여시켜 치료의 방향을 같이 의논하고, 또 그의 의견을 존중해서 결정할 수 있도록 그의 자세를 능동적으로 만들어야 한다. 이것은 전적으로 의사가 주도하고 책임져야 할 부분이다. 의사가 치료를 독점하는 것이 편하기 때문에, 그리고 의사의 질병관에 의한 결정이 과학적이고 옳은 것이기에 의사가 환자의 치료 과정을 독점하는 것은 옳지 않다. 나는 이러한 믿음으로 환자를 보고 또 내가 제자를 가르칠 때는 나의 이런 관점을 보여 주려는 노력을 게을리하지 않는다.

불행히도 나는 이런 뜻을 가지고 또 이를 실현해 보려는 의욕도 컸지만 이런 생각을 같이 나누고 공유할 수 있는 동지를 만나지는 못했다. 그러나 지금은 다르다. 세월이 흐르고 외국 선진국에서 일어난 변화를 보고 또 그 가치와 인간성을 존중해서 이제는 환자 중심의 접근을 해야 한다는 목소리가 크다. 한국의 많은 젊은 정신과 전문의들이 현재 이와 같은 길을 좇고 있지만 1984년 내가 귀국했을 때 대부분의 한국 정신과 의사들은 철저하게 기존의 정신의학 이론을 믿고 이 이론에 충실하게 따르는 공부와 진료가 한창이었다. 뿌리가 든든한 어떤 한 분야에 정통한 권위 있는 분들은 많았지만, 정신의학도 학문이나 분야의 벽을 헐고 인간의 다양성을 인정하고 수용하며 환자가 중심이 되는 방향으로 변해야 한다는 주장은 들을 수가 없었다. 지금은 이런 변화가 있어야 하는 시기다. 또 이제는 나의 생각이 고립되지 않고 특히 나의 생각을 받아들인 제자들이 성장해 중견이 되어 활약하고 있다.

내가 가지고 있던 정신의학의 전망이나 지식은 국내에서 구현하기 어려웠고, 그동안 나의 국제적인 활동, 특히 WHO와 WPA를 통해 많은 사업에 참여하면서 새롭게 깨달은 것도 많았다. 국제적인 사업에서 새로운 것도 배웠지만, 새로운 변화도 시대적·문화적 흐름이 있어 그 실현 시기가 있다는 것도 알게 되었다. 필요한 것은 역시 인적자원이라, 같이 일할 수 있는 뜻이 맞고 소통이 되는 동료들을 만나 같이 협조하는 네트워크가 중요하다. 세계 어느 나라를 막론하고 정신질환은 공통적인 문제였고, 나라마다 독특한 이념으로 특이한 제도를 만들어 그들의 인권을 존중해 주고 치료와 재활의 길로 인도하도록 노력한다. 그리고 선진국들은 어려운 시기를 지나 역시 앞서 가는 제도를 가지고 있다. 그들은 기본 정신보건법도 일찍이 제정하고 세부 시행 규칙도 수시로 교정해서 좀 더 나은 것으로 변화시킨다. 우리는 여러 면에서 후진성을 면치 못하고 있다. 그러나 한국도 최근에 만족스럽지는 않아도 특히 정신보건 사업의 지역화로 많은 변화가 있었다.

한때, 특히 군사정권 시절, 우리나라 정부가 정신보건 사업에 대한 관심이 전혀 없고, 그래서 어떻게 하면 정부에서 이 문제에 관심을 갖게 될지 막막했을 때 국제회의에서 어떤 외국 동료가 한 말이 인상적이었다.

"한국은 지금 군부가 정권을 잡고 있고 고위 장성들이 고위급 핵심 행정 부서에 자리 잡고 있다고 생각합니다. 나의 짐작이 맞습니까? 또한 많은 장성들의 가족 중에 틀림없이 정신질환자가 있어 치료나 처치 문제로 고민하는 경우가 있을 겁니다. 이것은 군인의 가족이라고 예외는 아닙니다. 틀림없습니다. 저의 추측대로라면 이와 같은 고민을 가지고 있는 장성들이 반드시 비밀리에 어느 정신과 의사에게 자문을 구하고 있을 것입니다. 세상에 이 사실이 알려지는 것이 두려워 아마 모든 것을 비밀로 할 겁니다. 그러나 이 자문을 맡은 정신과 의사는 그 문제를 가진 장성에게 상당한 영향력이 있습니다. 실제로 정신질환의 여러 가지 어려운 문제를 자신이 겪어서 잘 아는 이분들에게 만일 이 주치의가 국가가 책임져야 할 정신질환에 대한 좋은 정책을 충고한다면, 그리고 만일에 그런 처지에 있는 장성들이 모두 그들의 주치의로부터 똑같은 충고를 듣는다면, 그 힘은 대단할 것입니다. 만일 한국의 정신과 의사들이 이를 위해 합심만 한다면 그리고 실천한다면 머지않은 장래에 한국에 좋은 변화가 오지 않을까요?"

이것은 결코 엉뚱한 이야기가 아니다. 실천 가능성도 있고 또 우리의 실정을 이해하고 머리를 짜낸 지혜다. 나는 그의 충고를 진지하게 받아들였다. 우리가 정신과 의사이기 때문에 의학적으로 해결하는 방법 말고는 잘 생각할 줄 모른다. 문제는 우리들 자신에게 더 있는지도 모른다.

제3의 인생 출범

주여, 때가 되었습니다.
여름은 참으로 위대했습니다.
해시계 위에 당신의 그림자를 드리우시고
들판 위엔 바람을 놓아 주십시오.
마지막 열매들이 여물도록 명하시어
그들에게 이틀만 더
남국의 따뜻한 날을 베푸시고 완성으로 이끄시어
무거운 포도송이에 마지막 단맛을 넣어 주십시오.

_라이너 마리아 릴케

나의 제1 및 제2의 인생은 뜻있고 길었다. 미국에서 정신과 전문의 과정을 마쳤을 때 나의 나이가 만 35세였고 딸아이가 1968년, 즉 내 나이 만 36세 때 태어났다. 제2기 인생, 즉 생산기에 접어들면서 나는 정신없이 일했다. 미국에서 10년 동안 개업도 하고 여기저기 정신과 전문의로 다양하게 그리고 성의껏 봉사도 하고 마침내 1984년에 귀국해 모교의 정신과 주임교수로 시작해서 임상가뿐만이 아니라 교육자로서도 충실하게 후진 및 제자 육성을 위해 노력했다. 그리고 의과대학 학장, 대학교 총장, 신경정신의학회 회장, 그리고 많은 학술 및 교육 관련 단체장으로 지도자의 자리에서 활동했다. 교육 부분의 공적을 인정받아 나의 정년도 5년 연장되었다. 내가 아주대학교로 적을 옮긴 후 아주대학교 병원장 그리고 의과대학 학장직을 맡고 있을 때인 1997년에 나의 정식 은퇴년이 되었지만 당시 아주대학교 총장이던 김덕중 박사는 기필코 나의 학장직을 연임하도록 조치해 특임교수라는 자격으로 의과대 학장직을 계속했고 1999년에는 김덕중 총장이 교육부장관으로 부임하면서 뜻하지 않게 그 후임으로 아주대학교 총장에 임명되었다. 그리고 2002년 2월, 만 70세 때 아주대학교 명예총장이 되면서 정식으로 은퇴하게 되었다.

2002년 2월 17일은 나의 제2의 인생이 끝나고 제3의 인생이 시작된 감동적인 날이었다. 인터콘티넨털호텔 그랜드볼룸에서 열린 나의 은퇴식은 또한 나의 저서 『부끄러움』의 출판기념회이기도 했다. 그날 모임의 규모나 하객들의 수나 진행된 식순의 세련됨 그리고 모든 것의 화려함에서 비교될 만한 다른 은퇴식을 나는 본 일이 없다. 나에게는 분에 넘치는 영광스럽고 자랑스러운 은퇴식이었다. 이 모임을 주관한 준비위원회 위원들의 정성은 두말할 것 없지만 특히 윤경수 연세대학교 정신과 교실 연정회 회장의 적극적인 후원이 큰 힘이었다.

① 총장재임시절 KBS 인터뷰 장면.
② 은퇴식을 계기로 모이게 된 가족들.

일설에 의하면 윤경수 회장이 이 은퇴식을 위해, 그것을 책임지실 각오로 회장직을 맡으셨다고 한다. 주동적인 역할을 한 것은 이영문 교수였고, 손발이 되어 동분서주 온 힘을 다한 일꾼이 당시 의과대학장 비서였던 이혜선 양과 정신과 교실 펠로로 재직하던 강지윤 선생이다. 이 세 분에게 나는 엄청난 빚을 졌다. 은퇴식에는 멀리 미국에서 나의 딸 그레이스와 사위 데이비드 린(David Lin) 그리고 손녀인 레베카(Rebecca)도 참석했고 이우주 전 연세대 총장님, 윤원석 대우학원 이사장, 피터 현 선생 부부, 김성수 대한성공회 대주교를 비롯해 저명한 귀빈들과 동료, 제자, 친지들로 그 큰 볼룸이 만원이었다. 자원해서 사회를 맡아 준 박찬숙 KBS 앵커우먼의 세련된 진행이 한층 이 모임을 돋보이게 했다.

내가 원래 화려하고 세련된 것을 좋아하지만 이와 같이 성대하고 축복받은 은퇴식의 주인공이 됐다는 사실에 나 자신이 놀랐고, 순서 하나하나에 깃들어 있는 많은 이들의 정성과 사랑에 나는 고개 숙이고 감사할 뿐이다. 그날 세상에 나같이 행복한 사람은 없었다. 나의 이 영광을 일생 동안 뒤에서 지지하고 희생적으로 뒷바라지한 나의 아내와 나란히 앉아 이 영광을 누리는 것이 더없이 행복했다. 이같이 영광스럽게 제2의 인생을 마치면서 나의 마음은 남아 있는 나의 삶을 위해 조급하게 앞으로 향해 있었다.

"나의 반 인생은 끝났다. 나의 과거는 이제 존재하지 않고 이제부터 나는 새로운 이야기를 써야 한다. 이제까지 써 오던 것과 다른 특별한 이야기로 내가 그 저자가 되는 것이다."

　새로운 이야기를 쓰기 위해 나는 우선 과거 내가 써 온 주된 (dominant) 문화의 이야기를 떠나야 한다. 무엇보다도 의사라는 직업의 범주로부터 해방되어야 한다. 내가 쓰던 언어, 지켜온 관습, 일하는 버릇, 고수한 모든 직업근성과 지켜온 룰들 그리고 나의 묵은 시야의 틀들(frame)에서 벗어나야 한다. 이것은 말같이 쉬운 것은 아니다. 이를 위해 의식적으로 마음을 열고 남의 눈치를 보거나 판단에 구속되지 않고 자유롭게 상상하고 소신껏 결정하는 버릇을 키워야 하지만 실제로는 쉬운 일이 아니다. 특히 늘 모범이라는 기준을 마음에 새기고 얼마나 내가 이 선에서 이탈되었는지를 재고 살던 버릇을 버려야 하기 때문이고, 그 실천은 나에게 큰 변화이고 도전이다. 그리고 이 도전 앞에서 깨닫는 사실 하나는 과거에 얼마나 내가 강박적으로 틀에 박힌 직업 문화에 매여 살아 왔느냐 하는 것이다. 생각하면 그 세계가 얼마나 좁고 제한된 것이었는지 알 수 있다. 그리고 전문지식이 모두 옳고 또 전부인 것같이 믿는 편협한 정체성을 가지고 살아온 것이다.

　새로운 출발을 위해 제일 먼저 나의 전문 분야에서 보편적으로 인정된 교과서적인 개념들을 재평가하기로 작심했다. 우선 정신의학에서 '근거가 있다고 믿어 온 이론들이나 개념'에서 시작해서 이들을 다른 그리고 확장된 넓은 시야로 혹시 그런 것들이 의사들에게만 편리하게 적용되는 인위적인 개념들이 아닌지를 의심해 보자는 것이다. 그리고 상상의 범위를 넓혀 인간의 생각과 감정과 행동을 설명하는 인문·사회과학의 이론들을 찾아 연결시켜 보려는 시도다. 그러나 일생 동안 써 오던 나의 친근한 사고방식과 공식에 맞추는 식의 상상이 아니라 무작위의 자유롭게 연상의 날개를 펼치는 것은 무모한 일 같아서 일단은 내가 친근하게 잘 아는 분야로부터 시작해서 알려진 기존의 개념들을 좀더 넓은 시야로 과거에 쓰던 정해진 통로에서 벗어나 새롭게 연결하는 방법을 계발하는 것이 우선 할 일이라는 생각이 들었다. 그래서 일단 시작하려던 것이 '자기계발'이다.

이충순 이사장의 애정

아주대학교 명예총장 시절 나에게 뜻하지 않은 큰 선물이 들어왔다. 용인정신병원의 이충순 이사장이 개인적인 후원으로 나에게 과분할 정도로 넉넉한 공간의 오피스텔을 제공해 내 개인 사무실로 자유롭게 사용하게 했다. 게다가 비서의 인건비와 사무실 관리비 일체도 부담해 주었고 용인정신병원 전공의들 수련 일부를 담당하는 명목으로 월급까지 제공했다. 이충순 이사장은 내가 귀국했던 1984년 당시 정신과 3년차 전공의였던 제자다. 지금 돌이켜 보면 당시 전공의였지만 의국장을 맡은 입장에서 나의 갑작스러운 주임교수 취임 때문에 처신하는 데 편치 않았을 것으로 상상이 된다. 내가 주임교수로 임명은 받았지만 교실 내 교직원 그리고 교실 밖의 출신 선배들의 나에 대한 시선은 아직 차갑기만 했던 때였다. 아직 한국 실정에 어둡고 모교에서 일하거나 수련을 받은 배경도 없었던 관계로 학교 내나 정신과 영역의 인맥도 전혀 없었기에 나의 취약성은 대낮같이 훤하게 들여다볼 수 있었다. 내가 도착하기 전에 내가 주임교수로 오게 된 데 대한 반대 움직임도 교실에서 있었고 해서 교실 분위기는 냉랭했다. 이러한 과도기의 혼란 속에서 내가 기댈 수 있는 것은 전공의들의 배움에 대한 소원이고, 전공의들을 만날 수 있는 장소는 그들이 모이는 의국이다. 나는 의국에 자주 들렀다. 다른 갈 곳이 없었기 때문이다. 당시 이충순 의국장의 태도는 분명했다. 깍듯이 나를 주임교수로 모시는 것은 물론 밑에 있는 전공의들을 단합시켜 일사불란하게 나의 뜻을 따랐다. 그는 내가 연세에 정착하는 데 지주 역할을 해 주었다. 누구 다른 사람의 눈치 보지 않고 늘 나에게 보고하고 내 곁에 있어 주었다. 그리고 의국 내에서도 전공의 임기영, 박정주, 김수영은 나를 따라다니며 특별히 신경을 써 주었다. 얼마 후에 이만홍 교수가 교실에 들어오고, 김병후, 남궁기가 차례로 전공의 훈련을 끝내고 펠로 자리를 차지해 내가 주도하는 교실 체제가 정리될 때까지 이충순 전공의와 그 밖의 전공의들이 나서서 나의 곁에서 절대적인 지지를 과시했다. 이충순 이사장은 당시 전공의들을 이끌어 나를 보좌한, 이를테면 나의 한국 정착 초기의 은인이다. 그를 위시한 전공의들의 일사불란하게 나의 가르침의 철학을 따라 준 덕택에 나의 모교 정착이 수월했던 것이 사실이다.

이충순 전공의는 전문의가 되자 용인정신병원의 기획실장을 맡아 그의 예리하고 통 크고 또 부하들에게 관대한 리더십으로 병원을 발전시켰고 급기야는 이사장으로 부친의 대를 이어 용인병원을 운영했다. 한국에서는 정신질환자를 위한 정신사회 재활 사업에 선도적 역할을 했고 지역사회 정신보건 사업에 투자해 지금의 앞선 경기도 지역사회 정신조건 사업의 기반을 만든 것이 모두가 이충순 이사장의 리더십에 기인한다. 이와 같은 사업들이 인정되어 정신사회 재활 교육기관으로 숙원이던 WHO 협력기관으로 인정되었고 서울의 강남, 수원, 용인, 성남시의 지역사회 정신보건 사업도 용인병원이 위탁기관으로 떠맡아 우리나라 정신건강 사업 발전에 획기적으로 기여했다.

내가 은퇴하고 아주대학교를 떠날 무렵 개인적으로 지대한 후원을 나에게 베푼 것은 얼마나 고마운 일인지 모른다. 어디에도 은퇴한 스승에게 이렇게 철저한 후견인이 되어 준 예가 없다고 생각한다. 이충순 이사장은 나의 가장 소중한 제자이고 말없이 베푼 그의 스승에 대한 사랑을 나는 평생 잊지 못한다. 또 이충순 이사장의 호의를 늘 나에게 전해 주고 세밀하게 관리해 준 이주훈 군의 수고도 나는 잊을 수 없다.

자기계발연구원

이충순 이사장의 알선으로 사무실과 비서가 생기자 즉시 자기계발연구원을 발족했다. 연구원의 첫째 사업은 정신의학계의 영원한 숙제인 정신분열증을 좀 더 깊게 그리고 앞서의 개념과 다르게 이해하는 것이다. 기존의 정신분열증에 대한 연구는 정신병리의 개념이 정립된 후 전적으로 증상 본위로 연구가 되었다. 특히 최근의 정신약물학의 발달은 주로 증상을 제거하는 데 초점을 두고 있다. 나의 반세기 가까운 임상 경험에 의하면 정신분열증 치료에서 정신약물학에서는 1950년대 'chlorpromazine'이 정신병 증상을 호전시키는 약으로 출현한 후 많은 신약들이 나왔지만 이 첫 번째 출현한 약보다 증상 억제 효과가 나은 약이 아직 나오지 않았다. 신약들이 부작용이 적은 점은 진전이 있으나 그것도 신통한 차이는 없고, 약효는 50년 전이나 지금이나 별 차이가 없다. 아직도 음성 증상을 제거해 주는 약물은 없고 'clozapine'이 어쩌다가 신통한 효과를 볼 정도다. 지금도 경우에 따라서는 좀 더 환자를 진정시킬 목적으로 신약들을 제치고 'chlorpromazine'을 선택하는 경우가 있다. 실제로 난폭한 급성 환자에게는 아직도 'haloperidol'이나 'chlorpromazine'이 선호되기도 한다. 나는 아직도 정신분열증 증상에 대한 전반적인 약효를 50% 정도, 즉 반은 호전되고 반은 효과가 없는 정도로 본다. 만성 환자들에게 아무런 효과가 없는데도 계속 약을 투여하고 있는 경우가 허다하다.

문제는 약을 주로 그리고 과다하게 쓰면서 환자들의 '마음'은 소외된다는 것이다. 마음은 증상이 있어 많이 망가졌다고 믿고 그 마음을 알아보고 위로해 주고 안심시켜 주는 작업은 거의 없다. 그리고 환자들이 주관적으로 어떤 경험을 하는지에 대해 치료진은 관심이 없고 다만 증상이 얼마나 변했는지로 환자 상태가 좋아졌는지를 판단한다. 물론 이것은 그들의 경험을 병이 없는 사람들이 이해하기 힘든 때문이기도 하다. 또 환자들이 그 경험을 논리적으로 자세히 설명하지 못하는 것도 문제다. 그러나 우리가 흔히 '미쳤다'고 판단하는 그 세계가 바로 그들의 현실인 것을 우리는 간과하고 있다. 그리고 약을 써서 그들의 현실이 우리가 믿는 현실로 되돌아오는 것을 회복이라고 믿는다. 그리고 이것을 해 줄 수 있는 것이 약이라고 생각한다. 그러나 문제는 비록 약이 환자의 증상을 억제한다고 해서 과연 그들의 현실이 우리와 같은 것으로 되돌아와 있는가 하는 것이다. 음성 증상이 남아 있고 사람들 만나기를 싫어하며 후퇴되어 있는 환자의 현실은 어떤 것일까?

우리는 정신장애에 관한 전문가라고 자처하지만 이상의 질문에 대한 해답을 가지고 있지 않다. 그뿐만 아니라 병 때문에 다른 현실 속에 살고 있는 동안 어떤 경험을 하는지 우리가 알 필요가 없다고 무시해 버린다. 그러나 우리 치료진이 그들을 돕기 위해 그들과 공감적인 소통을 하려면 그들이 겪는 경험이 어떤 것인지를 알아야 한다. 미흡할지 모르지만 그것을 어느 정도라도 앎으로써 공감이 가능해지고 그래야 그들과의 관계가 형성된다.

자기계발연구원에서는 우선 정신과 의사들이 정신분열증의 세계를 공부해서 그 내용을 알아야 한다고 믿고 우리 의사들이 먼저 환자들의 세계를 이해하도록 변해야 환자에게 도움이 된다는 결론을 얻었다. 환자들의 주관적 경험을 이해하고 그 경험을 우리의 관점에서만 보는 것이 아니라 그들의 입장이 되어 이해하는 부분이 가세를 해야 진정한 소통이 가능하다고 생각했다. 나아가서 환자가 가지고 있는 결함, 예컨대 인지기능에서 관심에 초점을 두는 데 장애가 있다면 그 결함을 가지고 세상을 지각하고 경험하는 것이 어떤 것인지 알아야 그들을 도울 수 있다. 정신분열증 환자들에게 무조건 그런 결함을 교정하라고 요구하는 것은 전혀 도움이 안 되는 것이다. 이런 의사의 자세는 가뜩이나 낮은 환자의 자존감을 더 낮추는 결과를 초래한다.

자기계발연구원에서는 "정신분열병의 주관적 경험을 알자"란 주제로 종합적인 세미나를 준비 했다. 강사진으로는 제자들인 남궁기, 김병후, 조현상, 안석균이 가세했다. 환자들의 주관적 경험에 대한 것은 내가 담당하고 과거의 문헌들을 조사해 야스퍼스(Jaspers)나 슈나이더(Schneider) 등을 망라한 현상학과 정신병리의 이론들, 그리고 정신분열증의 정신치료나 정신분석을 시도한 학자들이 의존했던 이론들을 공부해서 나름대로 정리했다. 이 세미나는 정신과 의사를 대상으로 했지만 정신과 의사들의 참석은 저조했고 그 대신 임상을 전공하는 사회사업가나 임상간호사들의 참석은 매우 좋았고 인기도 있었다. 의사들은 이런 주제에 대해 관심이 없었다. 증상만 알고 고치면 되지 소통도 어려운 환자를 대상으로 그들의 세계를 이해하는 것은 시간 낭비라고 생각하기 때문이다. 정신분열증 환자를 대상으로 정신치료를 한다는 것이 우습게 들렸을지 모른다. 세미나는 그래도 계속되었고 나 혼자 강의 전부를 담당하고 서울, 광주, 전주, 부산, 대구 등지에서 비교적 성공적인 호응을 얻었다. 자기계발원의 사업은 나의 제자인 조은영 그리고 연구원 직원이었던 최호진의 치밀한 준비와 세미나의 취지에 공감해 착실하게 강의 준비를 해 준 강사진 덕분에 훌륭한 세미나를 가질 수 있었다.

결혼지능연구소

수서에 위치한 자기계발연구원 사무실에서 종종 상담을 하게 되면서 느꼈던 것은 의외로 우리 사회에도 부부관계가 평탄치 않아 고생하는 이들이 많다는 사실이다. 부부관계의 문제들은 흔히 정신과에서 보는 개인의 정신장애와 모든 면에서 전혀 다른 것이다. 그리고 부부관계가 나빠지면 결국 그 가정에 파탄이 오고 이혼도 하게 되는데 그 결과가 특히 자녀들에게는 심각한 것이다. 최근 들어 30대, 40대 젊은 부부들의 이혼이 급증해 국가 차원에서도 이에 대한 대책을 마련할 정도로 사회적 문제가 되었다. 부부상담을 하면서 느낀 사실은 부부치료는 개인 정신치료의 접근 방법이 관계 회복에 도움이 안 되고 상호작용의 악화에서 생기는 격한 감정들은 설득이나 해석으로 풀리는 것이 아니다. 그리고 표출된 문제들이 너무나 다양하고 현실과 직결되기 때문에 이를 다루는 것이 보통 힘든 것이 아니다. 상담자도 부부 양쪽에 균형 잡힌 그리고 평등한 배려를 해야 한다는 부담 때문에 적잖이 긴장하게 된다. 부부관계의 이해나 문제들을 다루는 데는 종전의 가족치료의 기법과도 다르게 전혀 별도의 접근 방법이 필요하다는 생각을 갖게 되었다. 그리고 이 부부관계와 그 역동에 대한 것 그리고 부부의 갈등을 다루는 공부를 하고 싶어졌다.

'마음과 마음'의 김준기 선생이 우연히 일치되는 생각을 가진 것을 알게 되어 부부문제를 집중적으로 공부하는 모임을 만들기로 했다. 2002년의 일이다. 주로 식이장애를 전문으로 하던 김준기 선생은 식이장애 환자 부모들의 문제를 다루다 보니까 다양한 부부관계의 문제들 중 에 무언가 특이한 패턴이 있어서 이를 이해하고 다루는 독특한 기법이 있어야 한다고 느꼈다는 것이다. 공부 모임은 일단 나를 비롯해 김준기, 현영호, 공성숙, 배재현, 윤정현이 핵심이 되어 발족했고, 모임의 이름을 '한국결혼지능연구소'라고 지었다. 간단한 약호로는 MQ(Marital Intelligence)가 좋다고 하여 채택되었다. 우리는 일주일에 하루 정기적으로 모여 이 분야의 책들과 문헌들을 공부했는데 공부할수록 우리는 오랜 연구와 경험으로 이론을 정립하고 치료 기법을 개발한 가장 앞선 모델을 우선 본떠서 기초를 다질 필요를 느꼈다. 그래서 선택한 학자가 존 고트먼(John Gottman)이었다. 다행히 고트먼 박사가 자신의 이론과 치료법을 전수하는 과정이 있는 것을 알고 일단 우리 모임 전원이 고트먼 연구소의 부부치료 수련 과정을 밟기로 결심했다. 드디어는 2002년 10월에 샌디에이고에서 열린 고트먼 연구소의 부부치료 워크숍에 우리 전원이 참석했다. 우리는 거기에서 엄청나게 많은 것을 배웠다. 나 개인으로는 단 10일간에 이 워크숍만큼 배움의 수확이 많았던 전례가 없을 정도다. 고트먼 박사의 한평생 동안에 이룬 부부관계에 관한 연구 업적은 대단한 것이었다. 부부관계를 연구하고 조사하는 그의 실험실은 철저하게 디자인된 과학적인 것이고 거기서 얻은 많은 정보로 이론과 치료의 체계를 세운 것이다. 이 워크숍에 참가하고 돌아와 직접 부부문제를 다루기 시작하고 경험이 누적되면서 그리고 잦은 모임에서 각자의 경험을 토론하면서 한국결혼지능연구소는 비약적으로 성장했다. 10년이 지난 오늘날 김준기, 배재현 선생은 한국 굴지의 부부관계 전문가가 되었다.

선원정신치료연구소

나는 확실히 제자복(弟子福)을 타고난 것 같다. 특히 은퇴한 후에 같이 공부할 목적으로 가까워진 제자 중 한 사람이 용인정신병원의 김성수 군이다. 원래 문학을 했어야 할 사람이 의과대학에 잘못 들어왔나 할 정도로 그는 문학에 심취했고, 전문의가 된 후에도 문학에 대한 몰입은 변하지 않았다. 일찍이 학생 시절부터 '청년의사'의 기자로 활동하면서 많은 글을 썼고 용인정신병원에 근무하면서도 정신의학을 철학, 문학, 문화인류학 등의 분야와 연결 짓는 것을 잊지 않았다.

자기계발연구원이 사무실 계약 기간이 끝나 없어지면서 나는 계속해서 공부하는 모임을 갖고 싶었다. 그리고 환자와 일대일로 대면하면서 정신 역동을 다루는 기존의 정신치료가 아니라 정신적인 문제는 물론 전신건강도 다루는 전문가로 다양한 이론적 지식과 삶과 관련된 지혜를 통합한 탁월한 삶의 코치가 되기 위해 폭넓게 그리고 깊이 지혜를 쌓는 공부를 하는 모임을 갖고 싶었다. 그래서 일단 나의 호를 따서 선원정신치료연구소(仙源精神治療研究所)라는 이름으로 자기계발연구원을 대체했다.

우선 공부하는 목적을 기존의 정신치료 개념을 뛰어넘는 것으로 잡았다. 인간의 행동에 영향을 줄 수 있는 여러 가지 이론과 알려진 변화 기법들을 우선 공부하고 종전에 알려진 정신치료의 시각 외에 다른 견해에서 비롯된 지식들을 종합해 지식이나 기법을 넘는 어떤 지혜로 발전시키는 연습을 하는 것이다. 때마침 나의 동생이 오랜 외교관 생활을 마치고 전주대학교 총장직을 맡게 되었다. 전주대학교는 서울 강남에 대학원 분교를 가지고 있다. 지하철 강남역에서 5분 거리에 있는 현대식 빌딩에 시청각 시설이 완비된 교실들이 있는데 특별한 배려로 이 교실을 우리가 쓸 수 있게 되었다. 위치나 시설이나 교통으로 보아 한국에서 제일가는 적소라 해도 과언이 아니고 사용료는 총장의 형이라는 특전으로 무료였다.

첫 번째 공부하기로 결정한 책이 폴 워틀(Paul L. Wachtel)의 『Therapeutic Communication』이다. 우리가 배운 정신치료에서는 우선 '잘 듣는 것'을 강조한다. 그리고 정신치료자의 기본 자세는 중립적이고 비판단적이어야 하며 되도록 적절한 시기가 올 때까지 치료자는 해석의 충동을 참고 기다리는 것이 원칙이다. 그러나 워틀은 이와 같은 룰은 정신과 의사의 불필요한 스테레오타입(streotype)이 된다는 것이다. 지금의 시대나 그동안의 문화 변천으로 보아 치료자의 태도도 바뀌어야 하고 무엇보다도 치료자는 듣는 것뿐이 아니라 어떻게 '말하느냐'를 배워야 한다고 강조했다. 그리고 전통적인 정신치료에서 '관습적으로 정신치료자답게' 들리는 쓸모없는 말투나 반응 격식을 치료적 소음(therapeutic noise)이라 하여 일절 배격하고 참다운 통찰력을 위한 분석과 해석을 어떻게 효과적으로 '말하느냐'를 가르치고 있다. 나의 관심을 끈 부분은 그의 해석의 언어가 상대방의 자존감을 낮추지 않는 세련되고 긍정적인 표현 이라는 점이다. 이 책에서 보는 예들은 새롭게 나의 눈을 뜨게 하는 참신한 것들이고 우리가 얼마나 의사 중심의 유아적(唯我的) 사고와 '교정 본능'에 빠져 있었는지를 깨닫게 한다. 이 책은 참신하고 솔직하고 그리고 긍정적으로 세련되게 '설명하는 법'을 가르쳐 주고 있다.

첫 번째 공부 모임의 호응은 만족스러웠다. 나의 제자들은 물론 그 밖의 많은 전문의들이 참석해 소강의실을 메웠다. 그리고 서로 이런 자리에서 만나는 것도 반가운 모양이었다. 이런 기회가 없으면 서로 만나기 어려운 것이 정신과 전문의들의 빡빡한 삶이다. 이 공부 모임은 순탄하게 계속되다가 학교 사정으로 장소를 쓸 수 없게 되어 잠시 쉬었다가 장소를 분당의 차병원으로 옮겼고 자연히 참가자도 서울에서 경기도 남부의 전문의들로 바뀌었다. 이 모임이 지속되면서 그동안 공부한 책들은 다음과 같다.

* Therapeutic Communication(Paul L. Wachtel)

* Motivational Interviewing(William R. Miller & Stephen Rollnick)

* Power Therapy: Maximizing Health Through Self-Efficacy (Michael Aleksiuk)

* Schema Therapy(Jeffrey Young)

* Narrative Means to Therapeutic Ends; Maps of Narrative Practice(Michael White)

* Evolutionary Psychiatry(Anthony Stevens and John Price)

* Postpsychiatry(Patrick Bracken and Philip Thomas)

* The Philosophy of Psychiatry(Jennifer Radder)

* Reconceiving Schizophrenia(M. C. Chung, Bill Fulford & George Graham)

* Healing Psychiatry:bridging the science/humanism divide (David H. Brendel)

* Addictive Thinking(Abraham J. Twerski)

엄청난 분량을 소화한 셈이다. 집사람은 은퇴 후에 일어난 학구열에 놀라 왜 진작 이런 정열이 없었는지 의아해하고 앞으로 언제 무엇에 써먹으려고 새로운 공부를 하는지 모르겠다고 안타까워한다.

서울EMDR연구소

부부치료에 대한 경험이 누적되면서 종종 문제가 되는 것이 부부 중 하나가 밀접한 관계를 유지하는 데 비슷한 파괴적인 패턴의 갈등을 만들어 부부관계의 불화가 지속되는 경우들이다. 그리고 이런 사례가 의외로 많다. 밀접한 관계를 맺고 유지하는 데 어려움이 있는 사람들은 대부분 어린 시절에 어떤 심리적인 외상이 있어 마음에 깊은 상처를 받은 사람들이다. 이 심리적 외상은 우리가 정신과 교과서에서 보는 외상 후 스트레스장애에 속하는 것도 있지만 대부분의 경우는 작고 큰 외상이 반복된 소위 복합 외상 후 스트레스장애(Complex Post-traumatic Stress Disorder)의 경우다. 즉 어린 시절 부모 슬하에서 자랄 때 지나친 처벌, 학대, 폭행, 성희롱 및 성폭행의 희생자들이다. 이에 못지않게 자주 보는 심리적 외상의 경우가 소위 애착장애로 어린 시절 기본적으로 있었어야 할 부모, 특히 어머니의 돌봐 줌이 없었거나 부적합했던 경우들이다. 5세 이하의 어린 시절에는 어머니의 공감적인 돌봐 줌이 필수적이고 아이의 기본적인 정서적 욕구가 충족되어야 한다. 어떤 이유에서든지 이 시절에 감성 공감의 돌봐 줌에 결함이 있던 아이들은 자라서 성인이 되었을 때 대인관계, 특히 부부관계와 같은 밀접한 관계에서 불안과 갈등이 생기고 이어서 감정 조절이

안 되는 잦은 분쟁으로 연결되어 부부관계에 위기가 온다. 부부간의
상호작용에도 문제는 있을 수 있지만 그보다는 밀접한 관계를 원래
맺지 못하거나 또는 항상 애정을 보장하는 근거를 찾아 이 근거가 조
금만 흔들리거나 반대되는 증거가 보일 때 자신이 버림받는 징후로
확대 해석해 격하게 반응한다. 자기 자신에게 그리고 남에 대한 기본
적 신뢰가 없고 몹시 낮은 자존감으로 불안의 악순환에서 벗어나지
못하기 때문이다. 이와 같이 부부간의 한쪽이 일찍이 마음의 상처를
입어 영혼이 멍들었을 경우 단순한 부부치료로 관계가 회복되지 않는
다. 결혼지능연구소에서는 이런 분들을 돕기 위해 심리적 외상을 공
부하기로 했다.

우선 애착 이론으로 공부를 시작했다. 그다음은 신경과학(neuroscience)
의 발달로 최근에 밝혀진 '기억의 생리'를 공부했다. 특히 외상 시의
기억이 어디에 어떤 형태로 저장되는지, 그리고 이것이 일상생활에
무작위로 침입해 심한 불안을 야기하는 기제를 이해하는 것이 중요하
기 때문이다. 최근에 신경과학에서는 정신치료를 포함한 모든 학습에
따르는 행동의 변화가 단순히 인지적 설득 효과에 의한 것이 아니라
이 학습에 해당되는 신경 네트워크의 형성에 의한 것임이 밝혀졌다.
특히 인간이 겪는 심리적 외상은 그 기억이 소위 하이로드(high road)
가 개입되지 않은 상태에서 원초적인 뇌의 부위[예컨대 편도체
(amygdala)]에 저장되어 일단 이 위협을 자극하는 큐가 있을 때는 생
존을 위한 원초적인 모드의 방어가 발동되어 대응하게 된다. 또한 이

런던 EMDR학회 참석 당시 대영박물관 앞에서.

같은 방어만이 되풀이되니까 외상 때의 여러 가지 위협적인 정보가 하이로드를 거쳐 프로세싱이 되지 않고 외상 때 받은 경험을 연상하는 자극이 있을 때 계속 격하게 반응한다.

외상 후 진행되지 않았던 이 프로세싱을 진행시키는 새로운 치료 방법이 약 10년 전에 개발되었다. 결국 우리 MQ의 멤버는 누구나 이 외상 정보 프로세싱의 도구인 EMDR(Eye Movement Desensitization & Reprocessing) 기법을 배워야 한다는 결론에 도달했다. 나도 2007년 미국 메릴랜드의 베데스다(Bethesda)에서 EMDR 훈련을 받았고 우리

MQ 사람들은 모두 이 이 기법을 정식으로 배웠다. MQ에 차후에 가입한 김남희, 홍만제, 황이삭, 김현정, 문재석 등 전원이 EMDR 이론과 기법을 배웠고 임상에서 심리적 외상이 있었던 환자들을 이 방법으로 치료해 경험을 쌓았다. 그중에서도 김준기, 김남희, 배재현 회원은 단순한 외상 후 스트레스장애뿐만 아니라 복합성 외상 후 스트레스장애, 애착 상해(attachment injury)가 있는 환자들도 치료했고 나아가 공포증 환자와 외상이 있던 어린아이 치료에도 이 기법을 사용했다. 우리나라에서 가장 활발하게 외상과 관련된 정신장애를 치료하는 기관이 바로 김준기 선생의 서울EMDR연구소다. 그동안 심리적 외상에 관한 국제 학술대회에도 여러 번 참석해 발표도 했으며 특히 김준기, 김남희, 배재현 회원은 현제 국제 EMDR 학회에서 인정하는 'Training Facilitator' 역할을 하고 있다.

최근에는 외상 후 격분장애(Post Traumatic Embitterment Disorder)에 대해서도 공부했고 그 치료에서 응용되는 지혜 요법(Wisdom Therapy)도 공부하고 있다.

노년기에 나를 도와준 제자들

2002년 내가 은퇴를 한 후에 스스로 접근해서 도와준 제자는 이충순 이사장 외에도 여럿이 있다. 물론 무언가를 나를 위해 해 줄 수 있는 기회가 있어 같이 일하게 된 경우도 있지만 나를 특별히 배려해서 나의 능력이나 역할을 보지 않고 분에 넘치는 대우로 어떤 역할을 담당 할 수 있게 도와준 제자들이다.

김준기 '마음과 마음' 원장

김 원장은 전공의 시절부터 나를 따르고 수련이 끝난 후에도 나의 곁에 있기를 원했던 제자다. 그가 일찍이 식이장애(Eating Disorder)를 공부하고 싶어 해서 일본이 이 분야에서 앞서있기 때문에 일본에 연수가기를 원했다. 그가 일본어를 잘 구사하는 능력이 있었던 것도 일본을 연수지로 택한 중요한 이유였다. 연수를 위해 어느 정도의 장학금도 탈 수 있었던 것으로 알고 있었는데 장학금 받는 데 차질이 생겨서 일본에서 연수하는 동안 무척 고생한 사실을 나는 후에 알게 되었다. 귀국한 후에 식이장애에 대한 전문 클리닉을 개설했고 차차로 확장해 비만을 포함한 식이장애 전반에 걸친 생활 지도를 할 수 있는 클리닉을 멋진 디자인으로 창설했다. 강남 중심가 대형 빌딩에 '미소인'이란 이름으로 체중과 음식 그리고 삶의 양식을 건강하게 관리하는 건강증진센터를 개설한 것이다. 원래 시대를 앞서 가는 새로운 것을 하고 싶어 하는 성격이라 병을 고치는 범주를 넘어 건강의 전문가 그리고 건강을 증진시킨다는 새로운 비전을 내건 것이다. 식이장애 클리닉도 그의 전문성이 인정되어 번성했고 그가 신임하는 후배인 이정현 의사를 영입한 후 더욱 발전이 있었다. 탁월한 운영 능력과 리더십을 갖춘 이정현 의사는 결국 식이장애 클리닉을 맡게 되고 김 원장은 부부치료에 흥미를 갖고 부부관계를 연구하고 치료하는 센터를 시작하기를 원했다. 새로운 출발을 위한 동반자가 필요했던지 김 원장은 부부치료센터를 시작하는 데 나의 합류를 요청했다. 동업을 하는 것은 아니지만 파트너로 같이 연구하고 치료도 해 보자는 것이다. 나도 당시 부부치료에 관해 관심이 있어 쾌히 동참하기로 하여 드디어 결혼지능연구소가 신설되었다. 덕분에 내가 자유롭게 활동할 수 있는 자리를 김 원장이 마련해 주었다. 그는 물심양면으로 나의 활동을 적극 도와주었고 또 같이 공부하면서 어느새 사제지간이 아니라 동반자가 되었다. 부부관계와 치료에 관한 국제 학술대회가 열리면 그의 도

2007년 파리에서 열린 EMDR 유럽학회에서 김준기 원장과 함께.

움으로 연구소 멤버들도 다 같이 참석했고 이 같은 배움에 대한 정열
은 오늘에 이르기까지 변함이 없다. 부부관계를 공부하고 부부치료를
하다 보니까 개중에 어린 시절이나 발달 도중에 심리적 외상이 있어
밀접한 관계가 어려운 사람들이 많아 공부 방향이 심리적 외상과 그
치료로 확장되어 김원장은 현재 서울EMDR연구소도 같이 운영하고
있다. MQ 회원들을 중심으로 심리적 외상과 그 치료에 관한 공부도
빼 놓지 않았다.

양재역에 자리 잡은 그의 클리닉에 나의 개인 사무실도 차려 주었
으니 확실한 소속이 없는 노인에게 자리를 잡아 준 셈이다. 나이를 먹

으면서 쉽게 노여워하고 귀도 잘 안 들리고 감정도 변덕스럽고 때로는 기억도 오락가락하는 이 노인을 끝까지 잘 받들어 준다.

이종섭 다사랑병원 원장

원래 과묵하고 성실하며 윗사람에게 충성하고 어려운 일을 잘 견디는 성품인 이종섭 원장이 전문의가 된 후에 후진을 가르치는 교수가 되기를 원했던 사실을 나는 몰랐다. 처음 충주에 있는 건국대학교 의과대학 정신과장으로 취임해 원하던 대학교수가 되었지만 지방이라 그런지 또는 학교의 지원이 신통치 않았던지 그의 행로가 크게 피지 못하고 세월이 갔다. 결국 대전에 건양대학이 신설되면서 그 병원의 정신과장 및 주임교수가 되어 자리를 옮겼다. 얼마 안 되어 그의 능력이 인정받아 건양대학병원의 진료부장이 되어 김희수 총장을 모시고 일하게 됐을 때 나는 이제야 발전할 수 있는 기회가 왔다고 생각했다. 이종섭 원장만큼 빈틈없이 철저하고 꼼꼼하고 성실하게 상관을 잘 모시는 사람은 없다. 그래서 김희수 총장은 인복이 많은 분이라 생각했다. 그러나 진료부장 역할에 최선을 다했는데도 일거리는 늘어만 나서 과다한 일에 치여 탈진 상태에 빠지지 않을까 걱정되도록 혹사 당하는 듯했다. 묵묵히 일만 하다가 이 원장은 결국 건양대학을 떠나 중곡동의 작은 의원을 인수해 개업했다. 나는 원래 이종섭 원장을 전공의로 뽑을 때 그가 대학교수로 성공하는 것을 기대하지 않았고 그

다사랑병원 교육원장을 마치고 나올 때 병원에서 만들어준 사진자료.

의 생김새나 학생회장 경력 등으로 보아 앞으로 정신의학계에 진출해
리더가 될 재목으로 보았다. 전공의 수련 동안에 나는 그의 강박적인
성격을 알게 되었다. 무슨 일을 맡으면 세부 구석구석 꼼꼼하게 파고
들어 일을 완성하기까지 많은 시간이 걸렸다. 내가 '부끄러움'에 대한
연구에 몰입했을 때 이종섭 원장에게 특히 불교(佛敎)에서 보는 부끄
러움에 대한 개념을 알아봐 달라는 부탁을 했다. 시간이 좀 경과한 후
에 그가 가지고 온 불교 쪽의 정보는 놀랄 만한 분량이 었고, 불교에서
말하는 자기 통찰의 도덕적 정서는 부끄러움이란 표현을 초월한 한참
깊고 넓은 것이었다. 문외한이 한두 달 공부해서 체득할 수 있는 내용

이 아니었다. 들으니까 직접 절에 가서 스님들을 면접하고 이에 관해 물어보고 진정한 의미를 파악하기 위해 상당한 시간을 할애했다. 그러고도 그의 결론은 불교에서 말하는 자기 성찰에 동반하는 정서는 쉽게 종합할 수 없다는 것이었다. 이 원장이 가져다준 불교 문헌 한 보따리를 두고 몇 개를 발췌해서 읽어 보니까 나로서는 도저히 연결이 안 된다. 결국 불교에는 우리가 보편적으로 표현하는 부끄러움과 일치되는 단순한 표현이 없는 것으로 결론을 내릴 수밖에 없었다. 나는 이 원장의 이런 성격을 안 후에는 그가 의학과 같은 응용과학 분야에서 학자가 되는 것이 맞지 않는다는 생각이 들었다. 그리고 그의 개업을 환영했다. 자연히 그의 병원이 더 커졌으면 했다.

이 원장이 중곡동에 개업한 지 얼마 되지 않았을 때 내가 은퇴하고 노는 날이 많아지자 나보고 일주일에 하루 그의 클리닉을 봐 달라는 부탁을 해 왔다. 흔쾌히 승낙하고 일주일에 하루를 그의 병원에서 근무했다. 나의 근무는 자리에 앉아 있는 것이 전부였다. 개업한 의원에서는 환자들이 모두 원장님을 보기를 원하지 대진하는 의사는 거들떠보지도 않는다. 병원에 왔다가도 원장님이 안 계시면 되돌아간다. 한가하게 하루 10명 내외의 환자를 보는 것은 쉬운 일이다. 말하자면 나는 별로 하는 일 없이 봉급을 타고 있었다. 얼마 안 돼서 이 원장이 다사랑병원에 투자하고 대표원장이 되었다고 들었을 때 나는 무척 반가웠다. 드디어 이 원장이 큰일을 하게 됐다는 생각에서다. 그리고 더욱 나를 놀라게 한 것은 이 원장이 다사랑병원의 대표원장이 되면서 나보고 교육원장이라는 타이틀을 주면서 합류해 달라고 청한 것이었다. 재고의 여지가 없는 행운이기에 기꺼이 승낙하고 만 4년 동안 융숭한 대접을 받고 별로 공헌하는 것 없이 한가한 특임의사로, 그러나 내가 하고 싶은 일과 외부 활동을 마음대로 할 수 있는 자유를 누렸다. 다사랑병원이 나에게 베푼 호의와 대접을 잊을 수 없다. 이것은 전적으로 이종섭 원장의 특별한 배려 때문이었지만 실은 신재정, 이무형, 김석찬, 전용준, 심재종 원장님들이 나에게 베푼 특별한 대우로, 생각하면 내가 엄청난 신세를 진 것이다.

이영문 교수와 아주대학교의료원 정신건강연구소

'편견' 하면 늘 나쁜 뜻으로 쓰이지만 좋은 뜻으로 유리하게 보는 '편애'도 있다. 내가 연세대학교 의과대학 재직 10년 동안에 좋은 면에서 나의 영향을 제일 많이 받은 반이 있다. 나만 그렇게 생각하는 것이 아니라 그들도 어느 술자리에서 이구동성으로 한 말이다(술자리에서 한 말이라 더 진실성이 있다고 믿는다). 그 반이 바로 박진한, 이범용, 박진숙, 이영문, 김준기, 노재성 등의 집단이다. 특히 김준기는 대학교 4학년 때 미생물학을 전공하기로 결정했으나 나의 강의를 듣고 정신과로 전공을 옮겼다고 한다. 그러니까 나의 영향은 학생 시절부터 있었던 모양이고, 그들의 전공의 수련이 끝날 때까지 이 그룹은 늘 내 근처를 떠나지 않았다. 하긴 그중 노재성, 이영문, 김준기는 아직까지도 나의 곁에 있으면서 "제자가 선생을 능가해야 한다"는 격언을 온 세상에 옳은 말이라고 홍보하고 있다. 격언은 이루기 힘든 것의 표현이라고 알고 있었는데 이 믿음도 산산조각이 난 셈이다.

그중에서 제일 특이한(unique) 인물이 이영문이다. 그리고 그가 나의 제자라고 하지만 나하고는 딴판이다. 워낙 여러 가지 재간을 타고난데다 인간관계가 좋다. 그는 어디를 가건 명예 같은 것은 안중에 없다. 그러나 어디서나 독창적인 것을 만들어 낸다. 한 가지 흠이 있다면 열심히 일하다가 무언가 이루어지면 딴 생각을 한다. 유명한 예술가 미켈란젤로가 한 작품을 끝맺을 무렵, 즉 거의 완성할 때쯤이면 하던 것을 미완성인 채로 놓고 다른 것을 시작한 것과 비슷하다. 잘나가다가 일이 어느 수준에 도달하거나 여기가 올라가는 한계라고 생각이 되면 그 일을 그만두는 습관이 있지 않나 싶다. 새로운 생각에 좀이 쑤시거나 답보 상태의 자기에게 싫증이 나나 보다.

어쨌든 이영문 교수는 자타가 인정하는, 현재 한국의 정신건강 분야 이론과 실제의 첨단이다. 일찍부터 그는 자연스럽게 '환자 중심'이었고 기존의 질병이념(illness ideology)에 매이지 않고 다양한 각도에서 문제에 접근했으며, 그래서 해결책을 환자나 가족에서만 찾는 것이 아니라 문화와 사회에서 찾는다. 그는 글 쓰는 재간과 말솜씨도 탁월하다. 그래서 밑으로 따르는 사람들이 많다.

일찍이 전공의 수련을 마치고 용인정신병원에 취직하고 나름대로

246

이영문 교수를 비롯한 경기도 광역센터 직원들과 함께 안면도에서.

자기가 하고 싶은 일을 찾았다. 직업 재활을 병원 환자를 대상으로 연결시켜 좋은 성과를 보여 주었다. 일종의 성공 신화를 만들고 이런 일이 의학 모델로 환자를 치료하는 것보다 값진 것임을 보여 주었다.

　내가 아주대학교로 가면서 이영문에게 같이 교수가 되지 않겠느냐 물었을 때 (내 앞에서는 내색을 안 했지만) 이 제안을 안고 속으로 고민했다고 들었다. 그러나 그는 대학교수가 된다는 것보다는 자기가 하고 싶은 일을 하면서 만족하는 데 더 무게를 두는 사람이다. 그리고 대학교수가 아니더라도 자기가 하고 싶은 일이면 무엇이건 할 수 있다는 자신감이 있는 것이다. 세상이 좋아하는 교수라는 타이틀이 그에게는 별 의미가 없었고, 실은 그것이 이영문의 매력이다. 그래서 더 그를 내 곁에 두고 싶었다.

　아주대학교 의과대학에서 그는 좋은 교수라는 평가를 받았고 특히 제자들이 존경하는 교수였다. 학교 일 외에도 우리나라 정신건강 사업을 위해 많은 업적을 쌓았다. 아주대학교를 중심으로 경기도 지역사회에 펼친 그의 정신건강 사업은 괄목할 만한 성공을 거뒀다. 아주대학교재직 중 많은 일을 했고 2년간 텍사스대학 보건대학원에서 보건학 석사(Master of Public Health)를 마치고 돌아왔다. 미국에서 공부를 마치고 돌아온 후로는 정신과 교실을 떠나 신설된 인문사회의학과로 적을 옮겼다. 소신껏 시간을 내어 일하고 싶은 의욕을 볼 수 있다. 경기도와 함께 펼치는 정신건강 사업이 아주대학교의료원의 협력을 얻어 기회가 오자 아주대학교의료원 정신건강연구소를 신설하고 위탁기관으로 경기도광역정신보건센터를 위시해 수원, 안양, 광명, 영통, 안성의 정신보건센터 등이 포함되었다. 모두가 이영문 교수의 활약과 노력의 결과로 그동안의 사업들이 연구소를 중심으로 조직화된 셈이다. 그리고 나는 덕분에 연구소의 자문교수로 초빙되었다.

사실 연구소에 내가 자문할 것도 없고 나는 연륜이 말하는 하나의 '상징'에 불과하다. 내가 정신건강 사업 시작의 계기를 만든 인물이라는 상징이 있고 연로하지만 열린 마음을 가지고 새로운 것을 배우고 따라가려는 뜻을 존중해서 초빙한 것으로 이해한다.

나는 연구소에 와서 새로운 것을 경험하고 배웠다. 그리고 이 나이에 처음으로 총명하고 활력 있고 긍정적인 많은 젊은이들과 같이 새로운 것을 배우는 것이 즐거웠다. 한 가지 결점은 하나같이 모두가 일에 매여 있어 정식 회의나 강의 외에는 시간이 없어 사적인 대화나

친밀한 관계를 맺을 여유가 없는 점이다. 예전에 즐기던 두터운 사제 지간의 관계도 즐길 수 있는 기회가 없었다.

나를 잊지 않고 끝까지 돌봐 준 이영문 교수에게 감사한다.

오병훈 교수의 영원한 주임교수

연세대학교 의과대학 정신과 교실에서 8년간의 주임교수 임기를 마치고 유계준 교수에게 그 자리를 인계하는 인계인수 식장에서 오병훈 교수가 내게 다가와 조용히 한 말이 있다. "아무런 다른 뜻도 없습니다. 선생님은 나에게는 영원한 과장이고 주임교수십니다." 나의 뒤를 이어 주임교수가 된 분들이 들으면 언짢아할지 모른다. 그러나 이는 오해가 생길 만한 옹졸한 뜻이나 마치 나에게 충성심을 표현하는 듯한 그런 뜻이 담긴 것이 아니다. 그가 나의 아랫사람으로 맺었던 관계의 가치를 영원히 보존하겠다는 뜻이다. 실은 이것이 더 남들의 선망의 대상이 될지 모르고 실은 나도 오병훈 교수에게 같은 심정을 갖는다. 그와의 관계를 소중히 여긴다.

내가 연세대학교를 떠난 후 세월이 많이 흘러 이제 오병훈 교수가 연세 정신과의 주임교수가 되었다. 오교수의 넓고 깊은 인간관계와 노인정신의학에 몰두하면서 바친 꾸준한 노력의 결과로 일약 한국 노인정신의학계의 거목이 되었고 동시에 세계노인정신의학회의 이사로 국제화의 길을 텄다. 그리고 정신과 의사로 정상의 자리를 상징하는 대한신경정신의학회의 이사장으로 선출되었다. 그의 활동 범위가 넓어지고 영향력이 커지면서 지금부터 18년 전 오병훈 교수가 내게 한 말이 새로운 무대에서 새로운 뜻으로 되살아난다.

우선 오병훈 주임교수는 나를 연세대학교 정신과에서 가르치는 스승의 자리로 환원시켰다. 광주 세브란스정신건강병원에서 전공의들과 지난 날 내가 연세에서 시작한 '팀 접근 사례 관리' 팀 모임을 만들어 나를 초청했다. 이것은 나에게 큰 의미가 있고 자랑스럽게 생각하는 가르침의 방법이고, 정신과 의사가 정신건강 사업 팀워크의 리더로 반드시 익혀야 할 기본 소양을 배우는 교육이다. 특히 나는 연세 정신과가 그동안 소홀히 했던 정신사회적 문제 접근을 회복시키는 계기가 됐으면 하는 바람이 있다. 오병훈 교수도 분명히 나와 뜻을 같이하기 때문에 이 모임을 만들고 나를 초청했다고 믿는다.

다음은 오병훈 교수의 추천으로 세계정신의학회(World Psychiatric

일본 정신신경학회 기조연설 모습. 2009년 고베.

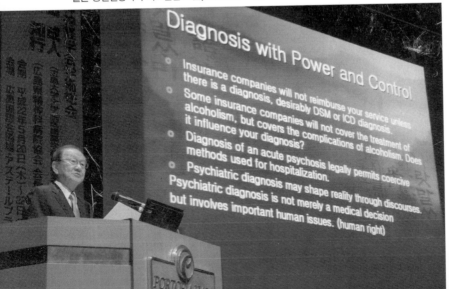

Association)의 지역 심포지엄을 서울에서 개최했는데 내가 기조연설을 맡게 되었다. 기조연설의 제목은 "Synthesis of Science and Humanism; Dialectic Pleuralism in Treatment"였고 나의 연설은 호응이 매우 좋았던 것으로 들었다. 오 교수의 추천에 의해 영광스러운 기회를 가진 것이다. 그다음으로 오 교수는 노인정신의학회에 나를 초빙했다. 이것은 내가 노인정신의학에 흥미를 두고 연구한 때문이 아니고 아마 내가 노인이기 때문에 노인의 문제에 대한 공감이 어느 젊은이 보다는 낫다고 생각해서라고 생각된다. 또한 노인문제가 주로 인지장애, 즉 노인의 치매와 노년기 우울 같은 질환에 한정되어 논의되는 현실에서 좀 더 넓은 정신사회적 안목으로 노년기 의 중요한 이슈들을 다루어 보자는 뜻도 있었다고 믿는다. 우선은 한국노인정신의학회 학술대회에서 "창의적인 노년기의 삶"에 대한 강의를 청탁 받았고 그다음은 세계노인정신의학회가 한국에서 개최되었을 때 "Writing a New Story"라는 제목으로 제2의 인생의 새로운 출발을 계획하는 기본 정신을 논하는 기조연설을 담당했다. 이것이 인연이 되어 2007년 베이징에서 열린 노인정신의학의 문화적 접근에 관한 국제 학술대회에 초청되어 패널 토론에 참여했고 이어서 2008년 일본 오사카에서 열린 세계노인정신의학 학술대회 즉 'World Silver Congress'에 기조연설자 초청되었다. 연제는 "Restoration of Confucian Family Principles: toward Mutualism for Kinship Ties of Elderly"였다. 이것이 인연이 되어 2009년에는 일본 고베에서 열린 105회 일본장신신경학회 총회에 기조연설자로 초빙을 받아 "Bearing values on clinical decisions"라는 연제로 발표했다.

내 나이 한국 나이로 여든이다. 은퇴한 지도 오래되었고 세상이 나의 이름을 기억하지도 않고 나 자신이 흘러간 사람인데도 이러한 명예로운 자리에서 특별강연으로 나의 소신을 발표하는 기회가 최근에 여러 번 있었다는 사실은 기적과 같다. 그리고 이런 기회가 있었기에 실망시키지 않기 위해 나도 많은 탐색과 사색으로 준비해 철저를 기한 것 역시 나의 값진 소득이다. 만일에 오병훈 교수가 이런 기회의 문을 열어 주지 않았다면 있을 수 없는 일들이다. 내가 18년 전에 오병훈 교수에게서 들은, 내가 그의 영원한 어른이라는 말은 결국 우리 둘 사이의 궁극의 관계를 말해 준 것이다. 이것이 살아생전 나에게 이런 영광스러운 기회로 돌아온 것은 내가 오병훈 교수를 만난 행운 때문이라고 생각한다.

조은영 박사와 'Executive Coaching'

1984년에 귀국하자 미국서 가까이 지냈던 김종옥 교수를 찾았다. 김 교수는 가족치료를 전공했으며 연세대학교 사회사업과 교수로 나보다 앞서 귀국했기에 그로부터 한국에 적응하는 데 필요한 조언을 듣고 싶어서였다. 김 교수는 나를 만나자 무척 반기며 대뜸 자기의 지적 자원으로 자기가 가르치는 학생들에게 강의하는 데 동원했다. 내가 출강한 첫날 대기 중인 나의 방에 차를 들고 들어온 조교가 지금의 유명한 조은영 박사다. 발랄하고 지적이고 얼굴이 유난히 하얀 매력 있는 학생이었다. 내가 그 후에 정신과 교실에서 그를 종종 보았지만 나와 직접적인 관계는 없었고 당시 많은 대학원 학생들을 부리던 남궁기 교수 밑에서 노예같이 혹사당한 사실을 후에 알게 되었다. 임상에서 그리고 연구 토론 현장에서 자주 만나 자연스럽게 스스럼없는 사이가 되었다. 본격적으로 접촉이 있었던 것은 그가 '포도나무'라는 정신분열증 환자 재활 집단 치료 모임을 책임진 후부터다. 이 집단 치료는 이만홍 교수가 주 치료자였고 조은영은 부 치료자 역할을 담당하는 것같이 보였다. 그러나 시간이 가면서 이만홍 교수의 개입이 적어지고 조은영이 이를 전적으로 맡게 되었다. 조은영은 가끔 나에게 일반적 또는 기술적인 조언을 구했고 그래서 자연히 그 집단의 성격을 알게 되었다. 그 집단은 정신분열증 환자들이 세상과의 관계 회복을 염원하는 상황에서 조은영 개인의 책임 있는 개입으로 관계 형성의 성패의 기복을 같이 경험하는, 극히 힘든, 그러나 역동적인 모임이었다. 한마디로 정신분열증 환자를 회복으로 이끌기 위한 치료적 관계 형성이 핵심이다. 이것은 이론으로는 그럴듯하게 설명이 되나 실제로는 상당히 어렵고 기복도 좌절도 많고 때로는 관계 형성의 가능성에 의심이 가는 힘든 과제다. 그러나 이 모임은 각 멤버들의 현실이 왜곡됐더라도 그들이 경험하는 현실로 수용되는 환자 중심의 모임이고 관계 유대의 핵심은 서로 간의 사랑이다. 이 사랑으로 조은영이 혼자서 이끌어 가고 있고 이 집단이 환자들의 생명 줄이 되어 같이 숨 쉬고 같이 울고 웃는 공생 집단같이 된 것이다. 여기서는 만일 조은영이가 없어지면 전체가 붕괴될 가능성이 있다. 이것은 조은영에게 상당한 부담이 되고 이 집단을 이끌어 가는 것이 큰 스트레스가 될 수밖에 없다. 참 어려운 일을 하고 있다고 생각했다.

조은영은 머리만 좋은 것이 아니다. 그의 마음은 따뜻하고 관계에 관한 한 의리가 있다. 시간이 가면서 조은영은 나의 가장 신뢰하는 제자가 되고 오늘날까지 이 신뢰는 변하지 않고 내 안에 있다. 한때 WHO가 주관하는 알코올 문제 횡문화 연구와, 중추신경 자극 물질 남용에 관한 범세계적 연구(Global Survey)에 내가 참여한 일이 있었는데, 조은영이 나의 연구원으로 참여해 연구 실행 간사 역할을 해 주었다. 질적 연구 방법의 학습을 위해 미국 애리조나 대학교 문화인류학 교실에 연수를 갔었고 돌아와서 우리 연구에 크게 공헌했다. 미국 연수를 하는 도중 그를 가르친 교수들은 조은영의 우수한 두뇌와 그의 인간성에 매혹되어 칭찬 일색의 편지를 내게 보내기도 했다. 조은영은 나와 같이 일하면서 필경 나에게 실망도 하고 좌절했던 일도 있었겠지만 전혀 그런 내색을 하는 일 없이 늘 나의 곁에서 헌신적으로 도와주었다. 조은영의 은사인 김종옥 박사가 혼자서 연로해 어려운 고비에 처했을 때 조은영 박사가 늘 도와드렸다. "저는 한 번 관계를 맺으면 절대로 끊지 않아요." 일찍이

조 박사가 한 말 인데 이것을 지키는 것이 그의 삶 자체라고 나는 생각한다. 작고하신 그의 아버지 그리고 일찍 잃은 동생 그리고 모시고 있는 연로하신 어머님, 조 박사가 그동안 가족들과 겪은 어려운 일들을 나는 잘 기억하고 있다. 그가 가족에게 자신의 최선을 다하는 것을 나는 보았다. 그리고 나를 스승으로 기억하고 제자로서도 역시 최선을 다한다.

박사 학위를 마친 후 어느 대학에선가 교수직을 맡게 되어 학생들 가르치는 데 전념하던 시기가 있었다. 물론 그가 교수로서 최선을 다하고 대학의 운영을 위해서도 혼신의 힘을 다했지만 교수 생활에 큰 기대는 없었고 또 다른 꿈, 무언가 시대 첨단의 지성인으로 좀 더 넓은 무대에서 활동하고 싶은 의욕이 있어 대학교수로 만족하는 것처럼 보이지 않았다. 그리고 사회사업의 범주나 속성이 그의 기질에 맞지도 않는다. 나의 의견이지만 조은영 박사는 더 큰 규모의 좀 더 화려하고 높은 차원의 지식이 요구되는 도전을 원한다고 생각한다. 결국 나의 생각이 적중해 급기야 조 박사는 교수직을 사임하고 잠시 혼자 은둔 생활에 들어갔다. 한때는 가족하고도 떨어져 완전히 독립해 살고 있었다. 조박사에게서는 한동안 아무런 연락이 없었다. 그리고 드디어 연락이 왔다. 새로운 일을 하고 있다고.

'라이트 매니지먼트(Right Management)'는 미국 굴지의 인적자원 관리 회사인 '맨파워(Man Power)'의 일부로 한국에 약 10여 년 전 사무소를 차리고 기반을 닦아 왔다. 외국의 큰 기업들은 전 예산의 약 20%를 인력관리에 쓰고 있고 현재 다국적 기업들은 인력 경쟁을 하고 있다고 해도 과언이 아니다. 우수한 인력을 양성하고 확보하는 것이 성공의 길이다. 또한 지도자의 양성을 위해 리더십 훈련을 비롯한 각종 간부 교육, 그리고 임원진의 코칭이나 멘토십을 크게 권장한다. 그리고 이 분야를 전문적으로 책임 맡고 교육과 훈련, 관리를 담당하는 회사가 바로 라이트 매니지먼트다. 이 회사는 실업자들의 재교육과 재취업도 담당해서 국내에서 이미 성공한 경력도 가지고 있다. 아직 전문 기관에 용역을 주는 인력관리에 한국 기업은 익숙해 있지 않지만 한국에 들어와 있는 다국적기업이나 인력관리를 담당할 자원이 없는 한국의 회사들은 라이트 매니지먼트에 전문적인 도움을 의뢰한다. 이미 한국에도 인력관리 회사가 많아져서 경쟁이 치열하지만 이 회사는 그중에서 뛰어난 업적으로 성공한 회사다. 조은영 박사가 이 회사에 추천되어 입사한 후에 그의 활약은 뛰어났고 그가 완성한 일들은 질적으로 누구보다도 우수했다. 특히 그의 철저한 준비와 일의 조직화 그리고 뛰어난 교육 방법은 돋보였고 빈틈없이 체계적인 그의 머리가 만든 일의 결과들은 그 회사를 빛내 주었다. 조 박사가 이 회사에 입사해 그의 실력을 십분 발휘하고 있으면서 회사에 나를 추천해 주었다. 나 보고 임원 코칭(Executive Coaching)을 맡아 달라는 요청이다. 이 분야에 문외한인 나로서는 감당하기 어려운 과제였으나 일 자체의 매력도 크고 정신치료를 일생 동안 해 온 경험으로 특히 최근의 취득한 '지혜 요법'을 이용하면 두뇌가 우수한 회사 중역들의 성격 문제나 대인관계의 어려움 등을 다룰 수 있다는 자신감이 있었다. 조 박사가 도와준다는 전제로 코칭의 일을 맡아서 몇 케이스를 연습해 본 뒤 실제로 용역을 맡은 코칭을 담당해 비교적 성공적인 성과를 거두었다. 이 일은 은퇴를 한 후 내가 개척할 수 있는 새로운 분야이고 코칭의 과정 자체가 흥미 있고 보람 있었다. 단순히 비즈니스 모델만의 접근이 아니라 좀 더 발전시켜 심리사회적 차원을 보강하는 방법론 개발의 여지가 많았다. 그리고 무엇보다도 코칭에서 형성되는 관계도 예상 외로 강력한 것이어서 바람직한 변화를 일으키는 데 큰 영향력을 갖고 있는 부분이다. 이런 좋은 일을 할 수 있는 기회를 나에게 준 조은영 박사가 무척 고마웠다. 여러 가지 사정으로 코칭의 일은 중단되었지만 짧은 기간 동안에 배운 것도 많았다.

조은영 박사는 그의 역할이 커지고 대외적으로 활동 범위가 넓어지면서 결국 라이트 매니지먼트를 사직하고 현재는 독립된 자기 회사를 차리고 성업 중에 있다. 현재 아셈빌딩 37층에 사무실이 있는데 이제는 만나 보기 힘들 정도로 바쁘다. 조은영 박사는 내가 사랑하는 제자다.

한국 최초의 정신과 의사 이중철 박사 입지전

[선친의 성장 및 입지(立志)의 과정은 괄목할 만한 것이다. 그리고 내가 이 회고록에 선친의 눈부신 짧은 일생에 대해 쓰지 않으면 그렇게 열심히 사신 한 비극의 주인공이 이 세상에 다녀간 흔적이 없다. 한국에서 제일 처음 정신의학을 전공하고 입신한 한 젊은 의사의 삶도 흥미롭고, 또 내가 기억하는 그분의 생애를 내가 써 드리고 싶다.]

선친의 본래 이름은 이성은(李聖恩), 후에 이중철(李重澈)로 개명했고 아호는 제은(濟隱)이다. 1904년 1월 20일 평안남도 신안주에서 2남 2녀 중 막내로 태어났다. 부친인 이진형(李眞亨)은 20세기 초(평양 일대를 휩쓸었던 개신교 대부흥의 영향을 받았을 것으로 추측된다) 일찍이 예수를 믿기로 결심하고 당시 유일한 감리교 신학교인 협성신학교(協成神學校)를 1회로 졸업해 한국 개신교 초창기의 목사가 되었다. 신학교를 나오신 후에는 평안북도 영변, 강원도 원주, 경기도 강화, 경기도 홍제원 등지에서 주로 개척교회의 전도사로 봉직하셨다. 선친께서는 고향인 신안주에서 살면서 서당에서 한문을 배운 후 어떤 연유인지 알 수 없으나—혹시 어느 선교사의 알선이 있지 않았나 추측이 되지만—서울로 올라와 당시 배재학당에 입학해 기숙사 생활을 하면서 신학문을 배우게 된다. 지방을 전전하며 개척교회를 설립하며 헌신하시는 목사의 자제라는 사실 때문에 배재학당이 자식이 입학할 수 있는 혜택을 주었을 가능성이 크다. 어학에 특별한 재능을 가지고 있던 선친께서는 배재학당 시절부터 선교사들의 총애를 받았고 그들의 알선으로 선교사들에게 한국어를 가르치는 기회를 갖게 된다. 우연히 역시 선교사들 돕는 아르바이트를 하셨고, 당시 이화학당 학생이던 어머님을 헐버트(Ms Jeannet Hulbert) 선교사 집에서 만나 사랑하는 사이로 발전되어 결혼하게 된다(1929년 2월 27일 결혼).

1924년 3월에 배재학당을 졸업하고 세브란스의학전문학교에 입학한다. 그리고 1927년 4월에 세브란스의학전문학교를 졸업하고 당시 조선총독부로부터 의사 면허증을 받는다(821호). 세브란스의전을 졸업하신 후 약 2년 동안은 경기도 강화군 온수리에서 개업을 하시는데 어머님 말씀으로는 결혼 비용과 새로운 가정을 꾸미기 위한 자금 조달이 목적이었다고 한다. 1929년 3월에는 모교로 돌아와서 매클래런(Charles McLaren) 교수 밑에서 신경과 및 정신과 교실 조수가 된다. 다재다능하고 뛰어난 인품이 매클래런 교수의 마음에 들어 두 사람은 특별한 사제 관계가 되고 한국인으로 그를 계승할 수제자로 발탁되어 적극적인 후원을 받는다. 당시 매클래런 교수는 세브란스의전에서 까

다로운 분으로 소문이 났지만 그분의 마음에 들어 총애 받는 제자가 된 사실은 선친의 뛰어남을 말해 주는 것이라고 생각된다. 매클래런 교수는 한국에 파송되어 진주의 배돈병원에서 근무하셨던 부친의 자제로 진주에서 태어나셨고 어린 시절 한국에서 자랐다. 그러나 모든 교육은 호주 멜버른에 가서 받았다. 1907년 호주의 멜버른대학 의과대학을 졸업하고 군에 입대했다 제대한 뒤 멜버른대학에 돌아가 신경정신과 수련을 받고 정신과 전문의가 되어 1911년에 부친을 돕기 위해 배돈병원에 돌아온다. 1913년부터는 세브란스의학전문학교에서 정신과 강의와 외래 진료를 담당하게 된다.

매클래런 교수는 대쪽같이 곧은 성격에 진보적인 이념과 정의감에 불타는 정열적인 선교사 겸 의사였다. 당시 일제의 식민지 정책을 노골적으로 비판해 결국에는 감옥살이까지 하게 되고 친일하는 학교 당국에 항거해 여러 번 물의를 일으키기도 했다. 당시 그는 정신과 의사로서도 진보적인 철학을 가지고 있어 정신과 환자의 치료뿐만 아니라 회복 후 사회 복귀를 항상 주장했다. 한번은 의과대학 학생이 우울증을 앓고 치료를 받아 회복된 후 학교에 복교시키려고 했을 때 학교 당국이 정신병자라고 하여 이를 허락하지 않자 교학부장과 학장에게 강력히 항의한 에피소드는 잘 알려져 있다. 그는 당시 원장이시던 애비슨(O. R Avison) 박사와 뜻이 맞아 세브란스병원을 앞날에는 한국인에게 넘겨 주어야 한다고 믿고, 따라서 이날을 위해 수준 높은 한국인 후진 양성을 늘 강조했다. 자신도 솔선해서 후계자 양성에 뜻을 두시

① 규슈 제국대학 신경정신과 교
실에서의 선친.
② 세브란스 병원 재직시 애비
슨(O.R Avison) 원장과 함께.

고 선택받은 이가 바로 선친이었다. 당시 조수로 입실한 젊은 이중철을 자신의 후계자로 점찍고 성급하게 그리고 정열적으로 선친을 도왔다. 선친이 교실의 조수로 시무한 지 3개월도 못 된 1929년 6월에 당시 신경병리 연구 시설을 갖춘 경성제국대학 의과대학 신경정신과 구보 기요지(久保 喜代二) 교수 밑에서 6개월 동안 연수하게 한다. 그 결과로 1930년 11월 ≪조선의보(朝鮮醫報)≫ 창간호에 "유행성 뇌척수막염에 Cisterna Magna. 세척 요법"이라는 주제의 논문을 발표한다. 이것이 선친이 발표한 첫 논문이다. 전문지만이 아니라 같은 해 ≪세브란스 교우회보≫에 "의학상으로 본 스포츠"라는 글을 실어 그의 다양한 재능이 문화 활동에도 반영된다. 연구 생활의 초기부터 자신의 연구 결과를 해외 전문지에 게재했다. 일본 의학 전문지에 편두통, 비타민 결핍증 그리고 주정 중독에 관한 논문들을 실었다.

1931년에 중국 베이징에 있는 유명한 협화(協和)의과대학 뇌계과 교실로 연수 파견된다. 협화대학은 미국의 부호인 록펠러 재단과 기독교 선교 단체가 연합으로 설립한 의과대학으로 특히 록펠러 재단이 중국의 존스 홉킨스 대학을 만들겠다는 포부로 크게 투자해서 만든 유명한 의과대학이다. 미국의 유명한 교수들을 유치해 당시 미국 의과대학과 견줄 수 있는 첨단의 연구 교육 시설을 갖추었다. 이 대학은 지금도 미국의 의과대학과 동등한 인정을 받고 있다. 선친이 파견되었을 당시 협화대학 신경과에는 세계적으로 유명한 드브리스(Ernest De Vries) 교수가 재직하고 있었고 선친께서는 이 교수를 사사했다. 1932년 중국에서 귀국하자 즉시 세브란스의전에 신경정신과 교실 강사로 임명된다. 1933년 4월에는 교비 유학생으로 일본 규슈제국대학 의학부 신경정신과 교실로 박사 학위 취득을 목적으로 유학하게 된다. 당시 규슈대학에는 신경병리학의 권위인 시모다(下田光造) 교수가 있었고 선친께서는 그의 문하생으로 입문한다. 선친께서는 시모다 교수의 극진한 총애를 받게 된다. 특별히 시모다 교수가 선친에게 특별한 애정을 두게 된 이유는 뇌의 핍지교세포(oligodendroglial cell)를 연구하는 과정에서 기존의 세포 염색 방법이 명암도에서 세포의 세밀한 연구에 부족한 점을 개선하기 위해 선친께서 새로운 염색 방법을 고안해 냈기 때문인 듯하다. 즉 세포 영상의 세밀도를 획기적으로 개선하고 연구의 진행을 크게 촉진하는 새로운 염색법을 발명한 것이다. 이 새로운 염색 방법은 '이(李) 염색법(Lee's method)'이라는 공식 명칭을 얻었고 핍지교세포 염색에 사용되는 최선의 방법으로 오랫동안 일본에서 사용되었다. 시모다 교수는 창의적인 방법으로 연구의 질을 높인 선친을 무척 총애하게 되고 자연히 선친의 박사 학위 연구는 빠른 속도로 완성되었다. 1935년 12월에 박사 학위논문이 무난히 평가위원회를 통과해 선친께서는 한국 최초의 신경정신과 의학박사 학위를 규슈제국대학으로부터 수여받았다.

선친은 1936년 규슈대학에서 연구한 내용을 영문으로 작성해 "노인성 판의 기원"이라는 주제의 논문을 국제 학술지 ≪Archives of Neurology and Psychiatry≫에 제출해 게재되었다. 일본 학자들은 영어로 논문을 작성하는 어려움을 극복하지 못하고 주로 독일어로 된 국제 잡지가 게재 대상이어서 영어 노문으로 이 분야 최고의 권위지

매클래런(Charles McLaren) 교수의 딸과 그녀의 아들과 함께. 연세의대 백주년 기념강연 때 초청하였다.

였던 《Archives of Neurology and Psychiatry》에 논문이 실렸다는 사실은 규슈대학교 의학부로서 그리고 일본으로서도 크게 경축할 일이었다. 특기할 만한 사실은 1936년의 연감(Year Book)에 《Archives of Neurology and Psychiatry》에 실린 선친의 논문이 요약되어 실린 것이다. 그해의 괄목할 만한 논문들을 발췌해 종합하는 연감에 선친의 논문이 실린 것이다. 세계적으로 노인성 치매가 맹렬히 연구되는 오늘의 시점에서 볼 때, 지금부터 75년 전 노인성 치매 진전과정에서 편집판세포가 변성된다는 사실을 조직병리학적으로 증명했다는 것은 획기적인 일이다. 나이로 보면 20대 후반에 국제 수준의 최첨단 전문지에 논문이 실렸다는 사실은 자랑 할 일이다. 개인의 명예일 뿐만 아니라 한국인으로서도 자랑거리다.

규슈에서 학위논문을 완성하고 귀환하자 매클래런 교수는 선친을 자신의 모교인 호주의 멜버른대학 의대 정신과 교실에 6개월간 연수를 보낸다. 신경병리 연구에 몰두했던 선친은 호주 연수로 비로소 서구의 정신의학 임상에 접하게 된다. 선친이 일간지에 기고한 여행기에는 멜버른대학의 정신의학 발전을 보고 한국의 후진성을 개탄한 내용도 있다. 1936년 말에 호주에서 돌아온 선친은 세브란스의전의 조교수로 승진되고 다양한 해외 연수를 마친 젊은 교수로 학생들의 모델이 된다. 나는 선친이 작고한 후 선친의 제자들은 물론 당시 세브란스에서 근무하던 간호사 그리고 직원들이 입을 모아 선친을 칭찬하고 일찍 세상을 떠나신 데 대해 애석해하는 이야기를 '귀에 혹이 생길 정도로' 들었다. 한때 선친은 세브란스 의전이 배출한 국제적인 연구자로 선망의 대상이었다.

유감스럽게도 매틀래런 교수는 학교 당국과 잦은 마찰을 빚는다. 그는 학교가 지나치게 일본에 굴종한다는 사실과, 정신의학에 대한 학교 측의 이해 부족으로 교실을 늘려 주지 않고 푸대접하는 데 대한 불만, 그리고 학교 운영 면의 비리 등에 실망해 매번 항거하다 지쳐 결국 학교를 떠나 진주의 배돈병원으로 돌아간다. 진보적인 이념의 소유자였던 매클래런 교수는 당시 교내까지 침투한 일본화의 거센 물결과 자주 충돌했고, 그의 기독교 신앙에 입각한 치유와 회복에 대한 철학은 개혁을 재촉하는 요구와 더불어 학교 당국을 불편하게 만들어 잦은 마찰을 빚었고, 그로서는 좌절될 수밖에 없어 급기야 한계가 온 것이다. 당시 그가 제창한 인도주의적 정신의학의 방향은 연세대학교 의사학(醫史學) 교실 여인석 교수의 연구에서 상세히 밝혀진 바 있다.

최근까지도 풀리지 않은 미스터리는 그가 제2차 세계대전이 일어나 호주로 소환된 후에 조울병이 발병했다는 소문의 진부에 관한 의문이다. 그리고 그가 세브란스 재직 시에도 이미 조울증의 징후가 있었다는 이야기도 전해 들었다. 나도 어린 시절 매클래런 교수를 만난 일이 있는데, 나의 기억에 남은 그의 인상은 몹시 침울한 표정으로, 나를 보고도 웃었던 기억이 없다. 이 소문은 결국 사실이었던 것으로 확인되었다. 1985년 5월 연세대학교 의과대학은 창립 100주년 기념 행사를 크게 가졌다. 당시 정신과 주임교수로 재직하고 있던 나는 이 행사의 일환으로 '매클래런 교수 기념 강좌'를 기획했다. 정신약물학의 세계적 권위인 미국 일리노이대학 존 데이비스(John Davis) 교수를 특별강사로 초청하고 호주 선교회를 통해 고인의 유일한 생존 여식인, 흄(Humme) 여사와 그의 아들을 그 자리에 초빙하는 데 성공했다. 따님과의 만남은 나 개인으로 큰 뜻이 있다. 며칠을 두고 나눈 옛 이야기 중에 나는 몹시 조심스럽게 고인의 건강을 문의하면서 솔직하게 조울병에 대한 진위를 물었다. 나의 물음이 채 끝나기도 전에 흄(Humme) 여사는 뜻밖에도 반가워하는 표정으로 그것이 사실이라는 것을 인정해 주었다. 그리고 인상 깊은 말을 남겼다. "나의 선친은 항상 정신질환은 사람들이 감추기 때문에 발견이 안 되고 치료가 늦어지고 또 사회의 편견의 대상이 되므로 병이 있다는 사실을 감추는데, 이것을 바로잡고 병이 있으면 감추지 말아야 한다고 주장하셨기 때문에 자신에 관한 병도 감추면 안 됩니다. 저의 선친께서는 조울병이 있으셨고 치료도 받으셨습니다"라고 하면서 이것을 사실로 알려 달라는 당부도 있었다. 역시 DNA는 속일 수 없는 것인가 보다.

선친은 매클래런 교수가 세브란스를 떠나면서 젊은 나이에 그의 뒤를 이어 정신과 과장으로 임명된다. 그러나 젊은 나이에 화려하게 시작한 이중철 교수의 교직 생활은 오래 지속되지 않고 끝을 보게 된다. 1936년에 세브란스의전에서 입시에 관련된 비리가 노출되고 언론에서도 알게 되어 일간 신문에 톱기사로 실려 물의를 빚은 일이 있었다. 내용인즉 입학한 어떤 학생에게서 당시 교무과장이 뇌물을 받았다는 것이다. 의혹이 생기자 공평성과 정의감에 민감한 선친께서는 교수 대표가 되어 교무과장과 직접 만나 그가 뇌물을 받았다는 고백을 받아 내고, 교무과장도 책임지고 사임할 것을 구두로 약속했다. 그러나 어떤 연유에서인지 얼마 후 사태는 반전되어 교무과장을 두둔하는 병원장과 이사진은 이 사건을 근거 없는 것으로 처리하고 오히려 거론한 교수들이 학교의 명예를 훼손했다는 방향으로 몰고 갔다. 교무과장은 이전에 교수 대표와의 대면에서 인정한 사실을 부인했고 이 사회에서도 아무런 잘못이 없었던 것으로 처리되었다. 물론 교무과장의 직책도 그대로 유지되었다. 이 사건의 수사를 시작했던 경찰도 교내에서 이 사건이 수습이 되었다는 이유로 수사를 중단했다. 그런데

이 사태를 수습하는 과정에서 학교 당국은 당시 비리를 폭로한 강경파의 한 사람인 해부학의 최명학 교수를 권고사직 시켰다. 이 사건의 발단이 최 교수로부터 시작되었다는 이유에서다. 이 처사는 전체 교수들에게 큰 충격을 주었다. 이 조치는 강직한 성격의 소유자로 학사와 관련해서 늘 학교에 비판적이고 때로는 비협조적이었던 최명학 교수를 이 사건을 계기로 퇴출시켰다는 소문이 신빙성 있게 나돌았다. 이 사건에 직접 개입되었던 선친께서는 이 처사에 크게 격분하고 동시에 자신도 최 교수 사직에 책임을 느껴 동정 사표를 제출하고 세브란스를 떠난다. 이 사건은 '동정 사표' 사태라는 또 하나의 파문으로 이어진다. 같이 동정 사표를 내기로 한 세 교수는 사표를 철회해 결국은 선친만의 사표로 사태는 마무리된다. 자세한 내용은 후에 고 이용설 박사의 회고록(경향신문 연재)에 기술되었다.

1938년에 선친께서는 세브란스의 교수직을 그만두고 서울의 전 서울고등학교 후문 근처 신문로 노변의 3층 건물을 임대해 '이중철의원'을 개원한다. 이 건물의 2층은 전부 정신과 환자 입원실로 사용되었고, 1층은 정신과, 신경과 외래 공간이며, 이 건물 안쪽으로 그리 크지 않은 주거 공간이 있어 온 가족의 살림터가 되었다. 개업 초기부터 많은 환자가 찾아오자 선친께서는 좀 더 넓은 공간이 필요하게 되었고, 때마침 산부인과로 서울 광화문 근처 당주동에 자리 잡고 성업 중이던 박용준 박사가 개인 사정으로 이전하게 되어, 선친께서는 당주동에 있는 박용준 박사의 2층 병원 빌딩, 그리고 그 뒤에 있는 넓은 주택을 매입해 그곳으로 이전하셨다.

이 당주동 집은 박용준 박사가 공들여 건축한 고급 건물로 안채도 화려하게 설계되어 있었다. 이 빌딩과 저택의 매입으로 선친과 우리 가족의 삶의 격은 획기적으로 바뀐다. 박봉으로 가난했던 대학교수 시절, 늘 셋집에서 살다가 2년 이내의 개업으로 당시 장안에 산부인과 개업의 유명했던 박용준 박사가 직접 설계했다는 훌륭한 병원 건물 그리고 화려한 저택의 주인이 된 것이다. 그리고 무엇보다도 서울 장안에 선친의 이름이 일약 명의로서 알려지자 선친의 '명문 가문'을 이루겠다는 꿈이 바로 실현 단계에 온 것이다.

선친이 이 같은 고급 건물과 주택을 구매하게 된 것은 배후의 도움이 있었기에 가능했다. 우선 선친의 타고난 용모와 인품, 그리고 능력 덕분에 개업 후 짧은 기간에 성업을 하게 되자 선친 자신도 전에 없었던, 그야말로 '화려한 삶'에 대한 전망을 갖게 된 것이다. 성공에 따르는 넓은 사교와 인간관계로 선친은 당시 서울 장안에서 부호로 이름 난 금강제약회사(金剛製藥會社) 전영수 사장과 절친한 친구 사이가 된다. 전 사장은 선친의 장래를 믿고 당주동의 병원 및 주택을 매입하는 데 필요한 전액을 무이자로 대여해 준 것이다.

당주동 병원은 날로 번성했고 선친은 일약 서울의 일류 사교계에 드나드는 명사가 된다. 동시에 바쁜 일정에도 불구하고 여가 활동으로 골프, 겨울에는 스키, 골동품 수집, 활쏘기를 즐기는 삶으로 바뀐다. 일제 말엽이라 어려운 중에도 다양한 문화 활동에 개입되어 당시 조선의 저명한 음악가, 소설가들과 친하게 교류하시면서 자신도 문화인으로 명사가 된다. 교회에도 열심히 봉사하시고 젊은 나이에 대한 감리교 정동제일교회 장로 안수를 받고 시무하셨다. 당주동으로 1941년에 이사해서 작고하신 1945년 4월까지의 짧은 기간 동안 선친은 새롭게 그리고 크게 성공하셨다. 어린 시절 나의 눈에도 선친께서 화려한 삶을 즐기시는 것이 분명했고, 무언가 더 큰 목표를 두고 무척 서두르는 모습이 기억에 남아 있다. 늘 무척 바쁘셨다. 그리고 제2차 세계대전이 끝나 우리나라가 해방이 되고 새로운 세상이 온다는 희망을 안고 일제의 조선 일본화에 강경하게 저항하고 버티시다가 결국 해방을 4개월 앞두고 애석하게 그의 일생이 끝난다. 선친은 당시 강요받던 창씨개명도 하지 않았고 누구나 삭발하던 당시 머리를 길러 단정히 빗고 다니셨으며 국민복은 고사하고 장안에서 둘째가라면 언짢아하실 완벽한 신사 차림으로 어느 회의에도 개의치 않고 참석하셨다. 일제 때 한동안 기독교 감리교회 안에 내분이 있었다. 혁신파로 불리는 한쪽에서는 일제의 종교 탄압의 일환으로 일본인들이 모시는 신(가미다나)을 교회 안에 같이 모시는 것을 강요한 일이 있었고 이에 굴복한 소위 친일 계열이 생겼다(물론 이들에게 일제의 강압으로 기독교가 말살되는 것을 막기 위한 절충이라는 구실이 있었던 것도 사실이다). 선친께서는 이 계열의 움직임에 강력히 저항하고 심지어는 그들이 교회의 새로운 간판을 교회 문 앞에 걸면 심야에 직접 몰래 이를 떼어 놓기도 했다. 그리고 당시 옥살이하시던 애국지사들에게 병명을 갖춘 진단서를 작성해 주어 옥살이를 면하게 해 주신 일화도 있다. 유형기, 정일형 두 분이 그 혜택을 받은 사실을 나는 기억한다. 선친의 갑작스러운 서거를 접해 고인을 안타까워하고 한탄하는 소리를 작고하신 날부터 긴 세월 동안 나는 들어 왔다. 내가 그 훌륭한 분의 아들이라는 꼬리표는 내게 붙어 다녔다. 선친이 전설적인 그리고 남들이 아끼던 위대한 인물이라는 인상은 나의 뇌리에 깊게 새겨졌다. 무엇보다도 천부의 능력과 뛰어난 외모와 젊음과 자신감과 야심을 가졌던 선친은 살아 계신 동안 한국에서 제일가는 엘리트 가정을 꿈꾸셨다. 그러나 불행히도 일제 말에 유행했던 전염병에 감염되어 아까운 인생을 끝맺는다.

맺는말

1990년에 출판된 마이클 화이트(Michael White)와 데이비드 입스튼(David Epston) 공저의〈Narrative Means to Therapeutic Ends〉라는 책을 특별히 흥미롭게 읽었다. 문화인류학자인 저자가 '이야기'를 매개로 하여 부부의 문제를 다루는 특수한 접근을 시도했다는 점 때문이었다. 이 책을 읽은 후 '이야기 치료'에 크게 매혹되어, 관련된 책도 많이 읽고 그가 내한하여 진행한 워크숍에도 참석했었다. '인생은 내가 쓰는 이야기이고, 그래서 내가 그 이야기의 저자다.' 이 전제가 나는 무척 마음에 들었다.

내가 살아온 인생을 이야기로 써 보면 어떨까? 그러나 '나의 삶이 곧 내가 쓰는 이야기'라는 말의 의미가 선뜻 마음에 와 닿지는 않았다. '내가 쓰는'이라는 부분은 왠지 '내가 선택한'이라는 의미로 읽히는데, 내가 지금껏 살아온 삶의 고비 고비에서 나에게 여러 가지 선택의 여지가 있었던 것 같이 생각되지 않기 때문이다.

일제 강점기와 제2차 세계대전, 해방 후 우리 사회의 혼란, 한국전쟁이 가져온 엄청난 파괴와 그 후유증을 겪으면서, 나의 어린 시절, 그리고 젊은 시절은 오직 생존을 위해 그리고 닥치는 위험에서 일단 벗어나기 바빴던 긴박한 순간의 연속이었다. 그때그때 급하게 대처하고 적응하는 것만으로도 힘에 겨워서, 여러 대안을 놓고 무엇 하나를 선택할 겨를이 없었다. 체면이나 이념이나 원칙을 따져가며 고민하고 선택한 삶은 아니었다는 말이다.

　　그러나 아무리 긴박한 위험들이 있었다 해도, 역시 나의 삶은 내가 쓰는 이야기다. 어려운 고난들을 잘 참은 인내와, 어떤 방향을 고수한 원칙과, 수월성을 추구한 한결같은 고집의 결과가 지금의 내 모습이 아닐까? 나의 삶은 내가 '만드는' 것이고, 내가 나의 삶의 '의미'도 만들어 온 것이다. 그러므로 내가 바로 이야기의 저자이자 주인공이다.

　　이번에 회고록을 쓰고 나서 깨달은 것은 하나 있다. 내가 기억하면서 쓴 이야기가 반드시 실제 있었던 사실과 일치하지 않아도 된다는 점이다. 물론 사실을 왜곡하면 안 되겠지만, 그 이야기에 다분히 주관적인 해석이 끼어드는 것은 어느 정도 허용할 수 있다는 뜻이다. 막상 다 쓰고 나니, 과거에 있었던 일들을 기록하고 그것의 사실 여부를 밝히는 것보다, 과거의 일들에 대한 오늘의 내 해석이 더 값지다는 생각이 든다.

　　올해 80세가 되니 틀림없이 나도 노인이다. 그리고 자연히 지난날의 일들을 되돌아보게 된다. 한 평생 의무기록이나 논문이나 보고서나 에세이 등은 참 많이도 써 보았다. 하지만 소설을 써 본 적은 당연히 없고, 나를 중심에 놓고 '내 이야기'를 쓴 일은 없다. 그래서 나에 관한 이야기를 쓰고 싶은 욕구도 생겼다. 적어도 나에게는, 과거엔 엄두를 내지 못했던, 새롭고 엄청난 도전이기도 했다.

이 책을 쓰기 한참 전, 피터 형님에게 넌지시 나에 관한 이야기를 쓸 것이라 했었다. 형님은 다짜고짜 '있었던 일들을 정말로 솔직히 쓸 용기가 있느냐고 물으셨다. "내가 비밀로 간직해 온 사실들을 노출시켜 모두 기록하면 내 글로 인해 상처받을 사람이 생길 텐데, 어찌 그럴 수 있겠습니까?"라고 답했더니, "그러면 그런 책은 무엇하러 쓰느냐?"고 반문하셨다. 자서전이란 아무래도 과장과 포장을 하게 되니까 그런 건 안 쓴다고 하신 형님의 소신과 통하는 말이다.

세월이 가고 내가 이 책의 원고를 출판사에 넘기고 난 다음 피터 형님과 조찬을 같이 하는 자리에서, 내가 쓴 회고록에 대한 자세한 이야기를 처음으로 말씀드렸다. 아무 말도 않고 별 다른 표정 없이 묵묵히 들으시더니 그 책의 제목을 무어라고 할까 곰곰이 생각하시는 것 같았다. 그리고는 친구 중에서 출판 분야에 몸담고 있는 분에게 일단 자문을 구해 보겠다고 하셨다. 무슨 일이건 나에게 도움이 되는 일이면 최선을 다하시는 분이다. 그리고 매사를 현재에서 다루고 미래의 바람직한 결과로 이어서 생각하시는 분이다. 마음이 홀가분해졌다.

나는 이 책을 쓴 것이 나의 인격발달사에 큰 공헌을 했다고 믿는다. 그리고 노년기에도 이 발달과 성장 과정이 활발하다는 사실을 확인할 수 있었다. 내가 없어지는 날이 얼마 남지 않았다는 한계성 과도기에 도달했기 때문에, 지난날의 일들의 의미를 다시 찾는 것은 나의 자존감을 높인다.

이 책의 하이라이트는 역시 재영 형에 대한 이야기다. 여태껏 살아오면서 그 누구에게도 내가 이야기해 본 일이 없는 뼈아픈 경험이다. 그 내용을 쓰는 과정 자체가 내 마음속 깊이 갈등으로 뭉쳐 있던 한스러운 감정들을 정리하고 발산하는 제반응(abreaction)이었다. 쓰면서 가슴이 벅차 숨도 쉬기 어려워서, 타이핑을 멈추고 울었던 순간들이 있었다. 형의 고난은 이 세상을 산 누구의 비극도 비교가 안 된다. 형이 한평생 겪었던 고통과 심적 고뇌는 예수님의 십자가의 고난보다도 더 참혹했다고 생각한다. 이 현장을 속수무책으로 보고만 있었던 동생은, 아픔과 슬픔을 참는 인내를 배웠다. 그리고 더 중요한 것은 지금껏 내가 살아온 삶이 나 혼자의 것이 아니라 형이 함께하는 두 사람의 삶이었다는 깨달음이다. 이 깨달음은 나에게 큰 위로가 되었다.

글쓰기를 끝낸 후 형의 어린 시절의 사진을 한참 들여다보았다. 이제 형을 똑바로 쳐다볼 수 있고, 혼자 미소를 지을 수 있었다. 내가 살면서 이룩한 모든 결실을 형과 같이 나누기 때문이다. 아마 지하에서 형이 나의 이와 같은 심정을 반기리라고 믿는다. 1950년 봄 형이 세상을 떠났을 때 하도 경황이 없어 시신을 화장하고 재를 뿌려 버렸기에, 이 세상 어느 곳에도 형을 만날 수 있는 자리가 없다. 양평에 있는 우리 가족묘지의 한 묘비에 형의 이름이 기록되어 있지만, 형의 유물이라도 묻혀 있다면 얼마나 좋을까 하는 간절한 생각이 든다. 내가 이 회고록에서 형에 대한 기억과 형을 그리는 마음을 기록한 것을, 우리 형제들의 작은 사랑으로 받아주길 바랄 뿐이다.

나는 나이 드신 분들이 회고록 쓰는 것을 장려하고 싶다. 과거사를 정리한다기보다는 지난날에 묻어 둔 마음의 응어리를 다시 경험하고 분석하고 해석하는 작업이 정신건강에 도움이 된다고 믿기 때문이다. 뿐만 아니라 자기분석의 과정을 통해 우리가 자라고 인격이 원숙해지는 새로운 발달이 있기 때문이다.

누가 나보고 회고록을 써서 얻은 것이 무어냐고 묻는다면 서슴지 않고 "내가 나의 이야기를 쓰면서 많은 '변화'를 보고 또 느낀 것"이라고 답할 것이다. 물론 세월이 흘러 김명선 선생, 이우주 선생 등 나를 사랑하는 스승이 타계하셨고, 또 절친한 친구였던 손희명, 장동현 군들이 이 세상을 떠난 것도 큰 상실이고 변화다. 내가 전공하는 분야의 지식과 문화도, 기발한 테크놀로지의 발달로 우리들의 사는 모습도 많이 달라졌다. 그러나 제일 많이 변한 것은 나 자신이다. 그 동안 지식도 넓고 깊어졌겠지만, 그보다는 나의 마음과 머리에서 우러나는 '지혜'가 좀 더 풍부해졌다. 그러면서 이 세상에서 무엇이 진정 값지고 소중한 것인지를 식별하는 능력이 생겼다. 남은 여생 동안 계속 제자를 가르치는 기회가 있다면 이러한 지혜와 지혜롭게 생각하는 자세를 가르쳐 주고 싶다. 과거 어느 때보다 지금, 지혜를 전수하고 지혜롭게 생각하는 태도를 가르치는 일을 더 잘할 수 있다고 믿는다.

마지막으로 내가 앞으로 꼭 해야 할 일이 하나 남아 있다. 사랑이신 하나님을 충분히 내면화해서 내가 남을 좀 더 사랑할 수 있게 되는 것이다. 너무나 나 위주로 살아온 인생을 돌이켜보면 부끄럽기 한이 없다. 지금이라도 늦지 않았으니 나를 버리고 남을 사랑하는 데 최선을 다하는 실천이 있어야 하겠다. 회고록을 쓰면서 느낀 것은 그동안 내가 받은 사랑은 태산 같은데, 내가 남에게 준 것은 기억에 없다는 것이다. 이제부터라도 내가 좀 더 사랑에 너그러운 인간이 되고 싶다.

끝으로 이 회고록이 나오기까지 정성껏 나를 도와준 황이삭 군과 이 책의 출판을 쾌히 맡아준 청년의사의 박재영 편집주간에게 깊은 감사의 뜻을 전한다.

가 계 보

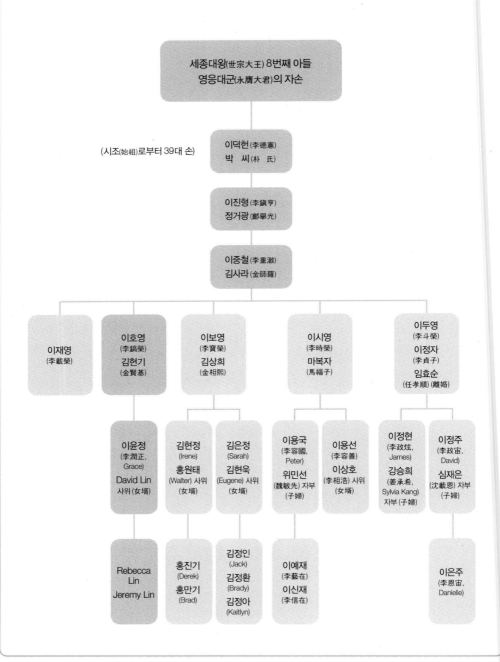

세종대왕(世宗大王) 8번째 아들
영응대군(永膺大君)의 자손

(시조(始祖)로부터 39대 손)

이덕헌(李德憲)
박 씨(朴 氏)

이진형(李鎭亨)
정거광(鄭擧光)

이중철(李重澈)
김사라(金師羅)

이재영
(李載榮)

이호영
(李鎬榮)
김현기
(金賢基)

이보영
(李寶榮)
김상희
(金相熙)

이시영
(李時榮)
마복자
(馬福子)

이두영
(李斗榮)
이정자
(李貞子)
임효순
(任孝順) (離婚)

이윤정
(李潤正,
Grace)
David Lin
사위 (女壻)

김현정
(Irene)
홍원태
(Walter) 사위
(女壻)

김은정
(Sarah)
김현욱
(Eugene) 사위
(女壻)

이용국
(李容國,
Peter)
위민선
(魏敏先) 자부
(子婦)

이용선
(李容善)
이상호
(李相浩) 사위
(女壻)

이정현
(李政炫,
James)
강승희
(姜承希,
Sylvia Kang)
자부 (子婦)

이정주
(李政宙,
David)
심재은
(沈載恩) 자부
(子婦)

Rebecca
Lin
Jeremy Lin

홍진기
(Derek)
홍만기
(Brad)

김정인
(Jack)
김정환
(Brady)
김정아
(Kaitlyn)

이예재
(李藝在)
이신재
(李信在)

이은주
(李恩宙,
Danielle)

이 력 서

이 호 영 (李鎬榮)
1932년 서울 출생

– 연세대학교 의과대학 졸업

– 미국 펜실베니아대학교 의학대학원 졸업

– 미국 케이스 웨스턴리저브 대학병원 정신과 전공의 수련

– 미국 정신과 전문의 자격 취득

– 연세대학교 의과대학 정신과 주임교수

– 아주대학교병원 의료원장

– 아주대학교 의과대학 학장

– 아주대학교 총장

– 아주대학교 명예총장

– 의료법인 대우의료재단 이사장

– 대한사회정신의학회 이사장 (1984 ~ 1986)

– 대한신경정신의학회 회장 (1986 ~ 1987)

– 동아세아문화 정신의학회 회장 (1992 ~ 1993)

- 대한사회정신재활협회 회장 (1997~2000)

- 대한의사학회 회장 (2000~2002)

- 세계정신의학회 아세아 지역대표 (1998~2002)

현재 W 진병원 교육원장

● 수 상

벽봉학술상(1995년)

대한적십자사 박애상(1996년)

● 저 서

[불면증(1986)]

[도피냐 도전이냐(1987)]

[공황장애(1992)]

[연변조선족의 사회정신의학적 연구(1994)]

[부끄러움(2002)]